刀水歴史全書99

新ゾロアスター教史

古代中央アジアのアーリア人・中世ペルシアの神聖帝国・現代インドの神官財閥

青木 健 著

刀水書房

ザラスシュトラが唱えた聖呪
「アシェム・ウォフー」

اَشِمْ وُهو
アヴェスター文字
اِشِمْ وُهو وَهیشْتِمْ اَستی.
اوشْتا اَسْتی اوشْتا اَهمائی.
هْیَتْ اَشائی وَهیشتائی اَشِمْ.
現代ペルシア語への音写
راستی نیک [استْ]، بهترین است،
آرزو شده است، آرمان برایِ
هرکه برایِ راستی بهترینْ راستی را [برگزیند].
現代ペルシア語訳

「天則はよきもの」(アシェム・ウォフー)

天則は最勝のよきものである。それはその思いのままにおわします。
それは，われらのために，その思いのままに〔おわします〕。
願わくは天則が最勝のよき天則のために〔おわしますように〕。

(伊藤義教訳「アヴェスター」『ヴェーダ　アヴェスター』筑摩書房，1967年より)

まえがき

本書は、古代オリエント学（最近の呼称では古代中近東学）を構成する主要な柱――アッシリア学、エジプト学、イラン学、ユダヤ学――のうち、古代イラン学の概説を意図した書物である。オリエントを巡って思いを千古に致すとしたら、古代イラン学（紀元前一七〇〇年～）とは、先行するアッシリア学（紀元前三三〇〇年～）及びエジプト学（紀元前三〇〇〇年～）と、後行するイスラーム学（紀元後七世紀以降～）をつなぐ中間的存在であるとご理解いただきたい。

古代研究の方法論は、古代の文献資料を解読するための言語学か、さもなくば遺跡資料を発掘するための考古学にならざるを得ないが、本書は完全にイラン言語学に依拠している。イラン考古学に依拠した研究成果は言及されないので、古代イラン学の研究成果を標榜《ひょうぼう》するといえども、本書がカバーする範囲には限界がある。本書は、茫々《ぼうぼう》たるイラン語文献の大海の中、たまたま伝世した九牛の一毛について、研究者たちが議論百出、甲賛乙駁した内容をくみとったものにすぎない。

本書は対象を、古代イランの主要な宗教――少なくとも、文献が多く残っているという意味で主要な宗教――たるゾロアスター教に絞り、その歴史を紀元前一七〇〇年ころから、古代オリエント学の範疇を超えて、現代にいたるまで叙述している。古代の文献資料は宗教関連が主流で、政治史や文化史はそこから派生的に語られる場合が多い。本書はゾロアスター教の思想史を語るをもって能事足れりとせず、その背景にあるハカーマニシュ王朝史、アルシャク王朝史、サーサーン王朝史などにも言及することにした。

『新ゾロアスター教史』と名づけられた本書が扱う内容が、世界史全体のうえに占めるべき位置を明確にするならば、以上のような説明になる。

＊　＊

つぎに、本書成立の事情に移る。本書は、二〇〇八年に出版した拙著『ゾロアスター教史――古代アーリア・中世ペルシア・現代インド』（刀水書房）の新版である。旧版は、筆者がまだ三〇代半ばで書き上げた若書きの通史で、一〇年を経てみると欠点が目立つようになった。そこで、旧版出版一〇年を期して、この新版を出版させていただくことにした。

旧版の叙述の枠組みは、リエージュ大学のジャック・ドゥシェーヌ＝ギュマン（Jacques Duchesne-Guillemin, 1910~2010）の *La religion de L'Iran ancient*, 1962 を範としていたが、新版でもこの点に変更はない。ただ、旧版では副次的にベルゲン大学のミヒャエル・シュタウスベルク（Michael Stausberg, 1966~）の *Die Religion Zarathushtras: Geschichte - Gegenwart - Rituale*, 3 vols, 2002–2004 を参照していたものの、新版ではこれに加えて、同じ著者の編著 *The Wiley Blackwell Companion to Zoroastrianism*, London, 2015 を用いて補綴した（シュタウスベルクのゾロアスター教研究については、シュタウスベルク 二〇一九年参照）。

この全体構成と情報源には、理由がある。二〇〇八年当時、日本語でゾロアスター教を概説した類書としては、ロンドン大学のメアリー・ボイスの *Zoroastrians: Their Religious Beliefs and Practices*, 1979 の日本語訳『ゾロアスター教――三五〇〇年の歴史』（山本由美子訳）が主たるものだった。もとより筆者も本書に薫化された一人だが、本書は中世イラン語学者だったボイスの学問的特徴を反映して、パフラヴィー語文献で表明された思想を「ゾロアスター教の本質」と捉え、これを公準点として全ゾロアスター教史を記述する。当然、あらゆる時代を通じて、金太郎飴のごとき「二元論的」ゾロアスター教思想が提示される憾《うら》みがあり、斯界《しかい》の批判はこの点に集中した。この弊を避けるなら、ボイスの影響力の強い英語圏の研究よりも、フランス語圏・ドイツ語圏の研究を参照して、バランスを取らざるを得なかった。

ゾロアスター教研究は、パズルのピースが全体の百分の一も残っていない状態で、パズルの完成予想図を言いあてようとするゲームに似ている。残存ピースの一つ一つが難解なうえに、それらをどう組み合わせても、全体像を復元するには及ばない。そこをあえて復元した場合、幾多の細瑾《さいきん》は当然まぬがれない。言うまでもないが、九～一〇世紀のパフラヴィー語文献に信を置いて作成されたボイス版完成予想図が完璧でなかったのと同様に、本書もまた完全からは程遠い。

＊　＊

旧版からの改善点は二つある。第一に、旧版は出典の明示と参考文献表を欠き、叙述の学問的根拠が曖昧なまま残されていた。擱筆以来一〇年を経過してみると、何を隠そう、筆者自身が読んでさえ、典拠が分からなくなっている（三五歳のころの記憶力と四五歳の記憶力の差であろう）。これは重大な欠陥なので、加筆部分に関しては必ず出典を挙げ、著者自身が覚えている範囲内で、旧版部分に関しても補った。新版は、主として一九九〇年代以降の研究論文・研究書について情報量が増えている。なお、各研究論文の基礎になっているゾロアスター教研究の原典資料については、拙著『ゾロアスター教ズルヴァーン主義研究――ペルシア語文献『ウラマー・イエ・イスラーム』写本の蒐集と校訂』（二〇一二年、刀水書房）の第2部で微衷を尽くした。

第二に、旧版は高校世界史教科書になじみやすいように、第一章の古代史部分に関してはアヴェスター語・古代ペルシア語表記をせず、ギリシア語表記にとどめていた。たとえば、クールシュ大王（古代ペルシア語）がキュロス大王（ギリシア語）、ダーラヤワウシュ一世（古代ペルシア語）がダレイオス一世（ギリシア語）のごときである。しかし、これを今回、すべて古代ペルシア語の原音表記に改めた。また、第五章のインド・ゾロアスター教徒の人名については、ヒンディー語・グジャラート語での発音を優先した。これらはペダンティックに響くかもしれないが、原音主義を貫くに際し、已むを得ざるの措置である。

以上の二つの点で、本書は旧版と趣きを異にしている。この改善が、錦上花を添ゆるの好果をもたらしていれば幸いであるが、かえって謬見に曲解を継ぎ足しただけに終わっているかも知れない。ゾロアスター教研究の前途は、なおいまだ遼遠である。

〔二〇〇八年旧版の〕序　論

一〇世紀末から一一世紀初頭のころ、世を挙げてイスラーム化の渦中にあったイラン高原で、一人のアーリア人詩人が民族興亡の叙事詩を詠《よ》んだ。フェルドゥスィー（～一〇二〇／二五）の大作『王書《シャー・ナーメ》』である。彼が古代ペルシア文化に対する限りない哀惜の念をこめた詩句の中でも、とりわけ先祖の古い宗教――ゾロアスター教――を謳《うた》った以下の対句が胸を打つ。

نه گوی که آتش پرستان بودند
پرستندهٔ پاك یزدان بودند

Na gūy ke ātash-parastān būdand
Parastande-ye pāk Yazdān būdand

和訳として、日本のゾロアスター教研究の先駆者であった足利惇氏《あつうじ》博士（一九〇一～八三）の格調高い名訳を引用しよう（『足利惇氏著作集　第二巻』、東海大学出版会、一九八八年、二二九頁）。

火を　拝《おろ》がみし者と　な言ひそ
聖《きよ》き神崇《あが》めし　輩《やから》なりせば

フェルドゥスィーにとっての古代ペルシア文化は、過ぎて再び還《かえ》らぬ祖先の栄光である。それでも――それだから――そこに栄えたゾロアスター教について、詩人は書きとめておきたかったのである。「我々の祖先のゾロアスター教徒は、火を崇める邪教徒ではない。唯一なる神に跪拝《きはい》するイスラーム教徒に劣らず、聖なる神を崇める教え人たちであった」と。

フェルドゥスィーの言葉に嘘偽りはなかった。彼が挽歌を捧げるに値するだけのものを、ゾロアスター教は確かにもっていた。すなわち、中央アジアに生まれた教祖ザラスシュトラ・スピターマ（ゾロアスター）の独創的な教え、謎に満ちたマゴス神官団、キュロス（クル）大王の古代オリエント世界征服とペルシア帝国建国、そしてダレイオス（ダーラヤワウ）のキュロス大王家簒奪。

ヘレニズム時代には、ザラスシュトラの教えがユダヤ教・キリスト教・仏教に深い影響を与え、その後は、ペルシア州の神官王アルダフシールが、神官団との協調のもとにゾロアスター教を国教とするサーサーン朝ペルシア帝国を樹立。これに対して、シリアのキリスト教とグノーシス主義を折衷した宗教的天才マーニー・ハイイェーが挑戦する。そうして、東西の諸宗教が交錯するなかで、ゾロアスター教神官団が正統教義を確立したと思った瞬間、古代ペルシアの栄光は思いもよらなかった形で黄昏《たそが》れていくのである。

だが、東方には中国まで伝播したソグド人独特のゾロアスター教があり、時代が下ってからは、インド西海岸へ亡命したゾロアスター教徒たちがボンベイで大財閥を形成し、二一世紀には再び国際経済上の一大勢力として復活を遂げる。まさかと思うかもしれないが、詩人が弔辞を述べたはずのゾロアスター教は、現代まで生きながらえているのである。

そして、詩人自身そこまで詳しくは知らなかったであろうところまで、現代の研究は明らかにしている。本書は、フェルドゥスィーが畏敬したゾロアスター教の、教祖の誕生から現代までの歴史をたどる試みである。

刀水歴史全書99　新ゾロアスター教史

古代中央アジアのアーリア人・
中世ペルシアの神聖帝国・
現代インドの神官財閥

目　次

装丁 的井 圭

地図・図表・写真一覧

一　地　図

二　図　表

三　写　真

凡例

＊人名、地名などの表記は、アーリア語（イラン語）の現地音・同時代音を優先した。日本では一般に馴染みがないかもしれないが、現地音・同時代音を優先する原則をゾロアスター教研究にも応用した結果なので、ご了解をいただきたい。

＊このため、同一人物の表記でも、アヴェスター語＝ウィーシュタースパ、古代ペルシア語＝ウィシュタースパ、パフラヴィー語＝ウィシュタースプ、近世ペルシア語＝ゴシュタースブのように、かなりの差が生じている。これについては、巻末付録２「アーリア語（イラン語）名称対応表」を参照。

新ゾロアスター教史

古代中央アジアのアーリア人・
中世ペルシアの神聖帝国・
現代インドの神官財閥

序論

第一節　イメージの中のザラスシュトラ

ゾロアスター教の教祖ザラスシュトラ（在世当時の古代東方イラン語の発音でザラスシュトラ・スピターマ＝Zaraθuštra- Spitāma-、ギリシア語でゾーロアストレース＝Zōroastrēs、ここから変化して英語形のZoroaster＝ゾロアスターが派生した）は、歴史上実在し、神の教えを説いた人物と考えられている。しかし、その実像はかなり早い時期に闇の中に没し、超人的な思想家として理想化された姿だけが後世に語り継がれた。ルネッサンス以降の近世ヨーロッパの知識人たちは、キリスト教に代わる何物かを語る時、イエス・キリストに対抗できる権威として、モーセやムハンマドを選ぶことはなかった。ヨーロッパの「オリエントに途方もない賢者がいる」との幻想を満たしてくれる存在は、ザラスシュトラを措《お》いてほかになく、彼らは絶えずザラスシュトラを引き合いに出して自らの異端思想を権威づけた（異教の主としての嫌われ者の役を、イスラームの預言者ムハンマドが一手に引き受けてくれたので、助かった観もある）。

一九世紀にはいると、比較言語学の発達によって、中欧・北欧のゲルマン民族とイラン高原のアーリア人は原始アーリア人が東西に分岐した姉妹民族であると唱えられていたこともあり、この「ザラスシュトラ症候群」は特にドイツ語文化圏で激しく燃えあがった。セム民族系のキリスト教に対してコンプレックスを抱いていたとみられるゲルマン民族にとって、「イエス・キリストをも凌《しの》ぐ」宗教的権威を同祖の原始アーリア人の中に発見したことは、たしかに狂喜すべき出来事であった。このあまりの感激に、ドレスデンのドイツ系ユダヤ人画家エドゥアルト・ベンデマン（Eduard Bendemann、一八一一～八九）は、夢にゾロアスターの幻影を見て、即座に「光の如くに明澄な」と題したゾロアスター像を描いた。ザラスシュトラがドイツ人のように描かれたこの絵画は、意外にも現代のゾロアスター教徒たちに深い感銘を与えた。その結果、なんの歴史的根拠もない想像画ながら、彼らが公式に承認する二つのザラスシュトラ像の一つとして採用されている（ちなみに、もう一つの公式ザラスシュトラ像は、ケルマーン・シャー近郊のターゲ・ボスターンのアルダフシール二世レリーフに彫られたミスラ神像を加工したものである）。また、一九世紀末、フリードリヒ・ニーチェ（一八四四～一九〇〇）は、自著『ツァラトゥストラかく語りき（*Also sprach Zarathustra*）』（1885）の中で、反キリスト教の代名詞として、神の死、超人（ユーバーメンシュ）、永劫回帰の神秘を説くツァラトゥストラ（ザラスシュトラのドイツ語発音）を登場させた。

写真1　「ドレスデンのゾロアスター像」(原画)　19世紀のドレスデンの画家エドゥアルト・ベンデマンが描いた通称「ドレスデンのゾロアスター像」。1945年のドレスデン大空襲で焼失し，現在ではエルンスト・ゴルトフリードリヒが作成した複製版画が残っている

この「ザラスシュトラ症候群」がよい方向に向かった場合、世界に冠たる学術レベルを誇った一九世紀末から二〇世紀初頭のドイツで、堅実な言語学的・文献学的ゾロアスター教研究が興隆した。しかし、ドイツの宗教学者はそのままの勢いで、古代オリエントの

いたるところにザラスシュトラの教えの痕跡を発見する研究に邁進していった。その成果は、ゲッティンゲン大学の宗教史学学派リヒャルト・ライツェンシュタイン（一八六一～一九三一）、ハンス・シェーダー（一八九六～一九五七）師弟による『イラン的救済神話――宗教史的探究』（Reizenstein 1921）と『イランとギリシアの古代融合に関する研究』（Reizenstein und Schaeder 1926）にまとめられている。

一九三三年にナチスが政権を掌握すると、「爾後、ドイツ第三帝国においては、アーリア人の英雄、かつニーチェが予見したような反キリスト教の闘士としてのツァラトゥストラが研究されるべし」との暗黙の了解が成立し、続々とヒトラー総統に酷似したツァラトゥストラを描く類書が登場して、加速度的にドイツの学術レベルを下げた。周辺諸国の研究者たちはドイツ学界の変貌ぶりに驚愕したし、第二次世界大戦後はドイツ人自身も自分たちの所業に呆れてしまい、以後、ドイツ語文化圏における「ザラスシュトラ症候群」は表向きは下火となった。

現代では、インドの神秘主義者ラージジニーシュ・チャンドラ・モーハン・オショー（一九三一～九〇）が、プーナ（インド西部）のアーシュラム（修行場）での説法で、「ザラスシュトラ――踊る神」（一九八七年三月二六日～四月七日）、「ザラスシュトラ――笑う預言者」（一九八七年四月八日～一九日）と題して、講演を行っている。オショーがザラスシュトラに自らの思想を仮託しようと試みた意図は不明だが、あるいは、「現代ゾロアスター教徒の都」ボンベイ（ムンバイ）に集住するパールスィー（インドに居住する現代ゾロアスター教徒の別称）を意識したのかもしれない。

第二節　資料上の問題

ザラスシュトラのイメージがここまで膨らむにあたっては、彼に内在する「古代東方の賢者」イメージが作用していることはもちろんであるが、それ以外に、彼の実像が容易に把握できない研究条件の悪さも与っている。かつてのドイツ人たちが誇りに思ったのとは裏腹に、イラン高原に定住した原始アーリア人たちは、文字文化を受容する点では、西隣のメソポタミア平原〜シリアに居住したセム系民族に比べてはるかに遅れをとっていた。

今、仮にザラスシュトラの生存年代を紀元前一七世紀〜紀元前一〇世紀の間と見積もると（後述）、教祖は完全に無文字社会の人物だった。彼が語った内容は、原始教団の中で代々口承によって語り継がれ、そこにさまざまな原始アーリア人の神話的要素を混入させて規模を拡大していった。しかし、どれほど規模が拡大しようと、かなり後世まで文字化はされなかった。

一般的な「文字革命」を基準にとるならば、イラン高原のアーリア人の歴史は、

古代〜三世紀　アーリア人は、口承「アベスターグ」に用いられる東イラン語（どう呼ぶべきか分からないので、研究者は「アベスターグ」の近世ペルシア語形を用いてアヴェスター語と名づけている）や西イラン語の古代ペルシア語を、口語として使用していた。しかし、文字使用は一般化せず、セム民族系のアラム語を書記言語として借用していた。

三〜五世紀　アーリア人は、中世パルティア語やパフラヴィー語（中世ペルシア語）を、口語として使用していた。文字使用は一般化していなかったが、三世紀からはマーニー教徒が独自のマーニー文字を

開発して上記の二言語を書き記しはじめ、四世紀には東方キリスト教徒が独自のキリスト教パフラヴィー文字を開発してパフラヴィー語を表記するようになった。これらの宗教に改宗したアーリア人の間には、徐々に文字使用が浸透した時期である。

六〜一〇世紀　アーリア人は、パフラヴィー語を口語として使用し、同時にパフラヴィー文字を開発してそれを書記言語としても活用しはじめた。この段階で、イラン・アーリア人は初めて自前の文字と文章語を確立し、「文字文化」が成立した。サーサーン王朝ペルシア帝国で独自のアーリア人文化が花開き、同時にゾロアスター教の教義が集大成されたこの時期が、アーリア人の文字文化の黄金時代だった。

一〇世紀〜現代　アーリア人は、七世紀にセム民族系のアラブ人イスラーム教徒に征服され、一〇世紀にはパフラヴィー語とパフラヴィー文字を失った。代わりに、アラビア語の語彙を大量に導入して、アラビア文字表記する近世ペルシア語（現代ペルシア語に同じ）が成立した。アーリア人は、パフラヴィー語文字文化の時代とは断絶し、新たにアラビア語とイスラーム色の強い近世ペルシア語文字文化の時代に突入した。

と大別される。政治史的な推移である、

紀元前五五〇〜三三〇年――ハカーマニシュ（アケメネス）王朝時代
紀元前二五〇〜紀元後二二四年――アルシャク王朝時代
二二四〜六五一年――サーサーン王朝時代
六五一年〜現代――イスラーム時代

とは、かけはなれた変化をしている点に注意していただきたい。そして、六世紀に文字社会に突入したアーリア人がまっさきに着手した仕事が、ゾロアスターの言葉を中核とする口承伝承を聖典『アベスターグ』（意味は讃歌？）と名づけて編集する作業だった。これに続けて、サーサーン王朝時代の神官団は、『アベスターグ』の注釈や独自のゾロアスター教思想文献を、当時の文章語であったパフラヴィー語で書き記す作業に着手した。しかし、これらが最終的に完成したのは、九〜一〇世紀のことに属する。世はすでに、イスラーム教徒がオリエント全域の支配権を掌握し、日に日にゾロアスター教が衰亡する時代であった。

以上のように、アーリア人は無文字時代が長く、彼らが信じたゾロアスター教の聖典と思想文献の成立年代は、教祖より一五〇〇年以上時代が下ってからの出来事である。したがって、これだけ乏しい証拠からはるか以前の教祖像を復元し、ゾロアスター教の通史を再現するにあたっては、相当の憶測が入りこむ余地がある。慎重な研究者ならなかなか通史を執筆しそうにない資料状況であり、現にそうなのだが、本書では先行研究の助けを借りて、可能なかぎり通史の体裁をとって一貫したゾロアスター教史を語ろうと試みた。

第三節　本書の構成

ゾロアスター教の歴史上、ゾロアスター教思想が円熟し、ゾロアスター教徒が繁栄した興隆期は三つある。反対に、ゾロアスター教の運勢が最底辺にまで下落し、思想の変遷はおろか教団がどこへ行ったのかさえ不分明になる暗黒期は二つある。本書は、これらの三つの興隆期と二つの暗黒期を交互に織りなす要領で組みたてられている。

第一の興隆期は、紀元前一七世紀〜紀元前一〇世紀ころ。パミール高原に生まれた（と考えられる）教祖ザラスシュトラ・スピターマが原始アーリア人の宗教を改革してきわめて斬新な教えを説き、幸いにして地方君主カウィ・ウィーシュタースパの政治権力と結びつくことを得て、初期の発展を軌道にのせた時期である。ザラスシュトラの教えはいまだ組織化はされていないが、そのかわりに瑞々《みずみず》しい啓示として光輝を放っている。

しかし、ここで資料が途切れ、原始教団*の動静がまったく摑めない第一次暗黒期にはいる。どうやら、パミール高原から南下して中央アジア全域からイラン高原に広まり、最終的にペルシア地域にいたったようである。だが、紀元前六~四世紀のハカーマニシュ王朝ペルシア帝国時代に、原始教団がこの政治権力と結びついて普及したことを示す証拠はない。続く紀元前三世紀~紀元後三世紀のヘレニズム時代、アルシャク王朝時代になると、いよいよ資料がなくなる。惜しいことに、この資料上の暗黒時代に、かえってイラン高原上のアーリア人の宗教（あえてゾロアスター教とは特定しない）の影響が、東西の宗教に広汎に及んでいるのである。

＊　ここでいう「原始教団」とは、狭義には、ザラスシュトラの教えをじかに受け継ぐ前一二~九世紀ころのゾロアスター教徒集団を指す。また、広義には、口承アベスターグが形成された下限である前四世紀ころまでのゾロアスター教徒集団を含めるが、このころの実態はすでに闇の中である。

第二の興隆期は、紀元後三世紀から一〇世紀まで。ペルシア地域における有力な拝火神殿の神官が、イラン高原を中心として古代オリエント全域を支配する神聖帝国・サーサーン王朝を建設し、ゾロアスター教神官団が政治権力に直結した時期である。この王朝の後半に、アーリア人は文字社会に突入し、聖典の整備、思想の組織化など、現在考えられるゾロアスター教の原型が完成した。七世紀には、イラン高原はイスラーム教徒によって征服されるが、サーサーン王朝時代に整備されたゾロアスター教神官団組織は、ペルシア地域では一〇世紀までもちこたえた。

一一世紀から一六世紀までが、第二次暗黒期である。イスラーム教徒によって圧迫されたゾロアスター教徒は、イラン高原に残留するグループとインド西海岸へ亡命するグループに分裂した。イラン高原のゾロアスター教徒は、山間部の砂漠都市ヤズド周辺に逃れて、細々と信仰を維持した。他方、インド西海岸のゾロアスター教徒は、宗教的圧迫がない分だけ、イラン高原の同胞たちより恵まれた環境にあった。

第三の興隆期は、一六世紀から現代まで。第二次暗黒期に分裂したゾロアスター教徒のうち、インド西海岸へ亡命したグループが、ヨーロッパ諸国の東インド会社のブローカーを務めることで経済的繁栄への端緒を作った。以後、造船業・アヘン貿易・鉄鋼業・ＩＴ産業と職種は変わったものの、特定地域出身の神官家系ゾロアスター教徒が、ボンベイ（ムンバイ）を拠点に英国勢力と結びついて経済的繁栄を享受する構造は変わらなかった。彼らの経済活動のゆえに、ボンベイは「現代ゾロアスター教徒の都」ともいわれる。現在のインドで繁栄しているタータ財閥、ジージーボーイ財閥、ゴードレージュ財閥などは、すべてこのころに成立したゾロアスター教神官家系の財閥に端を発している。第二次興隆期にはイラン高原で神聖帝国を創建したゾロアスター教徒たちは、今度はインド亜大陸で神官財閥を創建して、インド経済を理解するうえで無視できない勢力を築いた。

以上のような構成をもつ本書は、全体としては歴史的推移に沿ってゾロアスター教を概観した書物なので、題名を「新ゾロアスター教史」とした。また、副題は、三つの興隆期に対応して、「古代中央アジアのアーリア人・中世ペルシアの神聖帝国・現代インドの神官財閥」と付けた。

プロローグ　原始アーリア人の民族移動

第一節　中央アジアからイラン高原へ

イラン高原とは、西南をザーグロス山脈に、北方をエルブルズ山脈に、東方をヒンドゥークシュ山脈・ソレイマーン山脈に囲まれた、海抜一〇〇〇メートル級の高原地帯である。西隣にはメソポタミア平原の沃野を控え、北方には中央アジアのオアシス・ステップ地帯が広がり、東隣にはインド亜大陸が連なる。しかし、イラン高原上は大部分が砂漠で、生活環境としては隣接する三地域のいずれと比べても劣っていた。

現在このイラン高原の主要な居住者となっているアーリア人（イラン人。紀元前二千年紀に共通の言語と宗教をもっていたとされる集団。かならずしも形質上の区分ではない）は、紀元前二五〇〇年ころまでは、中央アジアのアラル海周辺（現在のウズベキスタン西北部）に住まう民族だったとされる（アーリア人に関する日本語概説としては、青木、二〇〇九年参照）。紀元前二五〇〇年ころ、この原始アーリア人たちはなんらかの理由でこのアラル海周辺の故地を捨て、民族移動を開始した。まず、彼らは、西方へ向かうグループと南下するグループに大きく分かれた。前者は、現在のドイツ・北欧に達し、金髪碧眼の自称ユーバーメンシュ（超人）、ヘレンラッセ（支配民族）の祖となったと考えられている。これに対して、後者はイラン高原東部（現在のアフガニスタン付近）でいったん停止した。もしかすると、彼らは、この地域で紀元前二〇〇〇年紀前半から栄えていた「バクトリア・マルギアナ考古学コンプレックス（BMAC）」の都市文明に触れる機会があったかもしれない。ちなみに、このときに一風変わった選択をして、パミール高原からフンザ方面に移動したと考えられるアーリア人の末裔に、カラーシャ族がいる（ラッセル、二〇一六年）。

マルギアナ・バクトリアまで南下した原始アーリア人は、紀元前一五〇〇年ころに再びなんらかの理由で第二次民族移動を開始し、東方のインド亜大陸をめざすグループと西方のイラン高原をめざすグループに分かれた。前者は、インダス文明を築いたとみられる先住のドラヴィダ人の居住空間に入りこみ、インド亜大陸の支配者となった。インダス文明の滅亡と原始アーリア人の侵入の時期は微妙に重なるものの、両者の間に因果関係があったとは証明されていない。ともかく、地味豊穣のインド亜大陸に定住したアーリア人は、先住民族ドラヴィダ人の宗教を吸収してバラモン教を創案し、後世それをヒンドゥー教へと脱皮させながら、長くインド亜大陸の文化的規範を創りあげた。

これに対して、イラン高原をめざしたアーリア人は、インド亜大陸に土着したアーリア人に比べて、土地の点でも先住民族との関係の点でも不利な条件と闘わなくてはならなかった。イラン高原の砂漠は畜牛に適さず、それを生業とする原始アーリア人にとっては、これを捨てないかぎり西方への進出は不可能だった。しかして、やっと西方へ到達すると、メソポタミア平原には全盛期のアッシリア帝国が威容を誇り、フーゼスターンにはエラム人が高度な文明を保持しており、両者にブロックされてイラン高原以西、メソポタミア平原への進出は困難だった。

このイラン高原をめざした原始アーリア人の中では、メディア人《びと》（古代ペルシア語でマーダ人）とペルシア人《びと》（古代ペルシア語でパールサ人）の事績が比較的よく知られている。彼ら自身は文字をもたなかったものの、メソポタミア平原以西の高度な文明に触れる機会に恵まれ、先進文明の記録にとどまったためである。このうち、メディア人《びと》は、紀元前九世紀ころにはイラン高原西北のメディア地域まで到達し、メソポタミア平原北方を中心に勢力を張っていたセム系のアッシリア帝国の傘下にはいった。ギリシア人の記録によると、メディア人《びと》は六大部族に分かれ、そのうちの一つマゴス部族が、彼らの宗教を司る神官階級マゴス神官団を構成していたと伝わっている。これに対し、ペルシア人《びと》は、紀元前九世紀ころにはイラン高原西部まで到達し、やがて先住のエラム人と接触した。エラム人はアッシリア人ほど強力でも暴力的な支配を行ったわけでもなかったようで、お互いに棲み分けが可能だった。イラン高原に移住してきた原始アーリア人の中で最終的に覇権を握るのは、このペルシア人《びと》たちである。

第二節　聖呪と拝火と犠牲獣祭の民族

紀元前二五〇〇年から紀元前九世紀にいたる原始アーリア人がどのような宗教を信仰していたのか、たしかなことは何も言えない。しかし、イラン高原のアーリア人が残した聖典『アベスターグ』とインド亜大陸のアーリア人が残した讃歌『リグ・ヴェーダ』（こちらは紀元前一五〇〇年～紀元前五〇〇年に作成されたと推定されている）を比較対照することで、だいたいのプロトタイプを推測することはできる。

原始アーリア人社会は神官階級・軍人貴族階級・庶民階級の三階級で構成され、厳格な階級区別があった。それぞれ、イラン高原ではアヴェスター語で「アースラワン（āθrauuan-）」、「ラサエーシュタル（raθaēštar-）」、「ワーストリヤ・フシュヤント（vāstriia- fšuiiant-）」と称し、インド亜大陸ではサンスクリット語で「ブラフマン」、「クシャトリヤ」、「ヴァイシャ」と称する（14頁図表1）。このなかで、最上位の神官階級は、特定の神

地図1　推定される原始アーリア人の民族移動の経路（紀元前2500年～前9世紀）

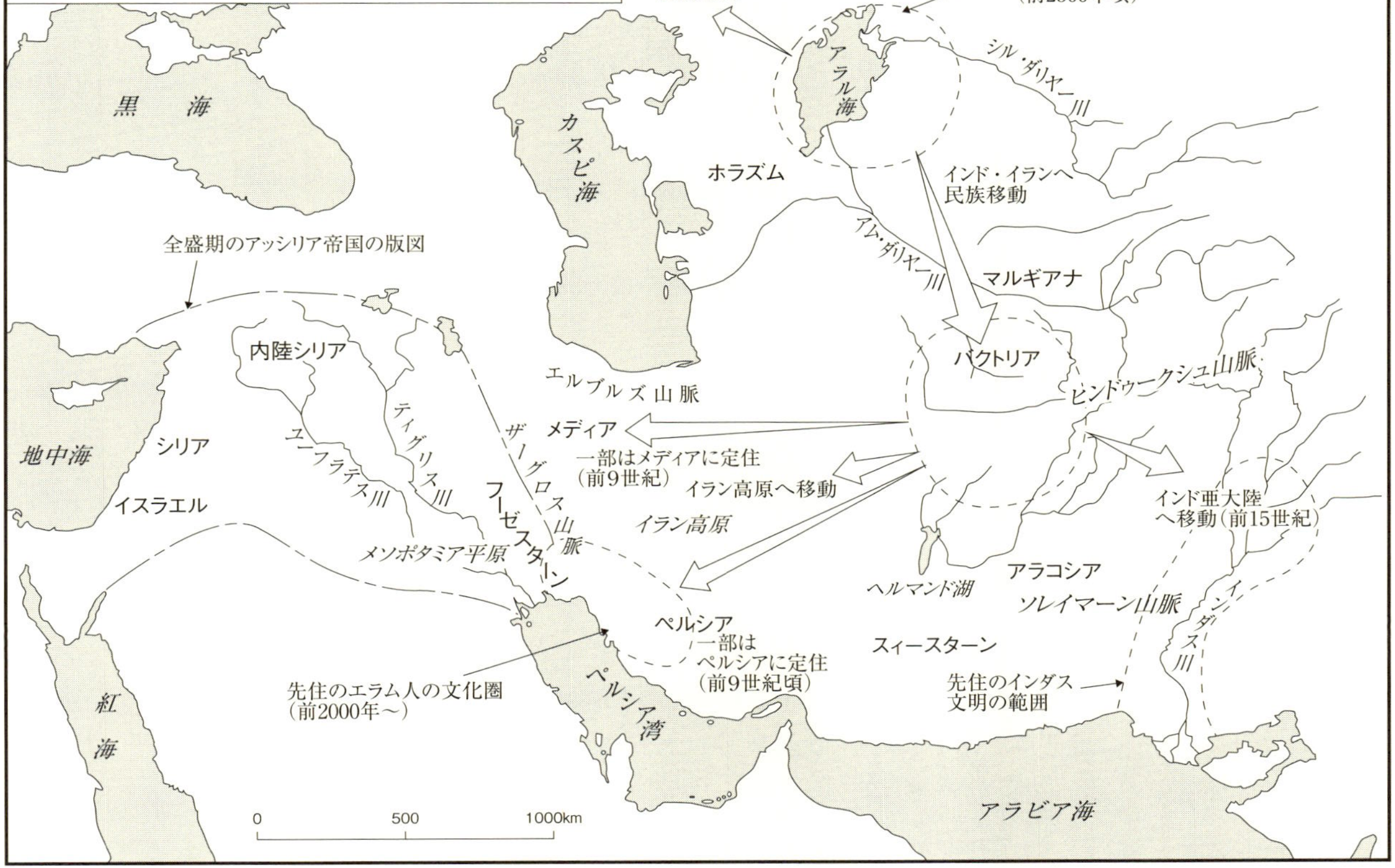

図表1　アーリア人の階級制度

階級	サンスクリット語名称	アヴェスター語名称	パフラヴィー語名称
神官	ブラフーマン	アースラワン	アースラワーン
軍人貴族	クシャトリヤ	ラサエーシュタル	アルテーシュターラーン
書記官	なし	なし	ダビーラーン
農民・職人	ヴァイシャ	ワーストリヨー・フシュヤント	ワーストリヨーシャーン・フトゥクシャーン

格に聖呪《せいじゅ》（神への讃歌や呪文）マンスラ（サンスクリット語でマントラ）を唱えて犠牲を捧げることによって、その神格から応分の果報を得る能力をもっていた。

その際に神官階級が執行する祭式の概要は、以下のようなものである。

まず、神官は依頼主から渡された犠牲獣（通常は牛）を屠《ほふ》って、神々に捧げる。つぎに、ハオマ（中央アジア原産の薬草の樹液とされる。一説にはエフェドラ）という一種の幻覚剤を調整して服用し、神託を得る。最後に、神託を依頼主に告げ、神々に捧げたはずの犠牲獣の大部分を神官の取り分として、祭式を終わる。依頼主は、これによって神々への祈願が終わったものとして、満足する。

神官階級が祈りを捧げるべき神格は多岐にわたるが、大別すれば、倫理的機能を司るアフラ神群（サンスクリット語でアスラ神群）と、自然的機能を司るダエーヴァ神群（サンスクリット語でデーヴァ神群）に二分することができる。

アフラ神群――ミスラ、ヴァルナ、アルヤマンなど

ダエーヴァ神群――インドラ、ナーサティヤなど

のちに、原始アーリア人がイラン高原とインド亜大陸に分かれると、どちらの神群を重視するかの取捨選択がはっきりと分かれた。イラン高原のアーリア人は、アフラ神群を尊んで人間の倫理的規範を重視し、善と悪を峻別した。この選択で損をしたのはダエーヴァ神群で、本来はアフラ神群と対立するような存在ではない別系統の神々だったのが、一転して悪魔の地位にまで貶《おとし》められた。ゾロアス

ター教の善悪二元論の教えも、起源をさかのぼればこの選択の中に胚胎している。これに対し、インド亜大陸のアーリア人は、デーヴァ神群を尊んだものの、アフラ神群を排斥したわけではなかった。その結果、ヴェーダの宗教から、バラモン教、ヒンドゥー教へと、多神教的な発展を遂げていくことになる。

また、原始アーリア人の火に対する思い入れには、格別のものがあったようである。牧畜時代から、火種を維持して活用することが家庭生活の中心になっていたからだと考えられている。インド・イラン共通時代には、各家庭の竈《かまど》の火は「家長の火」といわれ、その家長の生存中は常時燃やされた。しかし、この火を宗教的にどう活用するかについては、イラン高原のアーリア人とインド亜大陸のアーリア人の間で異なる習慣をもっていたようである。インド亜大陸の神官たちは、多くのヴェーダ祭式で火を拝むものの、火の神格アグニは天上の神々に供物を運ぶ装置であって、礼拝の対象ではない。これに対し、イラン高原の神官たちは、火をイコン化してそれ自体に祈りを捧げた。この点では、イラン高原のアーリア人たちは、早くものちの拝火教への志向を示していたらしい。

このころのイラン高原のアーリア人の具体的な状況を窺える文献は、『アベスターグ』以外は少ない。そして、その『アベスターグ』は、大部分が儀式用の朗唱歌である。しかし、後世の作とはいえ、パフラヴィー語文献『ヨーシュト・イー・フリヤーンの物語（*Mādayān ī Yōšt ī Friyān*）』が、当時の雰囲気を伝えている。ちなみに、パフラヴィー語でヨーシュト・イー・フリヤーンと名乗る人物は、『アベスターグ』の「アーバーン・ヤシュト」81–83にも、ヨーイシュタ・ヨー・フルヤナナームというアヴェスター語名で登場するので、彼は、ザラスシュトラと並んで、原始アーリア人社会に実在した有名な神官だったらしい。本章の最後に本文献を抄訳して、ザラスシュトラ出現前後の時期の原始アーリア人の社会の様相を紹介したい

（パフラヴィー語原文と英訳は、Haug and West 1872参照）。

ヨーシュト・イー・フリヤーンとアフトの物語

その昔、アフトと名のる魔術師が、七万人の弟子を率いて「謎解きの街」に現れ、彼の謎かけに答えられない住民をつぎつぎに処刑していった。たまりかねた住民の指導者マフラスパンドは、魔術師にある提案をした。

「この街には、フリヤーン家のヨーシュトという賢者がいる。彼と謎かけで対決して欲しい」

アフトはこの挑戦を受けて立ったものの、卑怯にもヨーシュトの守護天使たちの霊力が減退するようにと、霊力封じのために死体を隠した自宅に招いた。ヨーシュトは寸前でこの企みに気づき、

「死体をどかして私の守護天使が万全の力を発揮できる環境でなくては、謎かけ対決に応じない」

と宣言した。アフトが渋々ながらこの申し出に応じて死体を片づけたので、ここに賢者と魔術師の真剣勝負が始まった。

アフトは、ヨーシュトに対して三三の謎をかけたが、賢者はことごとくこれらに正解した。ヨーシュトは、

「では、今度は私から三つの謎をかけよう。これらに正解しなかったら、私が汝を破滅させる」

と述べ、三つの謎かけで反撃した。魔術師はそのうちの一つも知らなかったので、慌てて地獄まで行って大悪魔アフレマンに聞き質《ただ》した。しかし、アフレマンは、

「その秘密を明かしては、私の配下の悪の軍団が効力を失ってしまう。教えることはできない」

と断った。この時、ヨーシュトが、答えに窮して魔力が弱まったアフトに対して聖呪ネーラングを唱えると、魔術師はたちまち体内の悪霊を破壊され、滅亡してしまった。


以上、対決の舞台が「都市」として設定されていたり、後半で「賢者と魔術師の対決」が「善と悪の対決」に置き換えられている点は、これが書き記されたサーサーン王朝時代の状況を反映していると考えられる。しかし、神官階級に属する者同士が謎かけで対決し、死力を尽くして自らの守護天使の加護を願い、相手の守護天使の霊力を妨害し、負けた方が聖呪によって命を落とすなどの点では、中央アジア～イラン高原上での原始アーリア人社会の状況を、ある程度まで表していると考えられる物語である。

第一章　教祖ザラスシュトラの啓示から原始教団の発展（～紀元前四世紀）

第一節　歴史上の人物としての「白色家の老いた駱駝の持ち主」

ザラスシュトラの在世年代

ゾロアスター教の教祖は、原語でザラスシュトラ・スピターマ、そのまま訳せば「白色家の老いた駱駝の持ち主」という。彼の在世年代については、諸説が錯綜している。最も新しい年代（紀元前六二〇～五五〇年）を唱える研究者は、ナポリ大学のゲラルド・ニョリ（一九三七～二〇一二）だが、その根拠はギリシア語文献における「アレクサンダー大王の二五八年前」との記述にすぎず（Gnoli 2000）、今日ではこの間接的な証拠を真に受ける研究者はほとんどいない。

残る手掛かりは、アヴェスター語の古層から新層への発展にどれほどの歳月が必要だったかという曖昧な言語学的基準と、そのアヴェスター語の発展とインドのサンスクリット語の発展がどの程度の対応関係にあるかという、さらに曖昧な言語学的基準である。少なくとも、前者に関しては、「数世紀」の年月が必要だろうと推測されている。これらを勘案した結果、ハーヴァード大学のシェルヴォ（一九四四～）は「紀元前一七〇〇～一二〇〇年」と主張し（Skjærvø 1994）、コレージュ・ド・フランスのケレンス（一九四四～）は「紀元前一二〇〇～一〇〇〇年」と主張している（Kellens 1998）。恐ろしいことに、当代を代表する一流のゾロアスター教研究者たちの推定には七〇〇年間もの幅があり、確信をもってザラスシュトラの在世年代を述べることなど、とてもできかねるのが現状である。筆者には、「紀元前一七〇〇〜一〇〇〇年と推測されている」以上の記述はできない。

ザラスシュトラの故地

このザラスシュトラが属したハエーチャスパ族は、原始アーリア人の中でも最後まで中央アジアにとどまった後発グループだったようで、先発したメディア人《びと》やペルシア人《びと》がとっくにイラン高原の最西端に達しているころに、まだ中央アジアを転々としていたようである。ザラスシュトラの活動範囲は、このハエーチャスパ族を起点としているはずだが、当のハエーチャスパ族がどこにいたかがまったく分からないので、研究上は、きわめて断片的な証拠を手がかりにして、仮説を膨らませるしか打つ手がない。

ザラスシュトラの故地に関する研究史を紐《ひも》解くと、一九世紀には、ギリシア語文献の記述を鵜《う》呑《の》みにして（一九世紀までの欧米の研究者は、だいたいギリシア語文献至上主義である）、バクトリア（現在のアフガニスタン北部）とする説が有力だった（Jackson 1899）。その後、パフラヴィー語文献の解読が進むと、そこにはザラスシュトラの出身地として、アゼルバイジャン及び「ラグ」という地名が発見された。少なくとも近現代では、「ラグ」に相当する地名は、テヘラン南郊のライイ（ここの出身者をラーズィーと称し、幾多のラーズィー氏がイスラーム思想史上に名を残している）しかないので、必然的にアゼルバイジャン〜テヘラン間のどこかがザラスシュトラの故地と見なされた。何より、パフラヴィー語文献を執筆している九〜一〇世紀のゾロアスター教神官たち自身が、彼らの教祖ザラスシュトラはアゼルバイジャン出身だと信じていた。無論、サーサーン王朝の根拠地がイラン高原西部だったからである。

やがて、よりザラスシュトラに年代の近い『アベスターグ』の「ウィーデーウダード」第一章「地誌」が解読されたところ、出てくる一六個の地名のほとんどはイラン高原東部（現在のアフガニスタン）〜中央アジアのものばかりで、きわめて孤立的に「ラガー」の名が挙がっていた。下記が、『アベスターグ』の「ウィーデーウダード」第一章「地誌」で言及される一六の地名である。

1　アルヤナ・ワエージャフ（アーリア人の土地）
2　ガーワ（ソグド人が住まう土地＝ソグディアナ）
3　モール（マルギアナ）
4　バーフティー（バクトリア）
5　ニサーヤ（マルギアナとバクトリアの間、おそらくマイマナ？）
6　ハローイワ（ヘラート）
7　ワエークルタ（ガンダーラ？）
8　ルワー（ガズナ？）
9　フヌンタ（男色がはびこる土地、ゴルガーン？）
10　ハラフワティー（アラコシア）
11　ハエートゥマント（ヘルマンド、スィースターン）
12　ラガー（テヘラン南郊のライイか？）
13　チャフラ（ガズナとカーブルの間？）

14　ワルナ（ブネール？）
15　ハプタ・ヘンドゥ（パンジャーブ北部？）
16　ランハーの彼方（インダス川上流地域？）

こうして、「アベスターグ地誌のパズルゲーム」の観を呈してきたザラスシュトラの故地探しであるが、焦点はラガー＝ラグの取り扱いにあった。これをなんとかテヘラン南郊のライイに比定しようと、研究者たちは散々骨を折り、ついには「ラガーはゾロアスター教の西方布教の最前線で、言わばゾロアスター教のローマ教皇の座として権威をもった」との所説まで現れたが、いかんせんほかの地名がすべて中央アジアからイラン高原東部を指し示している以上、大方の賛同を得るにはいたらなかった。

二〇世紀後半には、これらとはまったく別の観点からの研究成果も三つ得られた。第一に、ロンドン大学のヘニング（一九〇八～六七）が、純粋に言語学的な視覚から、「『アヴェスター』の最古層に属する「ガーサー」の言語は、中世ホラズム語によって継承された」と推論し、ザラスシュトラの故地をホラズム（現在のウズベキスタン西北部）とした（Henning 1956）。ただし、現在ではガーサー語とホラズム語の関係は否定されている。第二に、上述のニョリが、「バクトリア・マルギアナ考古学コンプレックス」には都市遺跡の遺構があるのに、『アベスターグ』の記述は牧畜社会を反映していることから、思いきって中央アジアから離れ、はるか南方のスィースターン説（現在のイランとアフガニスタンの接壌地帯）を提案した（Gnoli 1980、ニョリ、一九九六年）。ただし、これも逆張りが可能で、ロンドン大学のメアリー・ボイス（一九二〇～二〇〇六）は、第三説として「バクトリア・マルギアナ考古学コンプレックス」の北方、現在のカザフスタンのステップ地帯説を提唱した（Boyce 1992）。しかし、いずれも、ラガーの位置づけがネックになった。

二一世紀前半のザラスシュトラの故地研究に求められる解決課題は、①中央アジア〜イラン高原東部で、②「バクトリア・マルギアナ考古学コンプレックス」の範囲からは外れ、かつ③ラガーの位置を合理的に説明できることの三つである。これをなんとか満たすのは、コレージュ・ド・フランスのフランツ・グルネ（一九五二〜）の所説である。彼によると、ラガーとは、テヘラン南郊の有名なライイではなく、バダフシャーン（現在のタジキスタン東部のゴルノ・バダフシャーン州）にある同名の都市である。そして、上記の一六の地名は、順次直接的にアーリア人が進出した地名を並べているのではなく、中心となる「アルヤナ・ワエージャフ」から放射状に地名を列挙したのだと指摘する（日本人にとっては、『魏志倭人伝』から邪馬台国の位置を割り出すような作業である）。となると、上記の地名は、中央アジアからイラン高原東部を経て、現在のパキスタン北部に及ぶ一円の地域に特定される。そして、その中心は、タジキスタン東部のパミール高原とならざるを得ない（Grenet 2005）。すなわち、現在のところ、タジキスタン東部がザラスシュトラの故地の最有力候補となっている。

いずれにしても、ザラスシュトラを俗に「古代ペルシアの預言者」と称するものの、彼自身はイラン高原に足を踏みいれたことはなく、まして西南端のペルシア地域のことは聞いたこともなかったはずである。たしかに彼が遺《のこ》した教えと教団は、そののちに南下と西進を繰り返し、中央アジアではなくイラン高原——そのなかでも特にペルシア地域——で花開くことになるが、歴史的に正確を期するなら、教祖ザラスシュトラ本人は「古代中央アジアの原始アーリア人神官」というべきである。

彼が属した社会は、原始アーリア人の伝統そのままに、畜牛をおもな生業とする牧畜社会であった。神官階級・軍人貴族階級・庶民階級の枠組みが守られ、原始アーリア人の宗教がそのまま信じられていた。神官は、聖呪を憶《おぼ》え、諸神格に祈りを捧げ、牛を屠《ほふ》って犠牲祭を執行することで社会に貢献した。ザラスシュトラのスピターマ家も、この神官階級の家柄である。

推定される教祖像

ザラスシュトラの実像については、一九世紀以来議論百出して、その着地点がいまだにみえていない。あまりにも少ない資料（「ガーサー」）に依拠して、あまりにも多くのことを語ろうとするためである。研究者の立場や方法論の相違が、これに拍車をかけた。マルティン・ハウク（一八二七〜七六）以来、ゾロアスター教研究の草創期を支えたクリスティアン・バルトロマエ（一八五五〜一九二五）、フリードリヒ・ゲルドナー（一八五二〜一九二九）などの碩学は、自らが親しんだキリスト教モデルが念頭を去らなかったのか、ザラスシュトラを「アーリア人の伝統的な宗教の改革者」、「人類史上、初めて一神教を唱えた偉人」と捉えた（Haug 1862, Bartholomae 1904, Geldner 1896–1904）。この傾向は、二〇世紀後半のゾロアスター教研究をリードしたメアリー・ボイス（一九二〇〜二〇〇六）まで継承された。

これに対して、古代インド研究からゾロアスター教研究に転じた（上述の）ケレンスやシェルヴォは、当然のごとくザラスシュトラを古代ヴェーダの祭官になぞらえ、「詩人祭儀者」として描出する（代表例はSkjærvø 1996）。この立場が行きすぎると、「ザラスシュトラは古代の詩人の総称または形象化であって、歴史上実在した特定個人ではない」という急進的な結論にまで行き着く。

齟齬《そご》が生じているのは、研究者レベルだけではない。当のゾロアスター教文献の中でさえ、年代によって、教祖（とされる人物）の取り扱いが二転三転しているのである。今、仮にザラスシュトラのエピセットを言語別で区切ると、下記のような表が得られる。

アヴェスター語 —— 「正義を追求する者（aš́auuan）」、「彼の守護霊（frauuasi）が讃《たた》えられるべき者」

パフラヴィー語 —— 「使いの者（aš́tag）」、「遣わされた者（frestag）」、「もたらす者（āwurdār）」、「教えを受け取る者（dēn padīriftār）」、「メッセージを運ぶ者（payāmbar）」、「言葉を担う者（waxš́war）」

近世ペルシア語 —— 「使徒（rasūl）」、「使徒（nabī）」

グジャラート語 —— 「尊師（guru）」

少なくとも信者の間では、ザラスシュトラを架空の人物とする発想は存在しないようである。しかし、アヴェスター語の尊称とパフラヴィー語と近世ペルシア語の尊称の落差は激しい。後者では、キリスト教やイスラームなど、当時支配的だったセム的一神教の「預言者」に類似した「神と人間の間に立つ者」としてのザラスシュトラ像が造形されている（イスラーム期の文献では、ザラスシュトラはしばしば『旧約聖書』のアブラハムと同一視され、「イブラーヒーム・ザルドシュト」と呼称される）。また、グジャラート語では、ヒンドゥー教の尊師に近い超能力者としてのザラスシュトラ像が提出されている。

すなわち、ザラスシュトラという歴史上の人物が存在したか否かを明確に証明する証拠はない。そのような議論の立て方をした場合、現在の研究レベルでは、碩学同士が不毛な水掛け論を繰り返すだけの結果となる。むしろ、後代のゾロアスター教神学の要請に応じて、その中核となるべきザラスシュトラ像が絶えず生成発展してきたという歴史的説明が、最も実態を反映しているのではなかろうか。そして、ゾロアスター教神学が成立するためには、歴史上、ザラスシュトラ・スピターマという人物が、たしかに実在しなくてはならない —— たとえそれが、架空の一点であったとしても。

ザラスシュトラの誕生

以下では、九世紀に編集されたパフラヴィー語文献の記述にしたがって、以上のようなゾロアスター教神学の要請に応じて生成されたザラスシュトラ・スピターマの生涯を再構成してみよう。日本語で読めるパフラヴィー語原典に依拠したザラスシュトラ伝としては、伊藤、一九七九年参照。以下は、実際には「伝説」にすぎない可能性の方がはるかに高いが、それでも、九世紀以前（多分、サーサーン王朝時代をはるかにさかのぼり、アヴェスター語が話されていた当時まで行き着く）のゾロアスター教徒たちが想定していた教祖像を、追体験する価値はある。

それによると、ザラスシュトラは、父ポルシュ・アスパ（〝灰色の馬の持ち主〟）、母ドゥグダーウ（〝乳絞りの女〟）の息子として生まれた。ドゥグダーウはある晩、星が降るようにして降臨してきた「栄光の光輪」を飲みこみ、彼女の胎内で霊的世界と物質世界が混合することで、ザラスシュトラを妊娠した（このため、ザラスシュトラの肉体をパフラヴィー語で「タン・ゴーフル（本質的肉体）」と称し、特に聖別されたものと見なす）。悪魔たちはこれに危機を感じて、彼女の出産を妨害しようと試みたが、ことごとく成功しなかった。そして、ある晩、ドゥグダーウの父親フラーヒーム・ルヴァーン・ゾーイシュの家が発光する中、善なる神々の庇護により、ザラスシュトラは哄笑《こうしょう》しながら地上世界に誕生した。ちなみに、彼が「哄笑ながら誕生した」との伝説はつとに有名だったようで、ギリシア人の伝承を経てヨーロッパまで伝わり、『ツァラトゥストラかく語りき』の中のツァラトゥストラもやたらと哄笑する人物として描かれている。

なお、彼の兄弟たちはこれほど幸運ではなかったらしく、ラングシュタル、ラトゥシュタル、ワースリガー、ハンダニシュという名前だけは伝わっているものの、ゾロアスター教史上で活躍した形跡がない。むしろ、ザラスシュトラと仲がよく、ゾロアスター教的に祝福されていたのは、従兄のマドヨーイモーンハの方だった。

図表2　ザラスシュトラ・スピターマの系譜

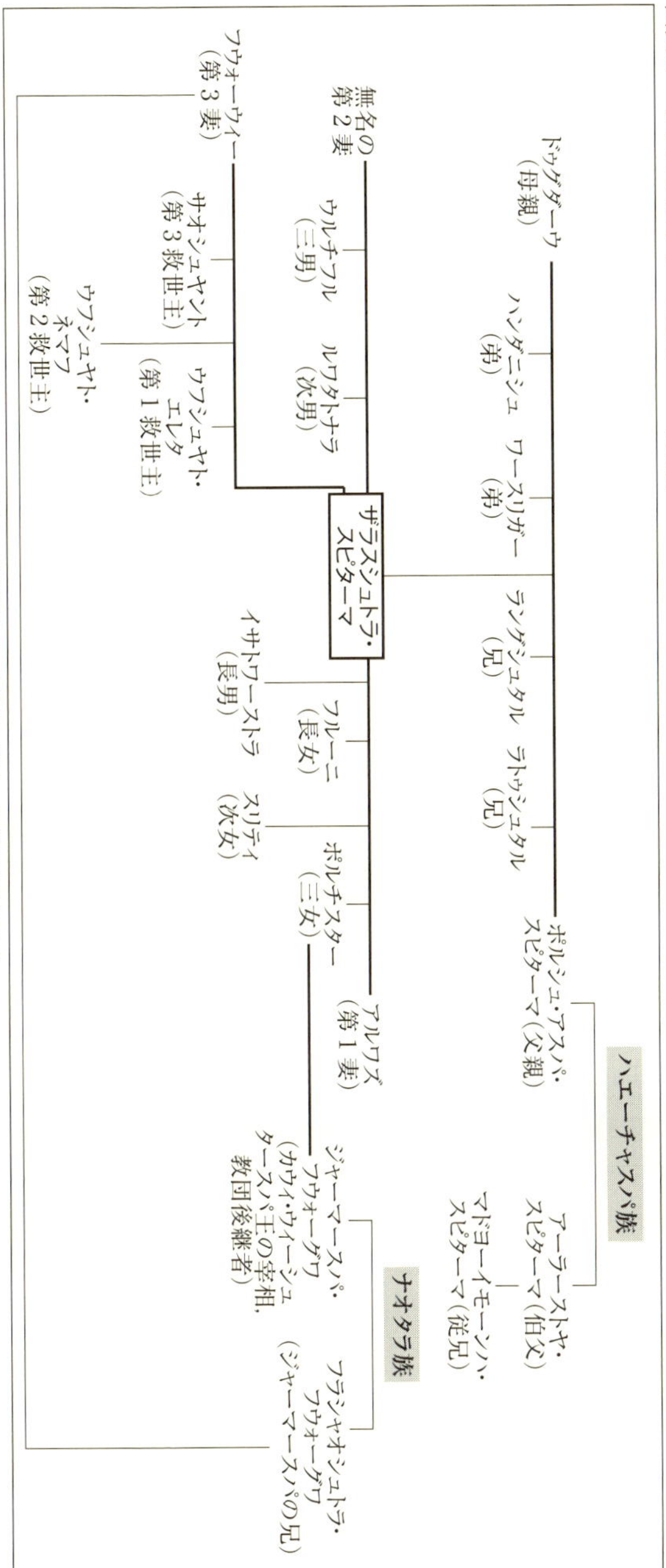

人名は原則としてアヴェスター語表記した。太線は婚姻関係，細線は親子・兄弟関係を示す

神官教育と放浪

ザラスシュトラは、一五歳で成人式を挙げ、聖紐《せいちゅう》クスティー（古代アーリア民族が腰にまいた紐。のちにゾロアスター教徒の象徴となった）を身に纏《まと》って、原始アーリア人の神官としての教育を受けた。このころに、父ポルシュ・アスパか伯父アーラーストヤ（仲のよい従兄マドヨーイモーンハの父）に師事して、原始アーリア人の神官階級に伝わる多くの聖呪と神格を暗記し、犠牲祭の執行方法を覚えたはずである。しかし、何を考えたのか、二〇歳で家出して放浪生活に入ってしまい、以後の足どりはしばらく途絶える。後代の伝承によると、この間に、ザラスシュトラの召命《しょうめい》（神からの呼びかけ）を阻もうとする悪魔たちの術策や誘惑によって幾度となく窮地に陥ったが、たぐいまれな精神力でこれらを斥けたことになっている。

召命と初期宣教

こうして彷徨《ほうこう》を続けたザラスシュトラは、三〇歳に達した年のイラン暦正月元日（日本の春分の日）に、放浪先のワンフウィー・ダーティヤー川（中央アジアの河川の一つか？）の畔《ほとり》で、ついに大天使ウォフ・マナフに召されて、初めて「善なる神アフラ・マズダー」に出会った。これが、ザラスシュトラ開教の大いなる時と見なされている。これを契機に、彼は原始アーリア人の宗教を改革し、「アフラ・マズダーの善なる教え」を宣《の》べ伝えはじめた。この目的のために彼が詠んだ詩文を「ガーサー（Gāθā、サンスクリット語のガーター＝〈仏教でいう〉偈《げ》に該当する）」といい、サーサーン王朝時代に結集《けつじゅう》された『アベスターグ』の中核部分となって伝わっている。

ここで、ザラスシュトラ直伝の「ガーサー」の一節を、故伊藤義教氏の日本語訳で引用させていただこう。

地図２　ザラスシュトラの活動範囲とメディア王国（紀元前12～前７世紀）

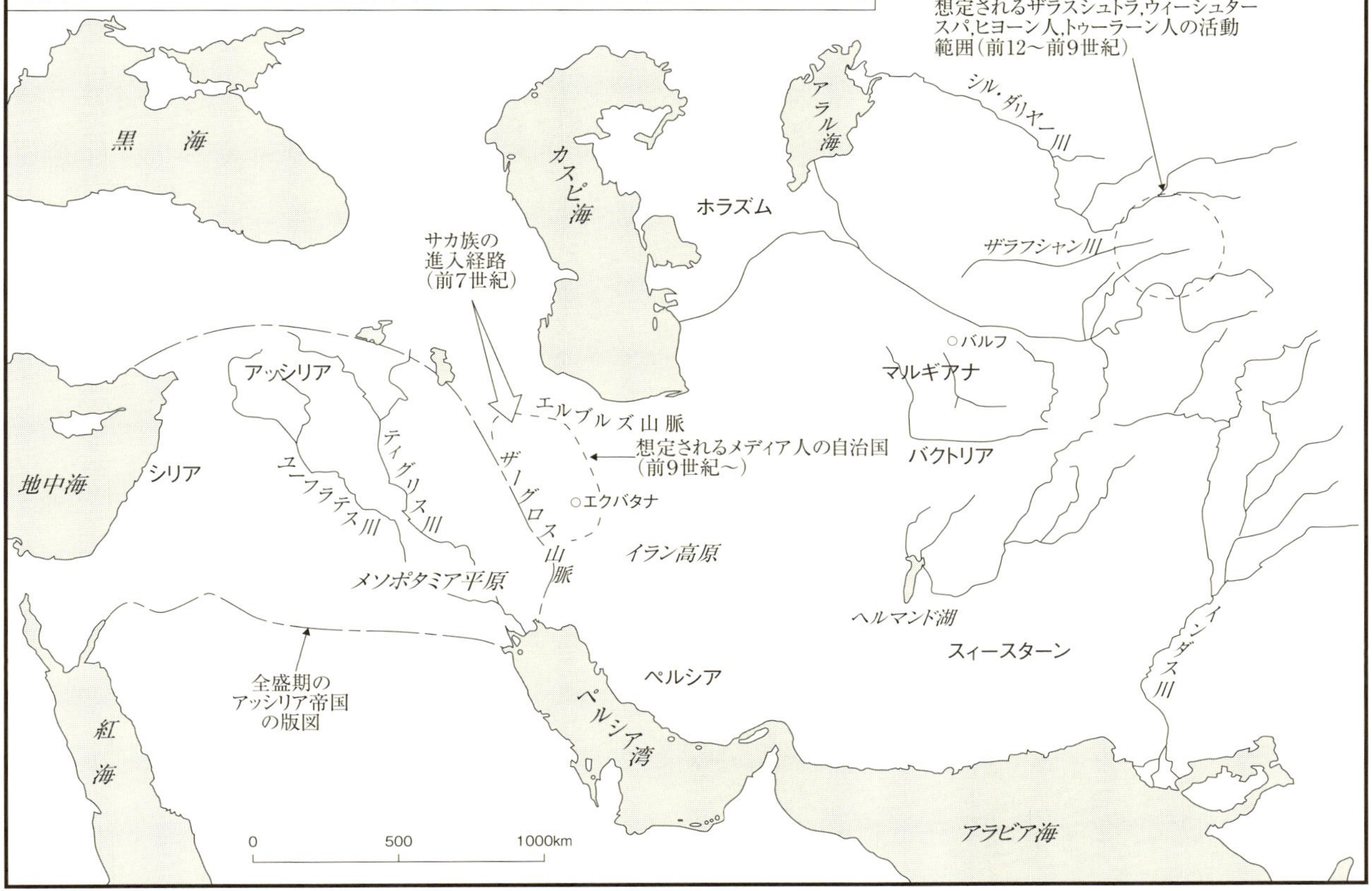

では、わたしは説ききかせよう。さあ、耳を傾けよ、さあ、聞けよ。

御身ども近くから、はたまた遠くから〔来て〕願いもとめているものたちよ。

さあ、かの方（アフラ）を、みなのものたちよ、心にとどめよ。明らかに見えてましますぞ。

第二の世を邪師に破壊させてはならぬ。

彼はその舌による、邪悪な信条選取のゆえに、不義者と論告されたるもの。

では、私は説ききかせよう。世の始元《はじめ》の二霊を。
それらのうち、より聖なる方は邪悪な方に、こう語った。
「〔一致しないといえば〕われら両者の思想がそうでなく、言説がそうでなく、意思がそうでなく、
信条選択もそうでなければ、ことばもそうでなく、行為もそうでなければ
ダエーナー*もそうでなく、魂も一致してはいないのだ」と。（ヤスナ45-1～2）
（伊藤一九六七年、三四六頁〔　〕（　）は伊藤注）

＊　ダエーナーはアヴェスター語で「ヴィジョン、教え」の意。

ザラスシュトラは、このような言説をもって、古代アーリア人の宗教の改革に乗りだした。この「ガーサー」の中に、すでにゾロアスター教に特有のアフラ・マズダー信仰や二元論の萌芽が見えているのだが、古代アーリア人の間では、このような宗教的主張はなかなか受けいれられなかった。

彼の初期宣教は苦難の連続だった。三〇代のころ、ザラスシュトラは二人の妻との間に三男三女をもうけたものの、原始アーリア人の宗教を信奉していたとみられる周囲のカウィ神官やカラパン神官（いずれも原

始アーリア人の宗教の神官職名）の執拗な妨害に遭い、一人も信者を獲得できなかった。とうとう自分の出身部族内での布教は諦めたらしく、近隣に勢力をもっていた原始アーリア人の一派トゥーラーン人《びと》のもとへ布教に行った。しかし、かえって彼らの反発を買ってしまい、彼らの王ウルワルタデング・イー・ウシクシャンから追いだされる結果に終わった（ちなみに、このトゥーラーン人《びと》は、部族名がトルコ人と類似していたために、後世においてはトゥーラーン人＝トルコ人と誤解され、一〇世紀に成立した近世ペルシア語の民族叙事詩、『王書《シャー・ナーメ》』などで完全に悪役とされた）。

ザラスシュトラは、つぎに、アフラ・マズダーの名を僭称《せんしょう》するカラパン神官ワエードウォーイシュトの挑戦を受けて、互いの霊力を賭けて争った。彼らの間で、先に引用した『ヨーシュト・イー・フリヤーンの物語』のような対決が行われたと思われる。彼は、首尾よくワエードウォーイシュトを降し、アフラ・マズダーの恩寵はザラスシュトラの頭上のみに輝くことを証《あか》しした。

しかし、カラパン神官を一人倒したところで信者が増えるわけでもなく、ザラスシュトラは、今度はダエーヴァ（古代アーリア人の宗教の別系統の神格）崇拝を行っていたパルシェード・ガーウ王の王国（所在不明）を訪れ、ダエーヴァ崇拝をやめてアフラ・マズダーのみを崇めるように忠告した。だが、その王にとっては余計なお世話だったらしく、ザラスシュトラはここでも信者を獲得できなかった。

以上、ザラスシュトラは、原始アーリア人の宗教がミスラ一神教、アフラ・マズダー教、ダエーヴァ崇拝などへと胎動する中で、実に一〇年間にわたって悪戦苦闘を繰り返した。この時代の原始アーリア人社会では、おそらくは無数のザラスシュトラ的な神官が出現し、独自の教えを宣べ伝えていたはずである。

信者の獲得

百折不撓《とう》のザラスシュトラは、四〇歳にして待望の一番弟子を得た。ただし、それは、一〇年間にも及ぶ宣教が功を奏したわけではなく、従兄のマドヨーイモーンハが、（半ば同情心から？）帰依してくれたお陰である。ザラスシュトラの伝記を紐解いても、彼が四〇歳の時点での両親や兄弟の記事は見いだせないので、すでに物故していたか、ザラスシュトラとは別の道を歩んでいたかである。このころは、マドヨーイモーンハが実質的に一番の近親で、それゆえに一番の弟子であった。

マドヨーイモーンハに続いて、近隣で教えを説いていた「スィースターンの賢者」ことサエーナーが、一〇〇人の弟子を率いてザラスシュトラのもとに参じたとされる。一人の弟子（それも従兄）しかもたないザラスシュトラに、一〇〇人の弟子をもつと称されたサエーナーが弟子入りするについては、いろいろと深い理由があったと想像されるが、資料には出てこない。ただ、これが弾みとなって、原始教団が発展していったことは確かである。

そして、ザラスシュトラが四二歳の時に、ナオタラ族の君主カウィ・ウィーシュタースパ（〝馬具を外された馬の持ち主〟）との運命的な邂逅があった。彼の宮廷を訪れて教えを説いたザラスシュトラに対し、カウィ・ウィーシュタースパがこれを受けいれたのである。この過程で、旧来の宗教指導者や反対派の廷臣の妨害工作に遭ったものの、ザラスシュトラはそのたびにアフラ・マズダーの奇跡によってこれらを克服したとされる。アフラ・マズダーはこれを嘉《よみ》して、カウィ・ウィーシュタースパの宮廷に、アーザル・ホルダードとアーザル・グシャスプの二つの聖火を下賜したという。こののち、宮廷で勢力をもっていたフウォーグワ家のフラシャオシュトラ、ジャーマースパ兄弟と結び、前者の娘フウォーウィー（〝良き家畜をもつ女〟）をザラスシュトラの第三妻に迎えいれ、代わりに後者にザラスシュトラの三女ポルチスター（〝思いやり深き者〟）を嫁がせるという政略結婚を実行して、ナオタラ族内の支持基盤を万全のものにした。

このころから原始教団の教勢は拡大の一途をたどり、あいついで新弟子の加入があった。彼らの名は、『アベスターグ』中の「フラワルディーン・ヤシュト」の通称「信徒過去帳」に列挙されている。しかし、彼らの具体的な事績については、分からないことの方が多い。

原始教団の危機

このように、カウィ・ウィーシュタースパという理解者を得て、順調に発展していた原始教団だったが、隣国のヒヨーン人《びと》たちがナオタラ族の改宗に不満を感じたところから、ザラスシュトラの原始教団の前途に暗雲が立ちこめた（ヒヨーン人にしてみれば、隣国の王が妙な新興宗教に改宗したのを脅威に感じたのだろう）。ヒヨーン人《びと》のアルジャトアスパ王は、再三ウィーシュタースパ王にザラスシュトラの教えを捨てるよう勧告したものの、全然効果がないのを知ると、魔術師ウィードラフシュと部将ナームクワースト・イー・ハザーラーンに二万の精兵を授けて、ウィーシュタースパ王の領内に侵攻させたのである。

会戦前夜、ウィーシュタースパ王は、宰相ジャーマースパと作戦を練った（ジャーマースパの兄フラシャオシュトラは、すでに死亡していたのか、この戦争には登場しない）。ジャーマースパがザラスシュトラ譲りの霊力で戦争の結末を予言すると、この戦争は非常な苦戦となり、王族の中から二三人もの戦死者が出ることが判明した。しかし、ウィーシュタースパ王はこれを信じず、軍を三つに分け、一軍を王太子スプントー・ザータに、一軍を王弟ザリワリに、残る一軍を部将パードフスラウに与えて、ヒヨーン人《びと》を迎撃した。

図表3　協力者たちと敵対者たち

原始教団
　ザラスシュトラ・スピターマ
　マドヨーイモーンハ（従兄で最初の弟子）
　サエーナー（原始アーリア人の神官。100人の弟子とともにザラスシュトラに帰依）
　（このほか「信徒過去帳」には，かなりの数の初期信徒が列挙されている）

　　依存・客分関係 ↓　　　帰依 ↑

ナオタラ族
　┌カウィ・ウィーシュタースパ（パミール地方の王）――スプントー・ザータ（王太子）
　└ザリワリ（王弟。原始教団のために戦って戦死）――バスタワリ（ザリワリの息子）

　　臣従関係 ↑

　┌フラシャオシュトラ・フウォーグワ（ジャーマースパの兄）―フウォーウィー（ザラスシュトラの妻になる）
　└ジャーマースパ・フウォーグワ（ウィーシュタースパ王の宰相，原始教団の後継者）――グラーミークカルド（ジャーマースパの息子）
　パードフスラウ＊（ウィーシュタースパ王の部将）

　　敵対関係 ↕

ヒヨーン人＊
　アルジャトアスパ（ヒヨーン人の王）
　ウィードラフシュ＊（アルジャトアスパ王の魔術師で，王弟ザリワリを討ちとる）
　ナームクワースト・イー・ハザーラーン＊（アルジャトアスパ王の部将）

トゥーラーン人＊
　ウルワルタデング・イー・ウシクシャン＊（トゥーラーン人の王）
　トゥール・イー・ブラートロークレーシュ＊（ザラスシュトラの暗殺者？）

ダエーヴァ崇拝の民
　パルシェード・ガーウ王＊（ダエーヴァ崇拝の民の王）

原始アーリア人の宗教の神官たち
　カラパン神官のワエードウォーイシュト＊
　その他多数のカウィ神官
　その他多数のカラパン神官

人名は原則としてアヴェスター語表記した。パフラヴィー語文献にしか見あたらない人名については，＊を付けてパフラヴィー語表記したこのナオタラ族とヒヨーン人《びと》との会戦は大激戦となり、ジャーマースパの予言どおりに王族が次々に戦死していった。そして、勇者の誉れ高い王弟ザリワリまでもが、魔術師ウィードラフシュの計略にかかって陣没した。これを聞いた息子のバスタワリは、伯父王の制止を振りきって出撃し、従兄で王太子のスプントー・ザータやジャーマースパの息子のグラーミークカルド（ポルチスターとの間の息子かどうかは不明）の加勢も得て、ついに投げ槍によって魔術師ウィードラフシュを討ちとった。これを契機に戦勢はナオタラ族に有利に逆転し、最後にアルジャトアスパ王を捕虜にして、戦争に勝利した。

この戦争は、中央アジアでの宣教に成功した原始教団が最初に遭遇した試練であったらしく、このときの勝利は歴史的なものとして長く祝われた。原始教団のために命を落とした王弟ザリワリは、ゾロアスター教史上の英雄と讃えられ、パフラヴィー語文献『ザレール（ザリワリのパフラヴィー語形）の回想』でその功績が伝えられた。ただし、後世になると、なぜか脇役的存在だったスプントー・ザータの方が脚光を浴び、近世ペルシア語名エスファンディヤールとして民族の英雄になっている。それに引き換え大活躍したザリワリの名は、一般ゾロアスター教徒の間で完璧に忘れ去られている。

ザラスシュトラの死去と遺された教団、予言された救世主

このように、ウィーシュタースパの王国と相携えて発展してきた原始教団だったが、ザラスシュトラも死は避け難かった。彼の最期については、『アベスターグ』に伝承が欠けている。三女ポルチスターとジャーマースパの結婚は、教祖没後すぐの出来事だったとされるので、案外早くに（もしかするとヒヨーン人《びと》との戦争以前に）亡くなったのかもしれない。しかし、後世の一伝承によると、ザラスシュトラは、七七歳の時に

写真2　ザラスシュトラ・スピターマの伝記画　19世紀のボンベイで作成されたザラスシュトラの伝記画。コマ割りの左上から順に，生誕→悪魔の陰謀で狼に食べられそうになる→同じく牛に踏み潰されそうになる→同じく火に包まれる→放浪の末に啓示を受ける→宗教改革者として立つ→ウィーシュタースパ王に謁見する→奇跡を演じる→ウィーシュタースパの王国の国教になる。色調や背景などは，19世紀のヨーロッパで描かれたイエス・キリスト像を完全に模倣している

バクトリアのバルフの拝火神殿で祈りを捧げている最中に、トゥール人《びと》のトゥール・イー・ブラートロークレーシュの凶刃に倒れたという。教祖在世当時に建築物としての「拝火神殿」があったとは思えないので、この伝承の信憑性は低いが、ザラスシュトラが反対者の手にかかって暗殺された可能性は残る。

ザラスシュトラは、死去の前に、教団組織の整備に尽力したとされる。三人の息子のうち、第一妻との息子イサトワーストラ（〝良き牧草地を望む者〟）には神官階級の指導を、第二妻との息子ルワタトナラ（〝命令を下す者〟）には農民階級の指導を、同じく三男ウルチフル（〝太陽が照らす者〟）には軍人貴族階級の指導を任せ、原始アーリア人の三階級に対応した指導権を認めた。また、三女ポルチスターの娘婿ジャーマースパには未

来を予言する霊力を保証して、原始教団を率いる後継者とした（ちなみに長女フレーニと次女スリティの消息は不明）。なぜ、息子たちではなく娘婿を選んだのかは分からないが、ジャーマースパはウィーシュタースパの王国の宰相なので、政治的な意図が絡んだかもしれない。また、原始教団の最高指導者としては、教祖没後に「ザラスシュトラの似像《にすがた》」という意味の「ザラスシュトローテマ職」が設置されたと伝わる。ジャーマースパを後継者に選んだとすれば、彼が初代のザラスシュトローテマである。

ザラスシュトラの息子は、これだけでは終わらない。第三妻フウォーウィーとの間には、生前の子供はなかったものの、未来において三人の息子が誕生すると信じられている。すなわち、ザラスシュトラがフウォーウィーに対して放った精子は、イラン高原上のアヴェスター語でカンサオヤ湖（パフラヴィー語でカヤーン湖）という神秘的な湖――おそらく、現在のスィースターンのハームーン湖――の中に保存されており、将来この湖で沐浴した三人の処女（それぞれ、パフラヴィー語でナーミーグ・ピド、ウェフ・ピド、ゴーワーグ・ピドという名であるとされている）の胎内で受精して、彼女たちからウフシュヤト・ウルタ（パフラヴィー語でウシェーダル）、ウフシュヤト・ヌマフ（パフラヴィー語でウシェーダルマーフ）、サオシュヤント（パフラヴィー語でソーシャーンス）があいついで誕生すると予言されているのである（どう考えても、その三人はザラスシュトラとその処女たちとの間の息子と解釈せざるを得ないが、ゾロアスター教徒の間では彼らはフウォーウィーの息子とされる）。彼らは、地上の世界に終末が訪れる時、この世の悪を滅し善を救済して、人類を至福の世界へ導くとされる幻想的な救世主である。

第二節　ザラスシュトラかく語りき

儀式用の思弁的韻文ガーサー

ザラスシュトラの教えは、本人が口述した詩文「ガーサー」と、彼の没後すぐに原始教団の指導者たち（たぶん、娘婿ジャーマースパや長男イサトワーストラ）によってまとめられた散文「七章ヤスナ（Yasna Haptaŋhāiti）」から知ることができる。しかし、これらに使用された原始アーリア人の言語（「ガーサー」に使われているから、研究者は「ガーサー語」と名づけている――安直なネーミングである）は非常に難解なうえに、手がかりとなるような近接言語の記録が残っていないので、解読は確定的な結論を得ていない。

そもそも、「ガーサー語」がザラスシュトラ本人の母語だったのかどうかも分からない。マインツ大学のフンバッハ（一九二一～二〇一七）によると、ザラスシュトラ自身はソグド語（紀元後四世紀以降にソグディアナで話されていた東イラン系言語）の祖にあたる言語を母語としており、ガーサー語は有史以前の古代アーリア人の神官階級伝統の宗教言語だったとされる（Humbach 2015）。だとすると、ザラスシュトラは、母語ならぬ古典語で韻文を詠むという荒業をやってのけた神官である。

ともかく、ガーサー語というかなり特殊な東イラン語で詠まれた「儀式用の思弁的韻文」は、インド亜大陸のアーリア人がもっている詩文『リグ・ヴェーダ』との比較によって、なんとか意味を割りだせる程度である。少なくとも確実なのは、「ガーサー」は、セム的一神教で一般化しているような、

「超越の神→（預言者）→人類」

という方向でのメッセージではない。逆に、

「人類→（アーリア人の神官階級）→アフラ・マズダー」と、人間の側から神に呼びかけるための聖呪である。少なくとも、斯界《しかい》では、一九五九年のフンバッハによるガーサー訳（Humbach 1959）の公表以来、それが定説である。

口承伝承の編集とゾロアスター教思想の成立

この「ガーサー」は、のちのゾロアスター教思想の出発点になったとはいえ、ゾロアスター教思想の完成点ではない。たとえば、「ガーサー」はかならずしもセム的一神教のように唯一神の存在を主張していたわけではなく、単数形の「アフラ・マズダー」のほかに、複数形の「マズダーとほかのアフラたち」などという表現も見受けられる。本来、混沌《こんとん》とした世界に秩序をもたらすための呪文である「ガーサー」に、これ以上のまとまった思想内容を求めること自体に無理がある。

しかし、教祖直伝の詩文「ガーサー」以降、蓄積された口承伝承は、ある段階で一定の意図をもって編集された。その時期は、ロンドン大学のアルムート・ヒンツェ（一九五七〜）に従えば（Hintze 2002）、「ウィスペラド」（後述）の第一章と第二章が口承全体の内容目次として機能している以上、アヴェスター語が解説言語として機能する最後の段階（おそらく紀元前五〇〇年ころ）と見積もられている。この時期のある無名神官（たち）の編集作業によって、ザラスシュトラ発（と想定されている）の口承伝承は、「世界の始原から終末へ向かう」一貫したストーリーとして成立していた。

いわば、紀元前一七〇〇〜一〇〇〇年に生きたザラスシュトラがイエスだとしたら、（推定）紀元前五〇〇年に生きた無名神官（たち）はパウロである。以下に述べるゾロアスター教思想の完成者としては、実際のところ、ザラスシュトラ自身よりも、この無名神官（たち）の方がふさわしい。

アフラ・マズダー崇拝

ザラスシュトラは、原始アーリア人の宗教の神格の中から、アフラ・マズダーだけが崇拝に値すると主張した。「アフラ・マズダー」とは、前述のアフラ神群の中から考案された神で、「アフラ＝主」と「マズダー＝叡智」の二語によって指し示される。「マズダー」という神格の最古の実例は、ネオ・アッシリア語楔形《くさびがた》文字タブレットK252, col. 9, line 23にみられるが（Menzel 1981）、ザラスシュトラ以前に「アフラ・マズダー」という神格が存在した実例はない。また、このアフラ・マズダーは、古代インド側に対応する神格を見いだせない。以前は、倫理的・道徳的徳目を代表する神格であることから、インドのヴァルナに該当するのではないかと考えられたこともあったが（Keith 1925）、現在では否定されている。

最初期のゾロアスター教徒たちは、『アベスターグ』の古層では、自らの教えを「ザラスシュトラのマズダー崇拝教（mazdaiiasnō zaraθuštriš）」と称している。今となっては単なる重複表現としか聞こえない言葉だが、裏を返せば、その当時は「ザラスシュトラ以外のマズダー崇拝教」もあったということで、これを重視するなら、マズダー崇拝（アフラ・マズダー崇拝ではない）は、ザラスシュトラ以前にも、広汎に普及していた可能性が高い。

アフラ・マズダーによる「宇宙の秩序化」

では、そのアフラ・マズダーとは、いかなる神なのか？　彼は、『旧約聖書』的な意味での「無からの創造」を果たした神ではない。ザラスシュトラの思考世界の中では、宇宙は「生命（アヴェスター語でガヤ）」と「非生命（アジャーティ）」に分かたれ、そこに一定の秩序をもたらしたのがアフラ・マズダーである。したがって、「混沌とした宇宙の秩序化の神」と捉えた方が、アフラ・マズダーの性質を言いあてている。

しかし、折角アフラ・マズダーが統御したはずの宇宙であるが、「生命」と「非生命」の混沌は、アフラ・マズダーの支配下でも、結局は、霊的な存在（マンユ）としての「有益な霊的存在（スペンタ・マンユ）」と「悪なる霊的存在（アンラ・マンユ）」の双子兄弟の闘争の形をとって継続した（アフラ・マズダー、案外威力がなかったらしい）。この世界に「天則（アシャ）」をあてはめようとするアフラ・マズダーの努力は、なかなか実を結ばない。なお、このアシャがどこから出てきたのか不明だが、「マズダーはアシャの父である（『アベスターグ』のヤスナ47-3）」とされているので、本人が産んだようである。

なお、ゾロアスター教思想の最初期段階では、「アンラ・マンユ」と戦うのは、飽くまで「スペンタ・マンユ」の役割であって、アフラ・マズダー本人は高次の次元で傍観しているだけである。これだと有り難みが薄かったのか、九～一〇世紀に編纂《へんさん》されたパフラヴィー語文献の中では、アフラ・マズダー（パフラヴィー語でオフルマズド）はアンラ・マンユ（パフラヴィー語でアフレマン）と直接対峙《たいじ》する設定に変更されている。この最後期のゾロアスター教神学をもって、ゾロアスター教はしばしば二元論と通称されるものの、本来のアフラ・マズダーは、混沌とした宇宙を秩序化しようと四苦八苦していた存在であって、別に悪魔と（直接的に）戦っているわけではない。

アフラ・マズダーの天使たち

この「アフラ・マズダー＝叡智の主」は、下記の「六大アメシャ・スペンタ＝不死なる益霊」たちを従えているとされる。

「ウォフ・マナフ＝善思」
「アシャ＝天則」
「フシャスラ・ワルヤ＝支配」
「アールマティ＝敬虔」
「ハルワタート＝全体」
「アメレタート＝不死」

彼は、その起源となったアフラ神群の性格そのままに、人間に倫理的な徳目を要求する神だった。原始教団の教義では、最高神としてアフラ・マズダー、次位の神格として六大アメシャ・スペンタ、それより下位の神格として諸ヤザタ、個人の守護霊としてフラワシが存在する。本書では、便宜上、アメシャ・スペンタ＝大天使、諸ヤザタ＝天使、フラワシ＝守護天使と表記する。

ミスラ崇拝との対決

全般的にアフラ神群を優先する傾向にあったイラン高原のアーリア人の中では、アフラ・マズダーと並んでミスラもきわめて人気が高かった。古代インドのミトラは、本来は「相互の約束、契約、友誼《ゆうぎ》」を司る神格であったが（Brereton 1981）、相互の契約には「神と人間の契約」も含まれるわけで、しだいに正義を愛する倫理的な神格として崇められた。

この点で、ミスラとアフラ・マズダーは性格が共通していたし、アフラ・マズダーが（ザラスシュトラ本人が開発したかどうかは不明だが）人工的な神であるのに対して、ミスラは当初から原始アーリア人の宗教の中に組みこまれていた古典的な神だったので、起源的には後者の方が、より広範囲な支持基盤を有していた。両神は、イラン高原のアーリア人の崇拝を巡って、長らく勢力を争うことになる。

善と悪の二元論

ザラスシュトラが倫理的徳目を前面に押しだして原始アーリア人の神々を再編成した結果、アフラ神群は神や天使の座にとどまって、善なる神々のパンテオンを構成した。そのかわり、ダエーヴァ神群は神々の座から滑り堕ちて、宗教史的に新しい概念である「悪魔」と見なされるようになった。

それまで普通にダエーヴァ神群とそれらの神格に仕えていた神官にとっては、自分たちの神が一転して「悪魔」の枠に押しこめられてしまったことは、非常に不本意だったと思われる。上記のザラスシュトラ伝で悪役を演じているカラパン神官などは、本来はダエーヴァ神群を崇拝する古代アーリア人の神官だったのではないかと考えられる。しかし、彼らの犠牲の上に立って、「善なる神々に対決する悪魔たち」の二元論的概念を確立した点は、ザラスシュトラによる人類の宗教史上での大きな貢献であった。

人間の自由意志

そして、このように世界が善と悪の闘争で構成されているとすると、そのなかに生まれた人間には善の側に立つか悪の側に立つかの選択が求められる。たぶん、初期の段階では、原始アーリア人たちに対して、「アフラ神群を選ぶか？　ダエーヴァ神群を選ぶか？」という単純素朴な神群選択の問いかけを行っていたと思われるが、しだいに「善と悪」、「善なる神々と悪魔たち」の二元論的概念が普及するにつれ、ザラスシュトラの教えは、善悪の間での人間の自由意志を問う宗教に変貌していった。彼によれば、世界は虚無ではなく、最終目的をもって終末へ向かっているのである。この発想も、ザラスシュトラによる人類の宗教史に対する貢献とされる。

祭式儀礼の簡素化？

原始アーリア人の宗教では、神々に祈りを捧げる際、犠牲獣が必要であった（de Jong 2002）。しかし、一九〜二〇世紀の研究成果によれば、ザラスシュトラはこれに異を唱え、アフラ・マズダーは血《ち》腥《なまぐさ》い犠牲獣なしでも「善の側に立つものたち」の願いを聞きいれてくれるものとした。これは、あるいは、放浪時代のザラスシュトラが充分な数の牛を所有せず、また、彼のもとに犠牲獣を捧げて犠牲獣祭の執行を依頼する人物がいなかったことの反映とも思われる。

これに加えて、一九〜二〇世紀の研究成果によると、ザラスシュトラは、強烈な酩酊作用をもたらすハオマ草の絞り汁の服用も禁止し、神託には自分が詠んだ「ガーサー」を復唱するだけで充分としたらしい。この結果、原始アーリア人の宗教の犠牲獣祭の主要部分は否定され、犠牲獣もなくハオマ液服用の狂騒もない、いたって簡素な「ザラスシュトラの祭式」が完成したとされる。

だが、二一世紀以降は、このような図式の描き方自体に疑問が呈されている。一九〜二〇世紀のゾロアスター教研究者にドイツ人が多かったこと、つまり宗教的にはキリスト教プロテスタントの信者が多かったことが、「宗教儀礼＝悪、その簡素化＝善」とする無意識的な予断を生んでいたのではないかという反省である。残存パフラヴィー語文献の質量からすれば、ゾロアスター教神官団の興味関心は、確実に、教義の明確化よりも祭式儀礼の実行の方に置かれていた。たまたま古代アーリア人の宗教儀礼に関する資料が欠落しているゆえをもって、ザラスシュトラが古代アーリア人の祭式儀礼を簡素化したとまで断言するのは、研究者の行き過ぎではないかと思われる。二一世紀初頭段階でのゾロアスター教儀礼の研究としては、Stausberg 2004参照。

死後の世界

ザラスシュトラの説くところに従えば、世界の始原は善と悪の闘争であり、個人の始原は善と悪の選択である。そして、個人の生命は、善である生命が悪である死に敗れる形で、いったん終末を迎える。地上における肉体が滅んだのち、死者の霊魂は「チンワトの橋（選別の橋）」を伝って冥界へおもむく。この際、生前の善行が悪行を上回った場合、チンワトの橋は広々として霊魂に天国（「ガロード・マーナ＝歌謡の家」）への道を保証する。しかし、生前の悪行が善行を上回った場合、チンワトの橋は段々狭くなり、ついに霊魂は地獄（「虚偽の家」）へと転落する。このように、現世での個人の善悪選択の自己責任に対応して、来世における因果応報を唱えた点も、ザラスシュトラの独創とされる。

時間の終末と救世主思想

個人の運命に始原と終末があるならば、世界の運命にも始原と終末がなくてはならない。ザラスシュトラによれば、世界は一回性のものであり、果てしない時間の流れの果てに、いつかは始原に始まった善と悪との闘争に決着がつくはずである。彼によれば、それは、この世に救世主が到来し、悪を完全に封印して善に完全無欠の勝利をもたらすことで果たされる。そして、その救世主とは、未来において生まれるであろう彼の分身である息子たちである。これが、個人の死に際していったん下された因果応報が、宇宙的規模で達成される「フラショークルティ＝復活と最後の審判」である。このとき、すべての悪が撲滅され、地上には善人たちが甦って、至福の王国が成就する。

このように、善と悪の闘争をベースにして世界の始原と終末を見通して、一回性の時間と宇宙の終焉を予言し、幻視の中で来るべき世界を見通した点も、ザラスシュトラの大きな功績である。紀元前一七〜一〇世紀の時点で、ここまで革新的な思想を唱えたザラスシュトラは（そもそも、本人の業績だったとしてだが）、ゴータマやイエス、ムハンマドと比べても決して劣らない、人類の宗教史上の偉観であった。

第三節　イラン高原西北部のマゴス神官団

メディア人とその王国

ここまで、原始アーリア人の中でも最後まで中央アジアに残ったグループと、そのなかに生まれたザラスシュトラの宣教を概観してきた。これに対して、イラン高原の西北部では、先発して紀元前九世紀にはアッシリア帝国と接触していたメディア人《びと》たちが、ザラスシュトラとはまったく違った方向で、原始アーリア人の宗教思想を発展させていた。

メディア人《びと》は、牧畜民として移動してきたにもかかわらず、メソポタミア平原の先進文明に触れる機会に恵まれ、早くも紀元前八世紀にはエクバタナ（現在のハマダーン）を首都として、アッシリア帝国傘下の自治国を築いていた。紀元前七世紀初頭には、同じ原始アーリア人ながら騎馬民族化したサカ族（スキタイ族）の支配を受けるものの、定住民化した強みで自らの文化を維持し、紀元前六二五年には独立してメディア王国を樹立した。これが、原始アーリア人がイラン高原に移動してきて以来、初めて建てた独立国である。

このメディア王国は、紀元前六〇九年（または六〇三年）に、バビロニアのカルデア王国と共同で、長らく古代オリエント世界を支配してきたアッシリア帝国を滅ぼし、アッシリア帝国の後継四国家の一つとなった。その後五〇年ほどは、メソポタミア平原を支配するセム系民族のカルデア王国と、イラン高原を支配するアーリア人のメディア王国との間で比較的良好な共存共栄関係が築かれていたようであるが、紀元前五五〇年、同じアーリア人《びと》の一派ペルシア人のクールシュ大王によって首都エクバタナを落とされ、あっけなく滅亡した。

マゴス神官団の宗教

このメディア王国に住まうメディア人《びと》の宗教については、ヘロドトス（紀元前四八五～四二五？）やストラボン（紀元前六四～紀元後二一以降）などのギリシア人著述家が書き残している。それらによると、メディア人《びと》の宗教は、彼らの六大部族の一つであるマゴス神官団によって担われ、①拝火儀礼、②曝葬《ばくそう》、③清浄儀礼、④悪なる生物（蛙、さそり、蛇など）の殺害、⑤最近親婚、⑥牛の犠牲獣祭などの習慣をもっていた。

このうち、①の拝火儀礼と⑥の牛の犠牲獣祭は、原始アーリア人の宗教に共通した特徴であるから、マゴス神官団がこれらを継承するのは当然である。しかし、②の曝葬は、死体を地上で曝《さら》して骨だけにしたあと、遺骨を集めて磨崖横穴墓に収納するという特異な埋葬方式である。また、④の悪なる生物の殺害は、一見すると善悪二元論に近いようであるが、実態は爬虫類を見つけしだい殺すという異様な習慣である。さらに、⑤の最近親婚は、兄妹、姉弟間の結婚を最善のものと見なす風習である。三つとも、とても原始アーリア人の宗教がそのまま発展した結果とは思えない。

メディア人《びと》の宗教が、なぜこのような習慣を取りいれたかについては、解明されていない部分が多い。メディア人《びと》は原始アーリア人とは異なる別人種だったとする極論から、正体不明の先住民族に影響されたのだとする説までさまざまである。メディア人《びと》の由来とマゴス神官団の宗教は、原始アーリア人研究上の謎であり続けている。

そして、このように特異なマゴス神官団の宗教は、その後のイラン高原のアーリア人の宗教史に、二つの点で大きな影響を与えた。第一に、やがて西進してくる原始ゾロアスター教教団と習合し、この特異な習慣をそっくりゾロアスター教の中に導入することに成功した点。結果的には、そのゾロアスター教がイラン高原のアーリア人の国教になったので、マゴス神官団の習慣はイラン高原の全アーリア人にまで広まることになった。

第二に、このマゴス神官団は、メディア地域から、当時アーリア人よりもはるかに高度な文明をもったメソポタミア平原に進出し、バビロニアの天文学・占星術と習合して、時間を崇拝する拝時教・ズルヴァーン主義を生みだしたとされる点。この教えは、のちにグノーシス主義やマーニー教に重大な影響を及ぼすことになる。この二点で、マゴス神官団はアーリア人全体の宗教とゾロアスター教の成立に消えない刻印を残したのである。

マゴス神官団の末裔たち

話が少し先走るが、このマゴス神官団も含めたイラン高原西部の原始アーリア人の宗教の残滓《ざんし》は、サーサーン王朝時代のゾロアスター教の国教化、七世紀のイスラーム教徒アラブ人によるイラン高原のアーリア人征服にもかかわらず、現代まで根強く生き残っている。

たとえば、現代のメソポタミア平原北部とイラン高原西部でクルド人を中心に信者をもつアフレ・ハックが挙げられる。彼らは、初代イマーム・アリーの神格化などの点では、イスラーム内部での異端シーア派の様相を呈しているが、他方で、牛の犠牲祭、火の尊重、神官階級と俗人階級の血統的分離、聖紐《せいちゅう》の着用などの習慣は、彼らが原始アーリア人の宗教の継承者であることを示している。

ほかに、同じクルディスターンのヤズィード教が、ゾロアスター教とは別個の原始アーリア人の宗教の神話を伝承している異教として挙げられる。また、ズルヴァーン主義的な神話を継承している点では、ロレスターンの民間信仰にも留意しなくてはならない（Zaehner 1965）。ロレスターンはイラン高原上でも特にメソポタミア平原に近いので、ここの民間信仰は、マゴスの宗教がズルヴァーン主義化した原形を保存している可能性もある（Zaehner 1967）。

第四節　原始教団の南下と西進――妥協と習合の果てに

原始教団の進出「アルヤナ・ワエージャフ」の範囲

原始教団の移動の正確な経路は不明である。しかし、有力な仮説によれば、原始教団の祭式は畜牛と不可分であったし、豊かな水系を好んで移動したとみられるので、アム・ダリヤー川流域を離れたあとは、ヘルマンド川流域に沿って南下したと考えられる。いったん現在のアフガニスタンに入ったあと、アラコシア～スィースターン（ハカーマニシュ王朝時代の地名では、ズランカ人《びと》の住まう土地＝ドランギアナ）付近で停止し、さらに教義を整えたと思われる。

教祖の名声と実態の乖離

このような原始教団の動きとは別に、ザラスシュトラ個人の名声は、紀元前六世紀には早くも地中海世界まで達していた。小アジア西部の王国リュディアのクサントス（推定紀元前六世紀）が、西方人としては最初にザラスシュトラの名称に言及している。しかし、これはザラスシュトラの教えの内容が正確に伝達されたのではなく、「東方の賢者」イメージだけが先行して伝播した結果のようである。

この時点で、「ザラスシュトラの教え」と「イラン高原のアーリア人の宗教」の境界線は、非常に曖昧になった。原始教団の立場で考えるなら、教祖の衣鉢《いはつ》を正確に伝える彼らこそが「ゾロアスター教」を名のるにふさわしく、中央アジアからイラン高原に分布している原始アーリア人の宗教は、改革されるべき対象である。まして、「アルヤナ・ワエージャフ＝アーリア人の土地」の涯のイラン高原西部や東地中海世界など

地図３　アルヤナ・ワエージャフの範囲と原始教団の推定移動経路（紀元前12世紀～）

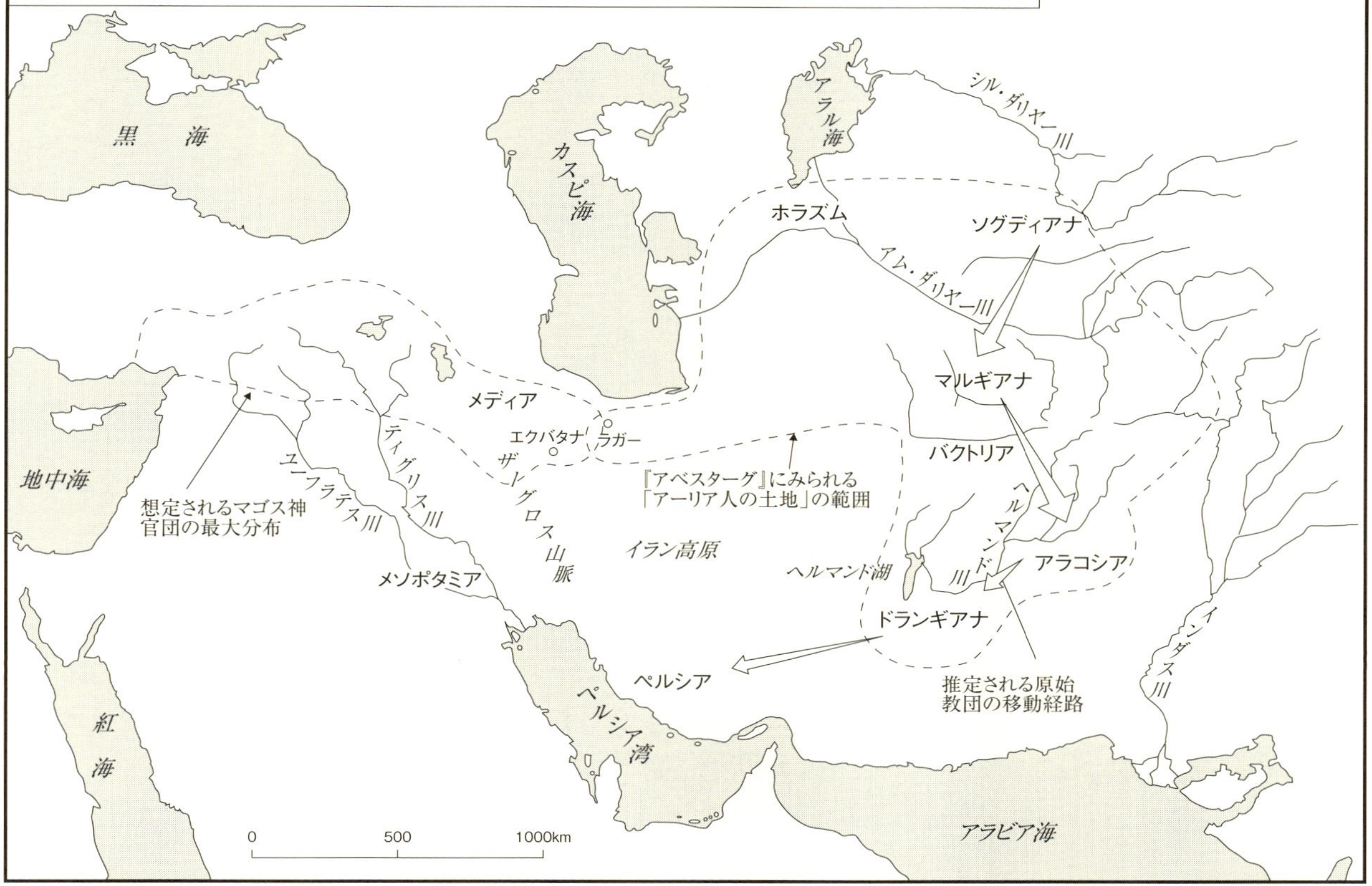

は、教化の行き届かない異邦人の土地であった。

しかし、教祖の名声だけを伝え聞いたギリシア人の解釈では、イラン高原のアーリア人の宗教全般が、そのまま「ゾロアスター教」と呼ばれるべきものとして捉えられた。特に、ギリシア人にしてみれば、彼らから直近の位置にいるアーリア人であるメディア人《びと》の宗教こそ、「ザラスシュトラの教え」を忠実に体現しているに違いないと考えられた。原始教団からすれば、見も知らぬマゴス神官団の宗教に、栄光ある「ザラスシュトラの教え」の名称を冠して呼ばれるとは、考え及ばない事態であったと思われる。

そして、この事態をさらに複雑にしたのは、その原始教団そのものが、南下・西進するにつれて、原始アーリア人の宗教を教化するどころか、逆に原始アーリア人の宗教に妥協と習合を余儀なくされた点である。それればかりか、原始教団は、マゴス神官団の宗教の風習を大量に導入する形で変質してしまった。本来ならば絶対的な基準点になるべき原始教団自体が激しく変容しているので、ギリシア人が「ザラスシュトラの教え」の理解に戸惑ったのも、ある意味では当然であった。

ヤスナ犠牲祭の成立

原始教団が移動するにつれて最も大きな改変を受けたのは、形而上的な教義の部分ではなく、実際的な祭式の部分だった。ザラスシュトラは原始アーリア人の犠牲獣祭とハオマ液服用の風習を改めて、祭式を簡素化したはずである。しかし、彼の精神は、本人の死後、後継者たちによって即座に裏切られたようで、原始アーリア人の宗教の強力な巻き返しがあった。原始教団を維持し、宣教するためには、周囲の環境への妥協が欠かせなかったのかもしれない。このようにして完成した原始教団の中核となる祭式は、その名も「ヤスナ＝犠牲」祭式と名づけられた。

この祭式は、一対の神官が、教祖の遺した「ガーサー」や「七章ヤスナ」その他の聖呪を唱えながら（一八二頁参照）、聖火の前でハオマ液を調整して、アフラ・マズダーに捧げるのが目的である。唱えられる聖呪とハオマ液調整の作業の間には、おおむね関連はない。というよりも、聖呪の中核部分では「ハオマ液を禁止せよ、犠牲獣を禁止せよ」という教祖直伝の「ガーサー」を唱えつつ、実際にはハオマ液を調整して飲むのだから、神官は自分で唱えている聖呪とは正反対の作業を粛々と進める結果になっている。妥協の結果として生まれた矛盾である。

現代のゾロアスター教徒の間では、ヤスナ犠牲祭は、ゾロアスター教の数ある祭式（数え方にもよるが、だいたい六四祭式存在する）の中でも最も高度な奥義とされ、初級・中級の神官が参画することは許されない。最高度のイニシエーションを受け、数々の試練をかいくぐった大神官のみが実践できる秘儀である。無論、神官階級以外は、この祭式を覗き見ることさえ禁止されている。それほどまでに霊験あらたかで、聖火を通して善なる神アフラ・マズダーと直接交信し、霊力を得るシステムと考えられている。おそらく、原始教団の時代からこうだったのだろう。

このヤスナ犠牲祭執行に際しては、大聖火の前に威儀を正した一対の大神官のうち、主神官がハオマを調整する実務を行い、副神官が聖呪を暗誦する（これだと、副神官の方が負担が重そうであるが）。ヤスナ聖呪はすべて暗記することになっており、文字をもって書き記すことは許されない（のちにサーサーン王朝時代になってから、欽定『アベスターグ』が書写されて、この原則は破られる。現在では、「ウィーデーウダード」だけは参照してもよいことになっている）。一言一句でも暗誦をまちがうと、アフラ・マズダーの御業を支援する効力を失うので、作業は慎重なうえにも慎重に進められる。

神々の復権

祭式に続いて、ザラスシュトラの教えが原始アーリア人の宗教に譲歩したのは、崇拝するべき神々についてだった。教祖自身は、アフラ神群の中からアフラ・マズダーを選びだし、もっぱらこの神格だけを崇拝することを奨めた。しかし、この改革はあまりにもラディカルで、他の神格を優先的に崇拝している原始アーリア人をすべて敵にまわす結果になる。文字通りに実行していたら、原始教団は周囲を教化する以前に、周囲から袋叩きに遭って壊滅するだろう。そこで、おそらく教義問題よりも政治手腕に長《た》けた後継者（ジャーマースパか？）が、原始アーリア人の諸神格を原始教団のパンテオンの中に復権させたのだと考えられる。

教祖没後に公式に復権した神々は、一七神格にのぼる。このため、ヤスナ犠牲祭に用いる「ヤスナ聖呪」のほかに、復権した神々への讃歌としてあらたに二一編の「ヤシュト聖呪」が詠まれ、折にふれて朗唱された。それらの神格については、図表12（一八三頁参照）を参照。ただし、原始教団は、彼らをアフラ・マズダーと六大天使の下位グループの神格「ヤザタ」と位置づけることで、ザラスシュトラが遺した教えのフレームを破壊しないように細心の注意を払った。

原始教団のこの判断に関しては、後世のゾロアスター教徒からも評価が分かれる。しかし、この柔軟な対応によって、周囲の原始アーリア人グループを徐々に教団内に取りこみ、原始教団の勢力拡大に寄与したことは認めてよいと思われる。特に、当時アーリア人の間で人気が高かったミスラ神や風の神ヴァーユをこの方法で懐柔できたことは、原始教団にとって大きな成果だった。

マゴス神官団との混淆

最後に原始教団に衝撃を与えたのは、イラン高原西部一帯に勢力を維持していたメディア人《びと》のマゴス神官団だった。本来ならば、同じ原始アーリア人の宗教から発展した東方系と西方系の流れであるはずだが、数百年を経て、両者の懸隔はあまりにも大きく広がっていた。

まず、葬法の点で、原始教団は土葬を行っていたと考えられている。ザラスシュトラやジャーマースパ、イサトワーストラたちの遺体は、今では分からなくなってしまっているが、中央アジアのどこか――パミール高原か？――の地中に埋葬されているはずである。しかし、前述のように、マゴス神官団は死体を地面に放りだして狼やハゲタカに喰わせる曝葬を行っており、原始教団とはこの点で相容れなかった。そして、両者が接触・融合した結果、意外にもマゴス神官団の曝葬が原始教団の土葬を圧倒し、以後のゾロアスター教の公式教義として採用されたのである。このなりゆきを詳細に解明する術はないが、ザラスシュトラ本人が見たらまちがいなく卒倒するに違いない葬法である。

つぎに、婚姻の点で、原始教団は特に近親婚を奨励していたとはみられず、教祖の妻三人ともにスピタマ家の血縁であるとは伝わっていない。第三妻にいたっては、明白に赤の他人である。これに対して、マゴス神官団は、一～二親等以内での最近親婚を至上の婚姻形態と唱えて実行した。そして、両者がぶつかってゾロアスター教が形成される過程で、望ましい信者の婚姻方式として採用されたのは、マゴス神官団の最近親婚だったのである。これ以後、ゾロアスター教が普及するにつれて、イラン高原のアーリア人たちは、熱心に兄妹婚、姉弟婚、少し譲っても従兄妹婚、従姉弟婚を繰り返すことになる。

このほか、原始教団がマゴス神官団の風習を取りいれたとみられるものには、爬虫類の殺害、犠牲獣の牛から羊への転換などがある（もっとも、後者は、イラン高原西部では牛を飼育するに足る多年草がないので、不可抗力で羊で代用せざるを得なかったせいである）。このマゴス神官団は、あまりにも古代アーリア人の宗教的伝統とかけ離れているし、「マゴス」という名称自体、インド・ヨーロッパ比較言語学では説明がつかないために、そもそもアーリア人ではなく、アゼルバイジャン付近の土着部族だったのではないかとの説もある（Frye 1972）。

ともかく、宗教儀礼や生活習慣などで、マゴス神官団が原始教団を圧倒しさった背景には、両者が邂逅した時点で、政治的な権威、社会的な支持の上でマゴス神官団が相当優位に立っていたという事情があると思われる。教祖没後数百年が過ぎたころ、妥協と習合の果てに、原始教団は確実に変わった。そして、その代わり、中央アジアからイラン高原東部を経て、イラン高原西部まで波及したのであった。換言すれば、それは、より古代オリエント文明の中心――メソポタミア――に近づいたということであった。

第五節　ハカーマニシュ王朝ペルシア帝国での展開

エラム人とペルシア人《びと》の共生

ここまで、原始アーリア人の中でも、中央アジアからイラン高原東部に進出したザラスシュトラの原始教団と、早々とイラン高原西北部に進出したメディア人《びと》の動静を中心に概観してきた。ここで、ゾロアスター教史上のもう一つの重要なファクターであるペルシア人《びと》にも目を向けなくてはならない。

前述のように、ペルシア人《びと》は、原始アーリア人の中でも比較的早い段階で西進を開始し、紀元前九世紀にはイラン高原西部に達したと考えられている。彼らは、メディア人《びと》が六部族に分かれていたのと同様に一〇

地図4　クールシュ大王のオリエント征服とハカーマニシュ王朝の版図と宗教遺跡（紀元前559年〜前330年）

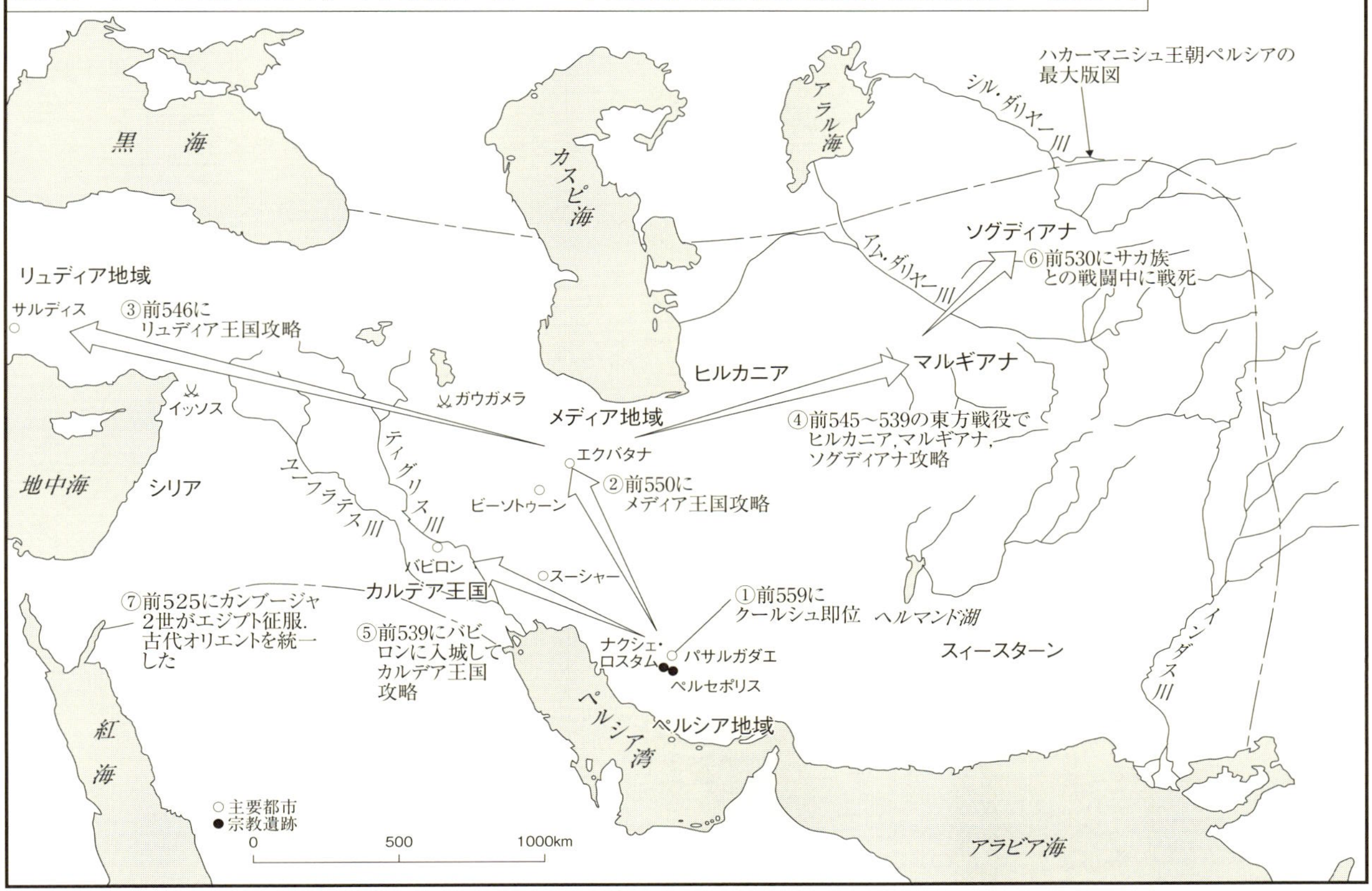

部族に分かれていたが、メディア人《びと》におけるマゴス神官団のように宗教部門を独占的に管理する部族はなく、牧畜から農業へ転換した六部族と牧畜を維持した四部族という生業別に分布していたようである。

ペルシア人《びと》にとっての幸運は、先住のエラム人が、メディア人《びと》に対するアッシリア人のように高圧的な支配を行う民族ではなく、文明度が高い穏健な民族だった点である。紀元前九世紀から数百年間のペルシア地域は、大麦や小麦を生産する農業を営む先住のエラム人と、季節的な牧畜と農業を兼業した新来のペルシア人《びと》の二元的な社会構造をもっていたらしい。ペルシア人《びと》は優越する武力を背景として政治権力を握ったが、文字をもって文化活動を担っていたのは、文明度に優る旧来のエラム人書記官たちだった。エラム人からペルシア人《びと》への文化的影響に関しては、Álvarez-Mon and Garrison 2011を参照。

クールシュ王家の興隆 —— エラム人・ペルシア人《びと》連合政権のオリエント制覇

このエラム人とペルシア人《びと》の混成地域であるペルシアは、紀元前七世紀に北方のメディア王国が強大化すると、その支配下に入ったようである。時のペルシア王（本人たちはアンシャンの地の王と自称していた）は、ペルシア人《びと》の一〇部族の中でも最有力だったパサルガダエ族の中から選ばれ、「クールシュ（キュロス）一世↓カンブージヤ（カンビュセス）一世↓クールシュ二世（キュロス大王）」と続いていた。この王家（古代ペルシア語でチシュピシュ王家）は、出自は原始アーリア人であっても、先住のエラム文化やメソポタミア平原のバビロニア文化の影響を色濃く受けていたようで、王名は純粋なアーリア系の名称ではない。

クールシュ二世が即位したのは、紀元前五五九年のこと。当時、ペルシア王国はメディア王国の属国であり、父王カンブージヤ一世はメディア王の娘を娶《めと》って宗主国に恭順の意を表していたと伝わる。クールシュ二世は両者の間の息子なので、本当ならば、彼はペルシア人《びと》とメディア人《びと》の血統を半々に受け継いでいることになる。しかし、このクールシュ二世は、紀元前五五九年に何かの契機でメディア王国に対して叛乱を起こすにいたり、紀元前五五〇年に意外にあっけなくエクバタナを陥れてメディア王国を滅ぼした。世界史上は、クールシュ大王がイラン高原を統一したとみられるこの年をもって、ペルシア帝国建国の年としている。

以後、ペルシア人《びと》の騎兵隊を率いるクールシュ大王の征服戦争は目覚ましく、紀元前五四六年には小アジアを支配していたリュディア王国を滅ぼし、紀元前五四五～五三九年には馬首を東方に転じてヒルカニア、マルギアナ、ソグディアナなど中央アジア諸国を制圧した。この際、同じパサルガダエ族の部将、ハカーマニシュ（アケメネス）家のウィーシュタースパ（ヒュスタスペス）をヒルカニア（現在のカスピ海南東岸地域）総督に任じるが、これがのちにハカーマニシュ家による王位簒奪の伏線になる。その後、紀元前五三九年にはついにセム系民族の中枢であったメソポタミア平原の大都市バビロンを下し、カルデア王国を滅ぼして、イラン高原とメソポタミア平原の政治的統一を達成した。この際、バビロン捕囚中のユダヤ人を解放し、パレスティナへの帰還と神殿再建を許可した故事はよく知られている。

アッシリア帝国を凌《しの》ぐ規模の空前の大帝国を建設したクールシュ大王だったが、メソポタミア平原の統治を長男のカンブージヤ（カンビュセス）二世に任せて再度の中央アジア遠征に出た紀元前五三〇年一二月四日に、思わぬ落とし穴が待っていた。シル・ダリヤー川の彼方に住むサカ族（これも原始アーリア人の一派で、中央アジアに残って騎馬民族化していた。別名スキタイ族）と対戦中に奇襲され、サカ族の援軍として参陣していたインド人部隊の槍に突かれて、親衛隊もろとも敢《あ》え無い最期を遂げたのである。オリエント統一の最終局面での無念の戦死だった。大王の遺体は、ペルシアのパサルガダエ族の故地に運ばれ、ここで巨大な石造棺

図表４　クールシュ大王家・ハカーマニシュ王家の系譜

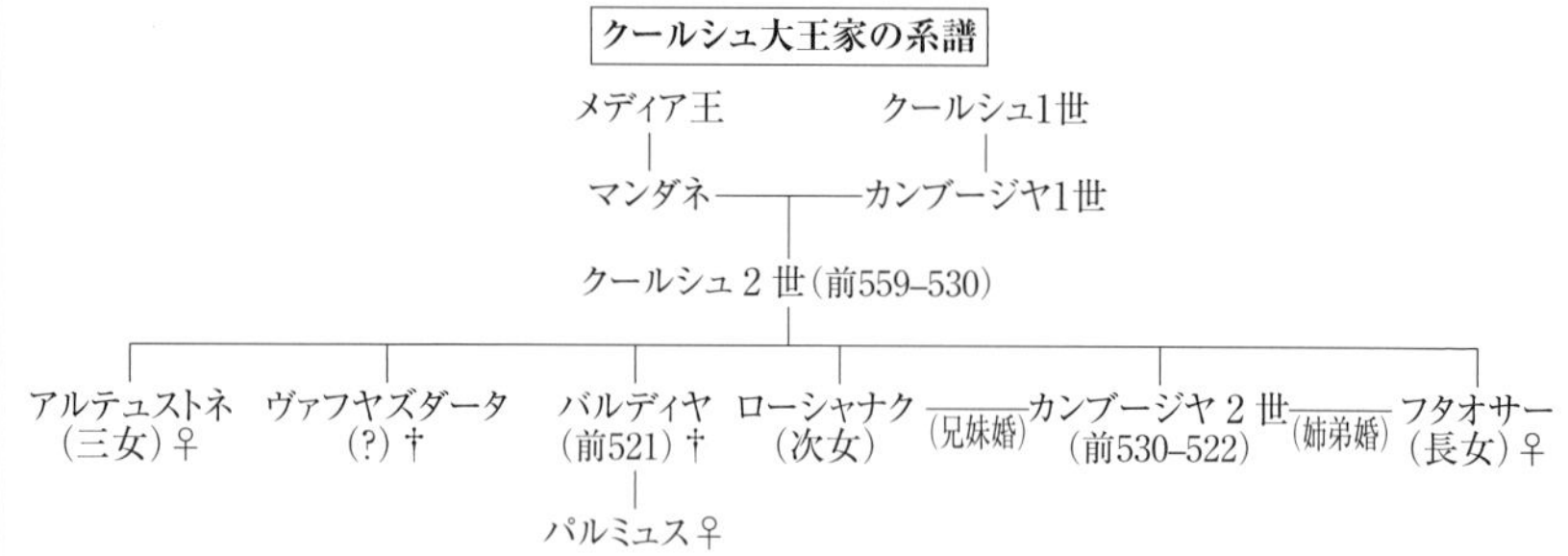

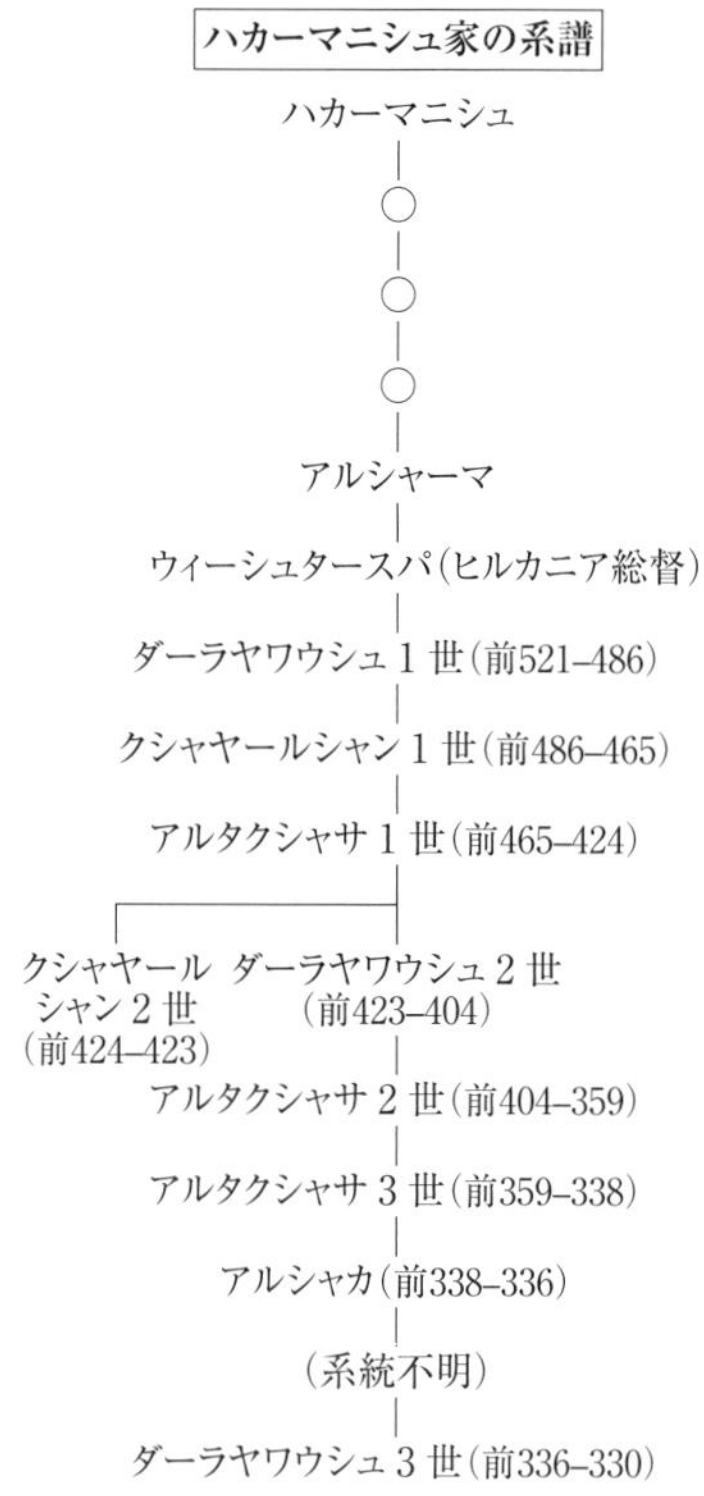

＊クールシュ２世は，ペルシア王としては前559年即位。メディア王も兼ねたペルシア皇帝としては前550年に即位した

＊ヴァフヤズダータは，クールシュ２世の親戚らしいが，血縁関係ははっきりしない

＊クールシュ大王家の中で†は，ダーラヤワウシュ１世に暗殺された可能性があるか，あきらかに処刑された人物

＊クールシュ大王家の中で♀は，のちにダーラヤワウシュ１世の妻妾となった女性。ちなみに，フタオサーは，弟でもある夫のカンブージヤ２世と死別後，ダーラヤワウシュ１世との間にクシャヤールシャン１世を産んだ

＊ダーラヤワウシュ３世は，ダーラヤワウシュ２世の曾孫とされるが，系統は不明である

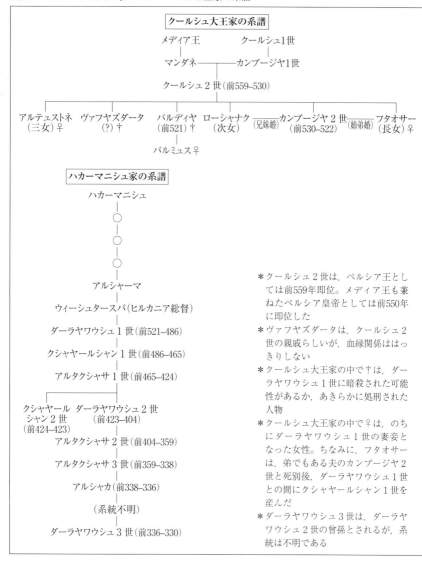

桶（現存）の中に葬られた。

クールシュ大王の戦死後、すでに紀元前五三八年三月二七日に「バビロン王」に就任していた長男のカンブージヤ二世は、紀元前五二五年の夏までにエジプトを攻略し、大王の宿志《しゆくし》だった古代オリエント統一を果たすが、このころからクールシュ王家の命運は傾き始めた。カンブージヤ二世は、ヌビア攻略を意図して果たせず、紀元前五二二年には、ペルシア本国で叛乱発生の急報に接して帰還する途中、シリアのアグバタナ宮殿（現在のアレッポ近郊）で謎の自殺を遂げたと伝わる。さらに、妹で妻でもあったローシャナク（ギリシア語でロクサーナ）王女は、なんら理由はないにもかかわらず、カンブージヤ二世によって殺害されたとされる。

この兄と妹が不可解な死を遂げたあと、クールシュ王家の王位を継ぐべきは、ホラズムやバクトリアなど中央アジアからイラン高原東部の総督を任されていた皇弟（しかも同母弟）のバルディヤしか残っていなかった。しかし、紀元前五二一年、彼が王家の故地ペルシアで即位し、新皇帝としての貨幣を発行したところ、ヒルカニア総督ウィーシュタースパの息子でカンブージヤ二世の親衛隊員だったダーラヤワウシュ（ギリシア語でダレイオス）が、「本物のバルディヤ閣下は、すでにカンブージヤ二世陛下によって粛清されている。お前は偽物で、正体はマゴス神官ガウマータだ」と宣言して、バルディヤを殺害してしまった。はたして、偽物が見破られたのか、本物が因縁をつけて殺されたのか、よく分からない。後者の可能性が限りなく高いような気がするが、このダーラヤワウシュの行動は古代ペルシアの千古の疑として残っている（Olmstead 1948）。

こうしてクールシュ王家は、簒奪者にとってあまりにも都合のよい形で、後継者をすべて失った。このあ

写真3　ビーソトゥーンに彫られたダーラヤワウシュ1世と「叛乱者たち」　レリーフの左から3人目がダーラヤワウシュ1世。その左の2人は親衛隊。アケメネス家のダーラヤワウシュ1世は，クールシュ大王家を（たぶん）簒奪して，前521年にペルシア皇帝に即位した。反対者は，「ペルシア皇帝への叛乱者」として鎮圧された。ダーラヤワウシュ1世に踏みつけられているのがマゴス神官ガウマータ。以下，左から順にエラムで挙兵したアーシナ，バビロンで挙兵したナディンタバイラ，メディアで挙兵したフラワルティ，エラムで挙兵したマルティヤ，アサガルタで挙兵したチサンタクマ，クールシュの息子と称したヴァフヤズダータ，バビロンで挙兵したアラカ，マルギアナで挙兵したフラーダ，サカ族のスクンカ（出典：Wikimedia Commons）

と、紀元前五二一年に、このハカーマニシュ家出身の親衛隊員ダーラヤワウシュが、クールシュ王家の五世の遠戚だと称して、第三代ペルシア皇帝ダーラヤワウシュ一世として即位した。ほとんど即座に地方総督の大半が反対の軍事行動を起こし、同時期に九人もの「自称ペルシア皇帝」が乱立しているところからみると、このダーラヤワウシュの主張は、当時のペルシア人貴族の誰の目から見ても、正統性を欠いていたようである。本人の自己主張からして「五世の親戚」にすぎないということは、クールシュ王家により近い血縁者は、相当数にのぼったであろうと推測される。

ダーラヤワウシュは、しかし、クールシュ大王に匹敵するほどに軍事的才能と政治的センスに長けていたらしく、七年間の帝位継承戦争の果てに、これらの反対者たちをことごとく鎮圧した。クールシュ王家に最後まで忠実だったともみえる反対者たちは、ダーラヤワウシュ一世によって、「ペルシア皇帝に対する叛乱

者」の烙印を押されて処刑された。なかでも長引いたのが、ペルシア地域で「クールシュ大王の息子」を名のって挙兵したヴァフヤズダータの鎮圧であった。本拠地といいペルシア人からの支持といい、クールシュ王家の正統な皇位継承者としか思えないヴァフヤズダータであったが、最後にはダーラヤワウシュの軍事力に屈して捕らえられ、処刑された。

その後、ダーラヤワウシュ一世は、かつての主君カンブージヤ二世の姉で妻でもあったクールシュ王家の生き残りフタオサー王女と結婚し、ハカーマニシュ家の政治基盤を固める。さらに、彼は古代ペルシア語で碑文を彫り、遠祖ハカーマニシュと自分の間にクールシュ王家の系譜を挿入して、自分がクールシュ王家の遠い親戚であるとの主張を神に向かって保証した。このため、クールシュ大王にとっては無念ながら、クールシュ王家の家系は臣下筋のハカーマニシュ家と結合されてしまい、クールシュ大王が建てた帝国は、後世、「チシュピシュ王朝」ならぬ「ハカーマニシュ王朝ペルシア帝国」の名称で呼ばれることとなった。

しかし、クールシュ王家の人名が純粋なアーリア名ではないのに対し、ハカーマニシュ家の人名はすべて純粋なアーリア名なので、現在ではダーラヤワウシュの作為は見破られている。そして、このクールシュ王家の断絶とハカーマニシュ家の即位にあわせて、ペルシア帝国の文化的様相も変化するのである。

クールシュ王家の宗教

かつては、ダーラヤワウシュ一世の父親であるウィーシュタースパの名前が、たまたまザラスシュトラの庇護者であったカウィ・ウィーシュタースパ王の名前と一致するので、両者を同一人物と見なす学説があった。しかも、困ったことに、往時のイラン考古学の第一人者であるヘルツフェルト（一八七九〜一九四八）が、畢生《ひっせい》の大作『ゾロアスターと彼の世界』（Herzfeld 1947）でそう述べている。彼によると、クールシュ大王の征服活動やダーラヤワウシュの権力奪取も、影の軍師として、奸智《かんち》と策謀に長けた魔術師ザラスシュトラの暗躍があったからだとされた。この場合、ザラスシュトラは紀元前七〜六世紀の人物になり、クールシュ王家やハカーマニシュ王朝の政治権力と結びついて、ペルシア人《びと》に直接宣教したことになる。おまけに、表では正義と倫理を説いた宗教家が、裏では陰険で悪辣な宮廷政治家と化すことになる――これ以外の点では偉大なイラン学者だったヘルツフェルトの遺著がこれだったとは、本人にとっても古代イラン学にとっても、不幸な出来事だった。

しかし、ザラスシュトラの時代とクールシュ家の時代が一致するのは両ウィーシュタースパの名称にとどまり、他の状況はすべて食い違っている。ヒルカニア総督にはジャーマースパという宰相はいなかったし、王太子スプントー・ザータとダーラヤワウシュは別人である。そのうえ、クールシュ王家の宗教は、ザラスシュトラの教えとは直接の関係がなく、むしろマゴス神官団の宗教や先住のエラム文化の影響が強いことも分かってきた――現在のところ、メアリー・ボイスがかなり強硬に「クールシュ大王＝ゾロアスター教徒説」を提唱しているが、クールシュ大王がゾロアスター教徒だったと考えるイラン学者は少数派である（Widengren 1965）。

まず、王家の葬法がある。クールシュ大王の墓はほとんど完全形でパサルガダエに残っており、カンブージヤ二世の墓もかなり破壊された形でペルセポリス近郊に残っている。どちらも、巨大な石棺の中に香料詰めにした遺体を安置する葬法で、マゴス神官団の曝葬とも原始教団の土葬とも食い違っている。おそらく、クールシュ王家の人々は、葬法に関してはバビロニア文化かエラム文化の影響を受けていたと思われる。

つぎに、拝火壇の形態である。クールシュ大王が造営したとされるパサルガダエの奥の院の拝火壇は三段式で、原始アーリア人の伝統とはかなり異なる。たとえば、インド亜大陸のアーリア人が実践していたヴェーダ祭式では、地面の上に構造物を建てるのではなく、逆に地面を掘って火炉（アグニ・アーヤタナ）を作る方式を採っている（現在のインドで見られる三段重ねの火壇〈アグニ・クンダ〉は、五世紀以降の段階のヒンドゥー教時代に属するものである）。したがって、パサルガダエの「三段式拝火壇」には、山型の建造物を造って祭祀を行ったバビロニア文化の影響が推測されている。

最後に、婚姻形態である。クールシュ大王の姉妹や妻については、知られていない。しかし、カンブージヤ二世が姉や妹と結婚していたことははっきりしているので、この点では明確にマゴス神官団の教えに従っていたことになる。また、ダーラヤワウシュがバルディヤを殺害する際の名目として、「宮廷に入りこんだマゴス神官ガウマータを誅殺《ちゅうさつ》す」るとしているところから、クールシュ王家は相当にマゴス神官団を官僚としても重用していたとみられる。

ただ、王家の宗教が何であれ、被征服民族に対して特定の宗教を強制しなかった点は確実である。バビロン捕囚から解放したユダヤ人に対しては、そのままパレスティナへの帰還を許可しているし、バビロンの神マルドゥーク、エジプトの聖牛アピスを尊重するなど、当時のペルシア人《びと》からみれば数段進んだ文明をもったメソポタミア平原やエジプトの人々の融和に努めている。逆にいえば、彼らに対してマゴス神官団の奇妙な風習を強要したら、どれほど怒りだすか、よく分かっていたのである。

ハカーマニシュ家の興隆 —— ダーラヤワウシュ一世の政治的中央集権と文化多元主義

ダーラヤワウシュは、「大王＝クシャヤーシヤ・ウズルカ（メディア起源の称号）」、「王の中の王＝クシャヤーシヤ・クシャヤーシヤーナーム（メソポタミア起源の称号）」、「ペルシア王＝クシャヤーシヤ・パールサイ（ペルシア起源の称号）」、「諸国の王＝クシャヤーシヤ・ダフユーナーム（ペルシア起源の称号）」の座（ややこしいので、下記では「皇帝」に統一する）を確保するために、カンブージヤ二世没後、七年にも及ぶ天下大乱を経なくてはならなかった。それらを平定後、ウクライナからアラル海沿岸に遠征して、クールシュ大王の仇敵たるサカ族を撃ち、ようやくペルシア皇帝の座を不動のものにしたダーラヤワウシュ一世は、優れた政治手腕を発揮して、クールシュ大王が遺した大帝国ペルシアの内政を整備した。なお、ハカーマニシュ王朝ペルシア帝国に関する基本研究としては、Weber und Wiesehöfer 1996 と Briant 2002を参照。資料集成としては、Kuhrt 2007参照。

まず、ダーラヤワウシュ一世は、すべての権限を皇帝に集中させ、地方の州（ダフユ）には二〇〜二九の総督職クシャスラパーヴァンを派遣して統治させた。また、彼らの自立傾向を抑えるために、中央から「皇帝の目」、「皇帝の耳」（古代ペルシア語での原語は不明）と称される監察官を派遣し、総督の自立を未然に防いだ。行政上の首都は、ペルシアの西隣フーゼスターンにある古えのエラムの都スーシャー（現スーサ）。東には民族の故地ペルシアを望み、西にはオリエントの経済の中枢メソポタミア平原を控えたこの古都で、ダーラヤワウシュ一世は思う存分に手腕を振るったのである。そして、そのペルシアのクーへ・ラフマトの山陰には、帝国の祭儀場として、宗教上の聖都ペルセポリスを建設していた。

ダーラヤワウシュ一世は、文化政策の点では、かならずしもエラム文化を基調としない新国家を樹立した。

彼以後のハカーマニシュ王朝の公用語は、当時のペルシア地域の文化語であったエラム語でも、ペルシア人《びと》たちの口語である古代ペルシア語でも、メソポタミア平原で古い伝統を有するバビロニア語でもなく、新アッシリア帝国や新バビロニア帝国で共通語として用いられていたセム系言語であるアラム語だった。この時代にアラム語は、東はバクトリア（現在のアフガニスタン北部）から（Naveh and Shaked 2012）、西はエジプトまで（Driver 1957）、広範囲に用いられるリンガ・フランカの地位を確立し、紀元前三世紀にギリシア語に取って代わられるまで、その地位を維持した。エラム語は単に王朝発祥の地であるペルシア地域限定の書記用語にとどまったし、古代ペルシア語にいたっては時々碑文に彫られる以外は純然たる口語として用いられた。このセム系のアラム語重視＋時々古代ペルシア語も文語として使う傾向が、ハカーマニシュ王朝の文化政策の基本となった。

ダーラヤワウシュ一世は、宗教政策では、クールシュ大王を踏襲して柔軟政策を採った。ハカーマニシュ王朝は、元をたどれば、それまでオリエント世界の辺境にすぎなかったイラン高原上の牧畜民ペルシア人《びと》が、ごく短期間に軍事的成功を重ねて、はるかに文化程度の高いメソポタミア、エジプト、小アジアなどを統合して形成された帝国である。建国当初は、ペルシア人《びと》の武力に陰りがみえたら、いつ空中分解してもおかしくない不安定な状況だったと思われる。

これに対してダーラヤワウシュ一世は、政治的には、各属州に総督を派遣するなど中央集権的な安定をもたらすことに成功した。もっとも、王朝の統治機構の大部分は、先行するアッシリア、バビロニア、メディア、エラムのものを導入しており、ペルシアの独自性は意外に少なかったが。ともかく、このような政治組織の集権制に対して、文化的には、いまだ未開から抜けだしたばかりの支配者の基準に合わせて全オリエント文化を再編するのは不可能だったであろう。のちのサーサーン王朝が、遠慮会釈もなく民族主義的な「アーリア人の帝国＝エーラーン・シャフル（パフラヴィー語）」を名のっているのに比べると、彼らの帝国の自称は、つつましやかな「国家＝クシャーサ（古代ペルシア語）」だった。このような経緯から、ハカーマニシュ王朝は一元的な「国教」を設定することはできず、各地の民族の宗教文化をそのまま容認せざるを得なかった。

こうして、ハカーマニシュ王朝ペルシア帝国の基本方針を、「政治的中央集権／文化的多元主義」と定めたダーラヤワウシュ一世は、紀元前四八六年に波乱に満ちた春秋を終えた。彼の墓は、それまでのクールシュ王家の石棺式墳墓とはまったく異なっている。まず、ペルシアの奥深いポルヴァール川の畔、マルヴ・ダシュト平原を一望できるクーへ・ホセイン山の上に死体曝《さら》し台を造って、遺体をハゲタカに喰わせた。そして、骨だけを山の中腹のナクシェ・ロスタムに掘りこんだ磨崖横穴式墓に収容したのである。彼の横穴墓は、通常のマゴス神官団の縦横二〜三メートル級のものよりもはるかに豪華な十字型のものに造営されている。この葬法からは、明らかにマゴス神官団の影響力が増大していることが看取できる。彼のあとは、フタオサーとの間に生まれた息子、クシャヤールシャン（クセルクセス）一世が継いだ。彼は、母系をたどればクールシュ大王の孫、カンブージヤ二世の甥にあたる。

ダーラヤワウシュ一世の宗教

ダーラヤワウシュ一世以降、ハカーマニシュ王朝ペルシア帝国は、九代約一五〇年にわたって存続した。しかし、のちの皇帝たちは、内外の主たる政策についてはダーラヤワウシュ一世が策定した基本路線を踏襲し、特に新味ある機軸を打ちだした形跡はない。そこで、ここではダーラヤワウシュ一世の宗教政策について概観することで、そのままハカーマニシュ王朝の宗教政策を概観したい。一説によると、ダーラヤワウシュ一世は、クールシュ王家が重用したマゴス神官団の勢力を削ぐために、彼らに対するカウンター・バランスとして、当時アラコシア〜スィースターン付近にいたザラスシュトラの原始教団を王朝の中心地ペルシアに招聘《しょうへい》したという。しかし、事態はそう単純ではないようで、ダーラヤワウシュ一世時代の事実にあたって確認する必要がある。

まず、彼がさかんに造営した古代ペルシア語碑文がある。彼は、クールシュ王家から帝位を簒奪した（としか思えない）ことに後ろめたさを感じていたのか、「バガスターナ＝神の土地」を始めとするイラン高原各地に、「ダーラヤワウシュ一世は唯一なる正義の神から、アーリア人と非アーリア人に対する帝権を神授された」との意味の古代ペルシア語碑文を造営した。そして、そこでは、彼に帝権を授けた正義の唯一神を、古代ペルシア語で「アウラマズダー」と表記しているのである（伊藤、一九七四年、一四〜二〇頁）。当然、アヴェスター語の「アフラ・マズダー」と同形の語で、ここにザラスシュトラの原始教団とダーラヤワウシュ一世の宗教に関係があるとの推測が成立する。ただ、原始アーリア人の間で一般的に「アフラ・マズダー／アウラマズダー」という神が信仰されていたとしても、これだけでハカーマニシュ王朝と原始教団を結びつけるわけにはいかない。そのうえ、第四代皇帝クシャヤールシャン一世は、ペルセポリスに「ダイワ禁止碑文」を刻し（伊藤、一九七四年、一三七〜一三九頁）、かえってアウラマズダー以外の神格の存在を暴露しているし、第八代皇帝アルタクシャサ（アルタクセルクセス）二世が造営したスーシャー碑文及びハマダーン碑文では、「アウラマズダー、アナーヒター、ミスラ」を三つ組みの神格として扱っているのである（伊藤、一九七四年、一六五～一八四頁）。

つぎに、ダーラヤワウシュ一世がペルシアに造営した聖都ペルセポリスの問題がある。この街は、周辺に生活設備の遺構を欠くので、年に数度の宗教儀式用に設計されたとしか考えられないが、その宗教儀式が何であったかが謎であった。しかし、ここから発掘されたエラム語の帝室経済収支文書によると、ダーラヤワウシュ一世時代のハカーマニシュ王家が供物を捧げた神格は、アウラマズダー、ミスラ、ナルヨー・サンハといったアーリア人系の神々のほか、エラムの神フムバン、メソポタミアの神アダド、その他読み方不詳の三神格まで含み、とてもザラスシュトラの教えだけを信奉していたとはいえないことが確認された。同時代のエラム語タブレットでは、多様な民族的背景をもったさまざまな神格が崇拝されているのである（Henkelman 2008）。たとえ、ザラスシュトラの原始教団が原始アーリア人の宗教に妥協を繰り返したとしても、エラムやメソポタミアの神々まで包括するとは考えられない。また、同文書中の宗教儀式支出によると、ダーラヤワウシュ一世当時のペルシアには、国家に管理された多くの ma-ku-iš 神官団が存在し、lan の犠牲祭という宗教儀式に従事していたようである。この lan の犠牲祭がなんなのか分からないが、どうやらペルセポリスでは、マゴス神官団がハカーマニシュ王家の委託を受けて、アーリア人、エラム人、バビロニア人などの多民族の神格に対して犠牲祭を行っていたのが実情のようである。

さらに、コインと印章の問題がある。ハカーマニシュ王朝のコインには、のちのサーサーン王朝のコインと異なって宗教的描写がまったくない。ハカーマニシュ王朝の印章には、原始アーリア人の宗教（このなかに、マゴス神官団やザラスシュトラの原始教団の宗教を含む）的なモチーフが若干認められる。たとえば、ペルセポリス出土の二〇番には、拝火壇、ハオマ用乳鉢、神官が描かれているし、二三番には二名の神官が描写されている。おそらく、帝国全土に流通するコインには特定民族の宗教的モチーフを省いたのに対し、帝室の権威を示す印章にはペルシア人《びと》固有の信仰を反映させたようである。

最後に、カァベ・イェ・ザルドシュトの問題がある。ペルシアのパサルガダエとナクシェ・ロスタムには、ハカーマニシュ王朝時代の遺物として、方形の堅固な構造物が聳《そび》えている。このうち、パサルガダエにある方は全壊に近い崩れ方をしているが、ナクシェ・ロスタムにある方は完全に残っており、これを「カァベ・イェ・ザルドシュト＝ザラスシュトラのカァバ神殿」と通称している。これの小型版はアルシャク王朝時代のヌーラーバードでも確認されるので、ペルシア地域に固有の何かの宗教的遺跡と考えられているが、用途はまったく分かっていない。少なくとも、原始教団やマゴス神官団が宗教儀式中に活用するような性質のものとは考えられないので、それ以外の宗教の遺跡であろう。

以上を総合すると、ダーラヤワウシュ一世は、クールシュ王家に引き続き、メディア系のマゴス神官団を用いていた。彼らには、彼ら固有の宗教儀式に加えて、その他多数の他民族・他宗教の宗教儀式も一括して担わせていたようである。「その他多数」の中にザラスシュトラの原始教団も含まれていたかもしれないが、それはハカーマニシュ王朝ペルシア帝国の宗教政策の大勢を決するような要因ではなかったと考えられる。

ゾロアスター教暦の出現

この小見出しは、暗黙のうちに「ハカーマニシュ王朝でゾロアスター教が普遍的に信仰されていた」との前提を含意しているが、学界で一般に「ゾロアスター教カレンダー」と称する暦は、古代アーリア人伝統の神格の名称が日名として入ったカレンダーにすぎない。元来、ハカーマニシュ王朝領内では、アラム語文書に一般的に使用されているメソポタミア暦が標準であり、古代ペルシア語碑文から知られる古代ペルシア暦がこれに次ぐ。ゾロアスター教暦は、エジプトの太陽暦をモデルに考案されたと推定されているものの（de Blois 1996）、最古の実際の使用例は、ハカーマニシュ王朝末期（あるいはアレクサンダー大王期）のバクトリアのアラム語文書からしか知られていない（Naveh and Shaked 2012）。

これほど使用例が少ないにもかかわらず、ゾロアスター教暦を無視できないのは、その後継カレンダーが、かつてのハカーマニシュ王朝の版図に含まれるアルメニア、グルジア（ジョージア）、カッパドキア、パルティアなどで、広範囲に使用されているからである。これをどう説明するかによって、ハカーマニシュ王朝時代の宗教の解釈は大きく変わる。ハカーマニシュ王朝時代にすでにゾロアスター教暦が普及していたとみるならば、ゾロアスター教はこのころまでに、少なくともコーカサス諸国とバクトリアには根づいていたことになる。斯界《しかい》の権威メアリー・ボイスなどは、この立場である（Boyce 1982）。そうではなく、ゾロアスター教暦は相当のタイムラグをおいて普及したとみるならば、少なくともハカーマニシュ王朝時代以後に、ゾロアスター教は政治権力の助けを借りずに、ほかのなんらかの理由で急速に普及したことになる。

ハカーマニシュ王朝ペルシア帝国の終焉

ハカーマニシュ王朝は、ダーラヤワウシュ一世の没後、辺境での戦争、総督の叛乱、宮廷での陰謀などに苦しみながらも、よく統治体制を維持して、古代オリエント世界をまとめあげた。総督は基本的にペルシア人《びと》に限られ、皇帝の親衛隊員もペルシア人《びと》とメディア人《びと》から採用されたので（たとえば、ダーラヤワウシュ一世の親衛隊長官はメディア人《びと》のタフマスパーダだった）、これはやはりペルシア人《びと》――広くいえばアーリア人全体――の統治能力の高さを示している。また、即位にあたっては数々の疑問があったダーラヤワウシュ一世も、「政治的中央集権／文化的多元主義」と呼ばれる寛容政策・宥和政策では、古代オリエントの統治者として非常な先見の明があった。

この帝国の最後は、直接的にはマケドニアからアレクサンダー（アレクサンドロス）大王の姿をとってやってきた。しかし、このときまでに各地の総督の自立傾向は強まり、スーシャーの宮廷では宦官の陰謀が帝位を左右して、ダーラヤワウシュ一世が確立した諸制度の耐用年数は切れようとしていた。帝位を巡る混乱がこれに拍車をかけた。紀元前三三六年には、かなり傍流の皇族（と想定される）アルメニア総督のアルタシャータがダーラヤワウシュ三世として即位していたが、宮廷内の陰謀も、エジプトとバビロニアでの軍事叛乱も、ともに押しとどめるにはいたらなかった。

紀元前三三三年一〇月、アレクサンダー大王がギリシア・マケドニア連合軍を率いて小アジアから撃ってでた時、それでも、ダーラヤワウシュ三世は意外な速度で一〇万人規模の迎撃軍を組織し、タウルス山脈を急進してマケドニア軍の背後に出ることに成功した。ただ、残念なことに、沿岸部の小平野イッソスを主戦場に選んでしまい、得意のペルシア騎兵隊や二輪馬車隊を全面展開させる機会を自ら逃し、四万人弱のマケドニア軍に勝ちを譲った。これによって、ダーラヤワウシュ三世の家族はシリアもろともアレクサンダー大王の手に落ちた。これを見たエジプトは、ほとんど抵抗せずに――というか、アレクサンダー大王を大歓迎して――ペルシア帝国の羈絆《きはん》を脱した。

最後の会戦は、紀元前三三一年一〇月一日に、メソポタミア平原からイラン高原本国に通じるガウガメラの野で行われた（ちなみに、一世紀の『アレクサンドロス大王伝』の著者クルティウス・ルフスによれば、ダーラヤワウシュ三世の軍隊の前には、銀製の拝火壇にのせた聖火が供えられ、その聖火にはマゴス神官が随行して聖呪を唱えていたという）。本国近くで、しかも広闊《こうかつ》な平原ならば、地の利は圧倒的にペルシア帝国軍にあった。今回も一〇万人規模の軍隊の召集に成功し、おまけにインドから招来した象部隊も参陣していた。しかし、ペルシアの二輪馬車隊はマケドニア軍の密集歩兵の前に威力を発揮せず、騎兵隊はマケドニア軍の左翼を突破したものの、逆にアレクサンダー大王直率の部隊に中央を突破されてしまい、ダーラヤワウシュ三世はまたしても敗走を余儀なくされた。

この結果、メソポタミアの中心都市バビロン、ハカーマニシュ王朝の政治的首都スーシャー、ペルシアの聖都ペルセポリスなどは、つぎつぎにギリシア・マケドニア連合軍が蹂躙《じゅうりん》するところとなった。特に、紀元前三三〇年一月中旬に陥落したペルセポリスの惨状は凄まじく、アレクサンダー大王が火を放った痕跡は二〇世紀の発掘でも確認できた。そして、この四か月に及ぶペルセポリス炎上の際、ペルシアで活躍していたマゴス神官団の神官たちも大虐殺され、宗教上の知識の口承に大打撃を受けたと伝わる。これによって、長らくハカーマニシュ王朝の権力と結びついてイラン高原のアーリア人の宗教を統括してきたとみられるマゴス神官団の求心力も失われ、以後、イラン高原の宗教情勢は混乱時代に突入していくのである。

一方、ダーラヤワウシュ三世は、夏の臨時首都であるメディアの首府エクバタナに踏みとどまり、ペルシア帝国の残存兵を招集していたようである。しかし、紀元前三三〇年七月に、宰相ナバルザネス、バクトリア総督ベッソス、アラコシア総督バルサエンテスらから無能のゆえをもって処刑され、無惨な最期を遂げたと伝わる。このあと、紀元前三三〇年秋には、ベッソスがハカーマニシュ王朝の皇帝アルタクシャサ五世として即位し、ナバルザネスがパルティア総督に就任、バルサエンテスがアラコシア総督に留任して、イラン高原東部〜中央アジアにペルシア帝国を再建した。しかし、この背信行為は、ダーラヤワウシュ三世死去の責任からアレクサンダー大王を解放するだけであった。おまけに、ベッソスことアルタクシャサ五世は、翌年までにはアレクサンダー大王に撃破されてしまい、本人もダーラヤワウシュ三世と同程度に無能であったことを立証した。そして、「実はダーラヤワウシュ三世を救出しようとしていた」と称するマケドニア王は、ダーラヤワウシュ一世が整えた行政制度を継承し、いつの間にか正統なペルシア皇帝のごとく、オリエントに居座ったのである。

第二章　第一次暗黒時代（紀元前四～紀元後三世紀）
――ヘレニズム時代からアルシャク王朝時代まで

第一節　豊穣な暗黒時代

ハカーマニシュ王朝ペルシア帝国が崩壊した紀元前三三〇年から、サーサーン王朝ペルシア帝国が興起する紀元後二二四年にいたる約五五〇年間、イラン高原の歴史は同時代資料を欠く暗黒時代に突入する。政治の中枢は無数に分かれて攻防を繰り返し、安定は続かない。文化的には、アレクサンダー大王がもたらしたギリシア系のヘレニズム文化に加えて、東西からインド系の大乗仏教文化、セム民族系のユダヤ教・キリスト教文化が入り乱れて流入し、イラン高原にはかつてない多様な文化が花開く。しかし、これを受けてたつアーリア人の宗教の事情は、まったく不明である。マゴス神官団がアレクサンダー大王のイラン高原征服によって半壊したことは分かっているが、ザラスシュトラの原始教団がどこで何をしていたのか正確には分からない（もっとも、原始教団は、ハカーマニシュ王朝時代から所在不明であったが）。

この未曾有の混乱にもかかわらず、世界宗教史上、アーリア人の宗教が東西の宗教にこれほど広汎な影響を及ぼした時代はないといわれている。東地中海世界からメソポタミア平原にかけてはユダヤ教・キリスト教・グノーシス主義が、イラン高原東部から中央アジアにかけては大乗仏教が、ともにイラン高原で形成されたアーリア人の宗教、特にザラスシュトラの教えの影響を光被《こうひ》して、後世の発展の基礎を作った。この時代は、アーリア人の宗教にとっては、まさに「豊穣な暗黒時代」であった。

ただ、このとき、影響を及ぼした主体全般を「ザラスシュトラの教え」だけと考えると、まだ生成途上にあるゾロアスター教の実力を過大評価してしまうので、本書では「原始」の二文字の取れた「アーリア人の宗教」を主体として話を進めたい。このなかには、マゴス神官団、ザラスシュトラの原始教団のほか、ミスラを崇拝する教団、水の神アナーヒターを崇拝する教団など、多種多様な信仰が含まれる。このことを念頭において、以下、「豊穣な暗黒時代」を概観しよう。

第二節　ギリシア人によるヘレニズム国家セレウコス王朝

アレクサンダー大王のイメージ

アレクサンダー大王は、ハカーマニシュ王朝ペルシア帝国に対して征服戦争を仕かけたものの、それは決して宗教的動機に基づくものではなかった。これを受けとめるアーリア人の立場になってみても、同時代のバクトリア出土アラム語資料では、「アレクサンダー王の第七年」の年号を使うなど（Naveh and Shaked 2012, pp. 199–206）、アレクサンダー大王はペルシア帝国の皇帝として、ある程度の正統性を認められてすらいた。

しかし、ゾロアスター教パフラヴィー語文献では、アレクサンダー大王は必ず「呪われた（gizistag）」との形容詞をつけて呼ばれるほどの否定的イメージを背負わされる。いわば、サーサーン王朝時代に帝国と宗教がほぼ一致した事実を過去に投影して、ハカーマニシュ王朝の破壊者がそのままゾロアスター教の破壊者と見なされたのである。

この「事実の逆投影」が行き着くところ、サーサーン王朝時代のゾロアスター教徒の間では、新たな伝説が生まれた。たとえば、パフラヴィー語文献『デーンカルド』第四巻では、ハカーマニシュ王朝時代に、ダーラヤワウシュ三世は、ザラスシュトラがアフラ・マズダーから授かった『アヴェスター』と『ザンド』の写本を、二部作成させ、保管した。しかし、アレクサンダーがそれらを略奪した。サーサーン王朝のシャーブフル一世は、インドやギリシアに散逸したそれらの叡智を蒐集し、あらたに書写させた。

というストーリーが語られている（Shaki 1981）。無論、いまだ文字使用が一般化していなかったハカーマニシュ王朝時代のアーリア人の間で、『アベスターグ』の写本が作成された可能性は皆無であり、存在しないものをアレクサンダー大王が破壊できるはずもない。つまり、彼はたしかにハカーマニシュ王朝を倒したものの、ゾロアスター教に対して明示的な害悪を働いた証拠はない。しかし、後代のゾロアスター教徒の目から見た場合、「ハカーマニシュ王朝＝ゾロアスター教国家」とする定式が動かない以上、アレクサンダー大王はハカーマニシュ王朝時代以降にゾロアスター教が「衰退した」元凶と見なされてしまい、後世のゾロアスター教徒の間で風評被害をこうむることになった。

セレウコス王朝の建国

紀元前三二三年、そのアレクサンダー大王が東方長征からバビロンへの帰還直後に急逝すると、彼の帝国は後継者の将軍たちの間で分割された。このうち、イラン高原とメソポタミア平原を含む旧ペルシア帝国の心臓部分を継承したのが、セレウコス・ニカトールが紀元前三一二年に建国したセレウコス王朝であった。しかし、王朝の重心は西方に偏在し、首都はシリアのアンティオキアとメソポタミア平原のセレウキアの二か所に構えられて、イラン高原以東はきわめて粗い支配網しか整備されなかった。東方で王朝への叛乱が起こると、ギリシア人の王は西方の本拠地から遥々と出撃して鎮圧を試み、時によってはそれに成功したり、懐柔したり、または敗死したりしていた。

この王朝の性質が前代のハカーマニシュ王朝と異なるのは、ギリシア人的な思考に沿って、拠点となる都市（ポリス）を数珠つなぎに建設し、そのなかにギリシア人を植民して支配の要とした点である。このため、都市の中ではギリシア語を用いギリシア的な法に即したヘレニズム文化が育まれたが、その反面、都市から一歩外に出ると、従来から土着の（またはハカーマニシュ王朝時代に封建された）アーリア人士侯たちが、古代ペルシア語や古代メディア語を用いてアーリア文化を保持していた。

ギリシア神話とアーリア神話の混淆

外来のギリシア人によるアーリア人の宗教理解は、まずは表面的な神名の同定から始まった。この際にしばしば例として挙げられるのが、セレウコス王朝の属国で、のちにアルシャク王朝に乗り換えたコンマゲネ王国（紀元前一六三～紀元後七二、現在のトルコ南東部）の第四代国王アンティオコス一世（在位　紀元前七〇～三八）が造営したネムルト・ダグ碑文である。ギリシア人の母親とアルメニア系ゾロアスター教徒の父親をもつ国王は、ギリシア文化とイラン文化を同一視する傾向が強く、その碑文では、

・ゼウス＝オロマスデス（アフラ・マズダー）

・アポロ＝ミスラ＝ヘリオス＝ヘルメス
・アルタグネス（ウルスラグナ）＝ヘラクレス＝アレス
と同定されている（Dittenberger 1986）。

ヘレニズム時代のアーリア人の宗教

この「都市のギリシア人対農村のアーリア人」の構図の中では、ギリシア人の側がアーリア人の宗教を観察する形で多くの記録を残したが、やがてギリシア人の観察が深化すると、それはアーリア人の宗教の内実にまで及んだ。それらによると、小アジアからイラン高原に分布していたアーリア人の宗教の神官は、「マゴス」の名称で統一されている。カッパドキアでは「ミスラ神のマゴス神官」に言及した碑文が発見されているし、ドゥラ・エウロポスのミスラ教神殿にもマゴス神官が描かれている。

おそらく、イラン高原上のアーリア人の宗教を司る神官階級は、ハカーマニシュ王朝の政治権力と二〇〇年以上結託していたマゴス神官団によって統一されていたと考えられる。この推測が正しければ、たとえザラスシュトラの原始教団でも、ミスラ神を崇める集団でも、アナーヒター女神の教団であっても、その神官階級はメディア系のマゴス神官団の影響を強くこうむっていた。このころまでには、曝葬や最近親婚といったメディア人《びと》特有の習慣も、イラン高原のアーリア人全般に拡大していたと思われる。

外来のギリシア人の理解では、この「マゴス神官」が奉じる宗教は、ゾーロアストレース、ヒュスタスペス、オスタネスの三人が形成したものであった。このなかで、神の啓示を伝えるとされるゾーロアストレースは、当然ザラスシュトラがギリシア語化した名称である。紀元二世紀に『ヒュスタスペスの神託』（おおむね、パフラヴィー語文献『バフマン・ヤシュト』と一致する）を著したとされるヒュスタスペスは、カウィ・ウィーシュタースパが転訛した名称である。しかし、「ゾロアスター教」とギリシア哲学の交流に貢献したとされるオスタネスについては、ザラスシュトラの原始教団の中に該当する人物が見あたらないし、アヴェスター語や古代ペルシア語での原語も不明である。おそらく、ザラスシュトラ以外にも新しい教えを説いた神官が大勢いて、そのなかの一人だったのではないかと思われる。

この当時のアーリア人の宗教は、中央集権的な神官団組織が壊滅していた以上、ザラスシュトラの原始教団以外の伝説も交えて、複合的に発展していたと考えられる。ヘレニズム時代のギリシア語文献に出現する大量の「（偽）ゾロアスター教伝承」については、Bidez et Cumont 1938参照。ただし、これらがどれだけ、当のアーリア人の間で受容されていたのかは分からない。もしかすると、外来のギリシア人の間でだけ膨らんでいたゾロアスター教イメージかもしれない。ともあれ、原始教団が、このような異質のヘレニズム的要素を排除して、純化されたアーリア人的「ゾロアスター教」を形成するのは、サーサーン王朝時代のことである。その段階では、アーリア人の記録から、オスタネスに該当する人物の伝承がきれいに削除されることになった。

セレウコス王朝の退潮

セレウコス王朝の歴史は、ギリシア人がイラン高原から徐々に退潮していく過程と重なる。紀元前二五〇年にはバクトリアでギリシア人勢力が独立してグレコ・バクトリア王国を建国し、紀元前二四七年にはイラン高原東北部でパルティア人《びと》のアルシャク王朝が独立した。以後、このパルティア人《びと》の西進に圧されるようにして、セレウコス王朝の東方支配地域は縮小に縮小を重ねた。

セレウコス王朝終焉の時期は二通りある。イラン高原やメソポタミア平原に実効支配を及ぼす巨大な政治勢力としては、紀元前一四一年にアルシャク王朝によってセレウキアを落とされ、メソポタミア平原を失った時点で終わっている。以後、シリアの弱小勢力としては、紀元前六三年に共和政ローマに併合されるまで存続するが、すでに古代オリエント史の大勢に影響を与えるような存在ではなかった。

第三節　パルティア人《びと》による地方分権国家アルシャク王朝

パルティア人《びと》の草の根の叛乱

パルティア人《びと》は、アーリア人の中でも、イラン高原にもインド亜大陸にも移動せず、中央アジアに居残って騎馬民族化していたサカ族（スキタイ族）の一派ダハエ族に由来すると考えられている（Wolski 2003）。したがって、起源的にはメディア人《びと》やペルシア人《びと》と同種だが、両者と分岐してから長く、生活形態も異なってしまっていたため、この時代にどこまで彼らとの共通点を保持していたかは分からない。そもそも、遊牧民にどこまで宗教的な活動を期待できるのかという疑問もつきまとう（Hauser 2005）。

このパルティア人《びと》は、紀元前三世紀前半まではセレウコス王朝の支配下にあったが、紀元前二五〇年にグレコ・バクトリア王国が独立したのに続いて、紀元前二四七年、族長アルシャクが即位式を挙げて自立した。のちの歴史家イシドロス（紀元前一世紀）によれば、即位の地アルシャクキルトの街（現在の地名には比定できていない）では「不滅の火が燃えている」とされるので、パルティア人《びと》も原始アーリア人に特有の拝火観念を共有し、それに即して戴冠式を挙げたのだと推測される。これが、アルシャク王朝の起源である。ちなみに、のちのアルシャク王朝の王は、「アルシャク」という個人名を踏襲してコインに打刻しているから、誰が誰だか分からなくなるという弊害を生んでいる。

このパルティア人たちは、当初はミフルダートキルト（現在のトルクメニスタンのニサー）周辺を領域に収める小規模な遊牧国家にすぎなかったようで、セレウコス王朝も半ば黙殺していた。彼らとしても、この中央アジアの新興遊牧勢力が、一〇〇年後には自分たちをメソポタミア平原から駆逐するほどに急成長しようとは思わず、本拠地シリア周辺の叛乱勢力を潰すのに集中していたのである。

アルシャク王朝は、しばらくするとさらに西部のダームガーン地方にも進出し、そこでギリシア都市ヘカトンピュロスを陥れた。パルティア人《びと》は、ここのギリシア風文化が気に入ったらしく、さっそく遷都している。そしてたぶん、ギリシア系都市国家への政治的配慮もあったのだろうが、「ギリシア文化の愛好者」を名のり、セレウコス暦を基礎にしたパルティア暦とギリシア風貨幣を採用した。このアルシャク王朝の標準的概説としては、Schippmann 1980参照。資料集成としては、Hackl, Jacobs and Weber 2010参照。

アルシャク王朝のイラン高原平定とメソポタミア平原制圧

このアルシャク王朝を中央アジア～イラン高原東北部の遊牧政権から一躍古代オリエントの雄邦に発展させたのが、同王朝の第五代王ミフルダート（ミトラダテス）一世（在位　紀元前一七一～一三八）である。彼は、まず東隣のグレコ・バクトリア王国を攻撃して隣接領土を割譲させると、転じて西へ駒を進め、六年の歳月を費やしてメディア地方を制圧した。これで、イラン高原北部はパルティア人《びと》の支配下に入ったことになる。

当然、危機感を抱いたセレウコス王朝の王はメディアまで北上してきたものの、西方からは共和政ローマの攻撃を受け、パレスティナではユダヤ人の反乱鎮圧に忙殺されていたため、紀元前一四一年、デメトリオス二世はセレウキアを無血開城してシリア本国へと退いた。メソポタミア平原の中核都市を制圧したことによって、イラン高原南部にあった地方国家、たとえば、旧エラムの領域にあったエリュマイス王国や、ペルシアにあったペルシス地方王朝もあいついでアルシャク王朝に帰順し、ミフルダート一世はギリシア語で「バシレオス・メガロス＝大王」と号して、イラン高原とメソポタミア平原の統治に乗りだすこととなった。古代オリエントを支配する大国としてのアルシャク王朝パルティアは、ミフルダート一世を事実上の初代として、この時に成立した。首都は、セレウキアの対岸に新たに建設したテースィフォーン（ギリシア語名でクテスィフォン）である。

しかし、紀元前一三八年のミフルダート一世の没後、一時的にこの王朝は傾く。イラン高原東部の本拠地パルティアに、中央アジアから同祖の遊牧民・サカ族の大群が侵入し、迎え撃った第六代王フラハート二世と第七代王アルタバーン一世（二世とするのは旧説）があいついで戦死するのである。サカ族はそのまま南下してスィースターンまで行ってしまうが、これによってアルシャク王朝はイラン高原東南部一帯の支配権を失い、東部国境地帯は不安定なままサカ族の手中に残されることになった。

ようやくアルシャク王朝の統治体制が安定するのは、第八代王ミフルダート二世（在位　紀元前一二三〜八八）の時代である。彼は、東方ではサカ族との関係を修復し、西方ではアルメニア王国を親藩として加え、自らは「バシレオス・メガロス＝大王」に代えて「バシレオス・バシレオン＝皇帝」の称号を採った。これに伴ってシルクロードの交通も確保されたらしく、漢の武帝の使者張騫《ちょうけん》の副使がアルシャク王朝（安息）を訪れたのも、ミフルダート二世の治世中の紀元前一一九〜一一五年である。このころが、アルシャク王朝

地図５　ミフルダート１世の征服活動とアルシャク王朝下の地方王朝（紀元前1世紀）

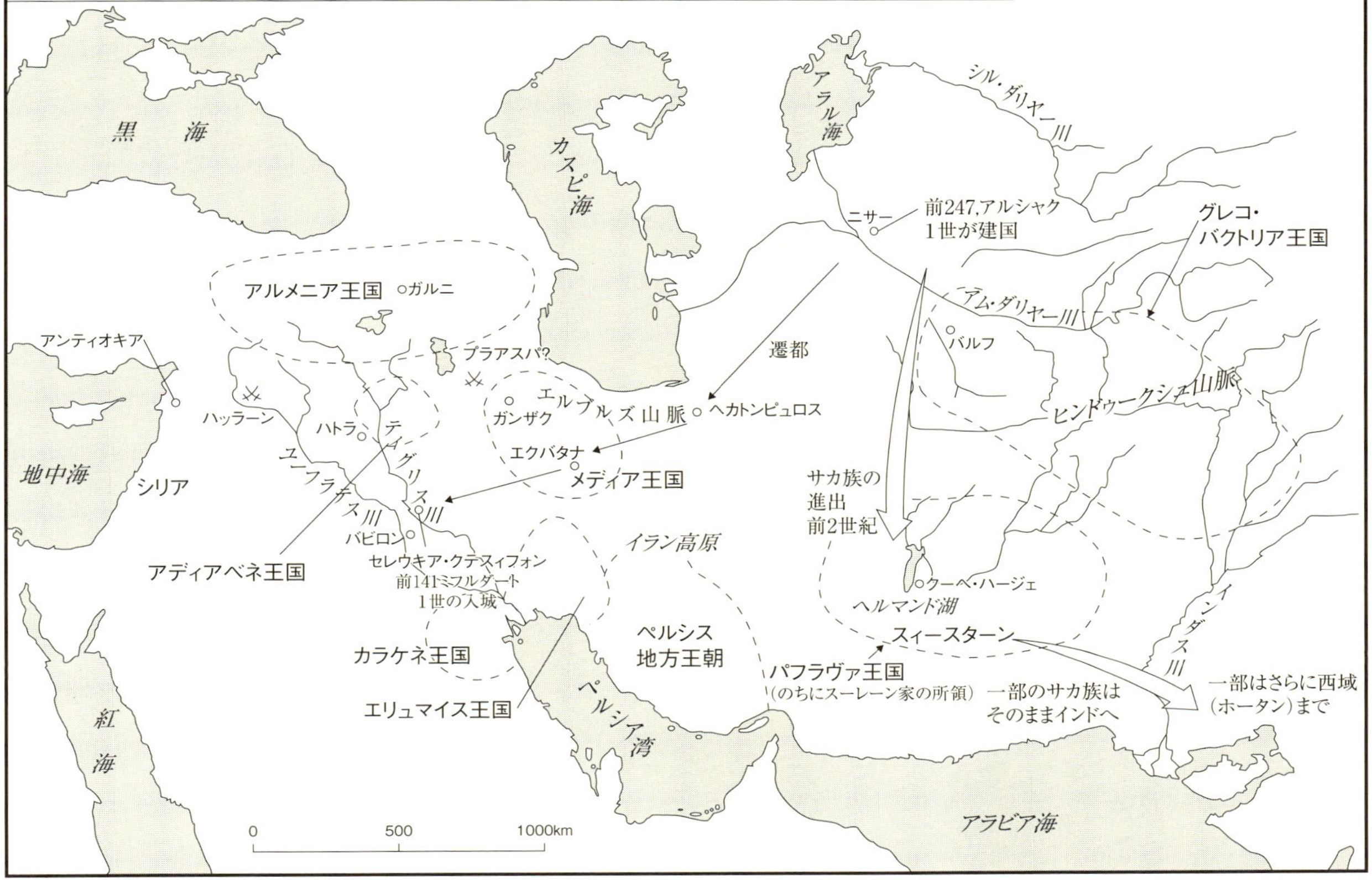

パルティアの全盛時代であった。ここで、ハカーマニシュ王朝とは異なるアルシャク王朝独特の統治システムを概観しておこう。

「政治的地方分権／文化的多元主義」の王朝

この王朝の性格は、先のハカーマニシュ王朝ペルシア帝国と比べると、まったく異質であるとされる。アルシャク王朝パルティアは、イラン高原やメソポタミア平原の全土を掌握して成立した政権ではなく、遊牧部族がイラン高原東北部から西北部へ移動して、そのままセレウキアを軍事占領しただけなので、直接支配が及ぶ範囲はこのルート上に限定された。パルティア人《びと》が、定住民だったペルシア人《びと》のような等質な一円支配を志向しなかったことも、この傾向に拍車をかけた。

また、支配される側も均質ではなかった。主としてイラン高原南部には、土着の外様藩がアルシャク王朝の容喙《ようかい》を許さないほどの地方的な権力をもっていたし、当のパルティア貴族の中にも、スーレーン家やカーレーン家のように、譜代の大藩となる一族が存在していた。当然、これ以下の譜代の小藩（通常、マルズバーンと呼ばれる）も多数を数えた。これに加えて、セレウコス王朝が残したギリシア系の都市国家も、周辺のアーリア系の農村部とは截然《せつぜん》と区別される存在として自治を保っていたし、バビロンやエラムでは、ハカーマニシュ王朝以前の土着要素も顔をのぞかせている。

これらの外様の雄藩やギリシア系都市国家などの属邦を束ねるのは、アルシャク王家の「大王（のちに皇帝）」としての軍事力と、彼らが鋳造する貨幣がイラン高原からメソポタミア平原に至る地域で標準貨幣として用いられた信用である。この時代の貨幣は、ハカーマニシュ王朝時代の貨幣が大型で贈答用とみられるのに対し、より小額のコインが大量に発行されており、実用に供される割合が飛躍的に向上したと考えられている。

しかし、各属邦を結ぶ絆は弱いうえに、アルシャク王朝パルティアの政治の中枢にも不安定要因を抱えていた。アルシャク王家の相続法は嫡系相続ではなく、男系親族一般に相続が認められていたようで、大王死去の際には継承戦争が絶えなかった。アルシャク王朝の大王の在位年代はコインから割りだせるのだが、それらの大王間の血縁関係は容易に判明せず、アルシャク王家の系譜を描くことは難しい。また、首都は一応テースィフォーンとされているものの、根が遊牧民であるパルティア人《びと》はかならずしもここに常駐したわけではなく、移動を繰り返していた。一説によると、メソポタミア平原にはそれほど頻繁に姿を見せていないとされるが、その間彼らがどこに行っていたのかは、資料が残っていないので杳《よう》として知れない。

このようなアルシャク王朝パルティアの統治体制は、ハカーマニシュ王朝ペルシアが「政治的中央集権／文化的多元主義」だったのに対し、「政治的地方分権／文化的多元主義」として性格づけられる。アルシャク王朝時代の宗教事情を分析しようとすれば、しばしば所在不明になるアルシャク大王家の宗教に加えて、各属邦の文化にも目を配らなくてはならない。

アーリア人の宗教の復活と神聖王権の観念

パルティア人《びと》も、起源的にはアーリア人の一派であり、宗教的・文化的な基層は原始アーリア人の宗教によって占められていた。しかし、彼らが発行したコインは、王朝初期にはギリシア系都市国家に委託して鋳造したと考えられるので、パルティア人《びと》ではなくギリシア人の宗教観念を示している。このために、パルティア人《びと》たちの出自が遊牧民であったこととあいまって、彼らはアーリア人の中でもどこか異質な、正統なゾロアスター教徒らしからぬ印象を与えている（de Jong 2008）。少なくとも、サーサーン王朝でゾロアスター教が国教化した事実を過去に逆投影して、アルシャク王朝の宗教を無条件で「国家宗教ゾロアスター教」と見なす必要はない。

端的にパルティア人《びと》自身の宗教観念を反映しているのは、彼らの王名である。第二代王ティーㇽダート一世、第五代王ミフルダート一世、第七代王アルタバーン一世からは、それぞれ「ティール＝水星」、「ミフル＝ミスラ神」、「アルタ＝天則」など、アーリア人の宗教に特有の神格が検出される。けれども、これらはザラスシュトラの宗教改革以前の古いアーリア人の宗教の神名であって、ザラスシュトラの教えとは直接の関係がない。パルティア人《びと》は、ザラスシュトラの故地である中央アジアから移動してきたはずだが、彼の教えや原始教団とはあまり接触がなかったようである。むしろ、王名に用いられる頻度からみて、パルティア人《びと》の間ではミスラ神に対する信仰が盛んだったと考えられる。

アルシャク王家固有の宗教を考えるうえでの弱点は、同王家の墓廟遺跡が一つも発見されていない点にある。上述のように、前代のハカーマニシュ王朝皇帝の墓はすべて比定されており、葬法の点からはマゴス神官団特有の曝葬を実行していたことが分かっている。次代のサーサーン王朝皇帝の墓は、シャーブフル一世のものと予想される磨崖横穴墓（ダフマ）しか発見されていないが、高位の神官や貴族が大量のダフマを遺しているので、帝国の支配階級全体で曝葬を行っていたことは容易に推測がつく。しかし、アルシャク王朝の大王・皇帝の場合はダフマを使用していたとの証拠がなく、曝葬ではなく土葬を行っていたのではないかと思われる。だとすると、彼らは中央アジアの原始アーリア人と同じ葬法を採っていたことになり、イラン高原で進化したこの時期のアーリア人の宗教とは若干異なる、プリミティヴな原始アーリア人の信仰を維持していたと考えられる。

これに対して、アルシャク王朝の宗教とこれまでのアーリア人の宗教との顕著な相違点としては、神聖王の観念の発達が挙げられる。前述のように、ハカーマニシュ王家の皇帝たちは、「アウラマズダーから王権を神授された」と称していたものの、自らを神と名のることはなかった。しかし、アルシャク家の大王たちは、たぶんアレクサンダー大王を神聖視したギリシア人の影響と思われるが、自ら神と名のりはじめるのである。この神聖王の観念は、これ以後、イラン高原のアーリア人の政治的伝統として定着し、サーサーン王朝の皇帝たちも好んで採用する自称「神々の末裔、神たる皇帝」となり、さらには遠くイスラーム時代のカリフ制にまで影響した。

ローマとの果てしない消耗戦

アルシャク王朝は、紀元前一四一年にメソポタミア平原を平定して豊かな農業生産の富を手中に収め、それを背景にオリエント世界に新たな政治秩序をもたらした。しかし、それは同時に、西方の強敵共和政ローマ（紀元前二七年からは帝国）と国境を接することも意味した。しかも、かならずしも旧ペルシア帝国のような強固な支配体制を築いたわけではないアルシャク王朝パルティアは、約二五〇年間に及ぶ彼我の攻防の中で、おおむね専守防衛に徹してローマ軍を迎え撃つ立場をとらざるを得なかった。ローマ側の資料によると、ローマ軍の大規模なアルシャク王朝領への侵攻は、合計三回記録されている（シェルドン、二〇一三年）。

第一回の侵攻は、紀元前五五年に起こっている。紀元前六三年にセレウコス王朝シリアを完全に併合した共和政ローマは、第一回三頭政治の執政官の一人であったクラッススをシリア総督として派遣していた。その彼が、ガリアで勢力を養う政敵カエサルに対抗するために、あえて無名の師ともいえる対アルシャク王朝戦争に踏みきったのである。これに対してアルシャク王朝は、金銭と引き換えに、明らかにスィースターンが気にいって居座ってしまったかつての仇敵サカ族を援軍として招いた。当時のサカ族を支配していたのはスーレーン家で、アルシャク王朝のヒエラルヒーの中では各地の地方王朝の王よりも格式高く礼遇され、皇帝の戴冠式の際には王冠を捧げる栄誉を担った帝国第一の名門とされる。そして、この援軍要請に応じて、個人名は不明だが弱冠二〇代の長身・美貌の青年将軍スーレーンが、大規模な騎兵隊とともにメソポタミア平原まで参着した。

西方からメソポタミア平原やイラン高原に侵攻するには、大別して、小アジアからイラン高原西北部に抜ける険阻な山脈越えのルートと、シリア平原から直接メソポタミア平原北部へ抜ける平野ルートがあるのだが、クラッススは後者を採用した。ローマ軍の重装歩兵隊がサカ族の騎兵隊と戦う場合には、最悪の選択である平野での会戦方式を、自ら選んだのである。この時点でクラッススの命運は尽きていた。四万二〇〇〇といわれるローマ軍だったが、ハッラーン付近で急進撃してきたスーレーン将軍率いる一万一〇〇〇のサカ族の騎兵隊と期せずして遭遇し、徹底的に殲滅されてクラッススは戦死、ローマ軍の大半は捕虜となってマルギアナへ送られていった。こうして、第一回の対ローマ戦はアルシャク王朝の完勝で幕を閉じた。ただ、時のアルシャク王朝皇帝は、この国家存亡の時にギリシア悲劇の観劇に興じていたと伝わり、ローマ軍の撃退は完全にサカ族の援軍頼みだった。

第二回の侵攻は、紀元前三六年、やはりローマ側の事情で起こされた。今回は、第二回三頭政治の執政官の一人であるアントニウスが、クラッススの復讐を唱えて約一〇万の兵を率い、エジプトからシリア経由で侵攻したのである。先回の失敗に懲りたか、今回は平野ルートをとって直接アルシャク王朝の首都テースィフォーン（クテスィフォン）を衝くのではなく、山岳ルートをとって属国メディア王国の首都プラアスパ（現在の地名には比定できていない。オルーミーイェ湖南岸のレイラーン周辺か？）をめざした。用心した甲斐あって、たしかにサカ族の騎兵隊の目は晦《くら》ましたものの、その代わり悪路の中でローマ軍の攻城兵器も到着せず、歩兵部隊で延々とプラアスパの城壁を囲む持久戦に縺《もつ》れこんだ。そのうえ、アントニウスは、直前まで属州エジプトで大恋愛を楽しんだクレオパトラを忘れられなかったらしく、彼女をシリアまで呼び寄せては勝手に占領地域を彼女個人に贈与したと伝わるなど、公私混同によって軍の士気はとみに下落した。結局、プラアスパを落とせず、伸びきった補給路を叩かれて大軍を維持することもできなくなって、アントニウス軍はなんら戦果を挙げることなく、三万五〇〇〇の兵を失っただけで撤退した。

第三回の侵攻は最も大規模で、アルシャク王朝には大打撃となった。すなわち、一一四年、なんらかの要因でアルシャク王朝が無政府状態に陥ったのに乗じて、トラヤヌス帝（在位九八〜一一七）がメソポタミアに侵攻を開始したのである。そして、意外にもほとんど抵抗を受けずにアルシャク王朝の最も重要な親藩であるアルメニア王国を占領して、ローマ帝国の属州に併合し、引き続いてエデッサ、ニシビス、ハトラと抜き去って、一一五年には実にあっさりとテースィフォーンを占領した。一一六年、トラヤヌスは、この殊勲を讃えて元老院から特別に「パルティア王」の称号を授与された。この新任のパルティア王は、さらに一隊を派遣してペルシア湾まで進撃させて全メソポタミア平原を征服し、五賢帝時代のローマ帝国に最大版図をもたらした。しかし、このとき、絶妙のタイミングで離散ユダヤ人がローマ帝国に対して大叛乱を起こしたので、トラヤヌス帝は主力軍をメソポタミア平原から東地中海地域に返さざるを得ず、永続的な占領体制を築くまでにはいたらなかった。

この期間、アルシャク王朝の中枢がどこにあって何をしていたのか、まったく不明である。つぎのハドリアヌス帝（在位一一七〜一三八）の時代には、バクトリアの土侯たちがローマに使節を送ったとされるので、アルシャク王朝そのものが機能を停止していたのかもしれない。このあと、約一〇〇年間アルシャク王朝の統治は続くものの、たびたびテースィフォーンをローマ帝国軍に占領されるようになり、王朝の命運は尽きようとしていた。

ザラスシュトラの教えの顕在化

ここで、政治史から宗教史に目を転じよう。アルシャク王朝がメソポタミア平原を抑えるとともに、アルシャク王朝の文化も、それ以前のイラン高原北部で遊牧生活を送っていたころとは質的に違うものになった。すなわち、それまでは、アーリア人的な文化はヘレニズム的な様相の下に隠れ、折にふれて王名やコインなどに浮上するにすぎなかったが、紀元前一世ころから、とうとうアーリア人の宗教が前面に出はじめるのである。そして、そのなかには、ザラスシュトラの独創的な思想も見え隠れする。

初見は、紀元前九〇年に比定されるニサー出土の陶片が、上述の「ゾロアスター教カレンダー」（六九頁参照）を使用した例である（Bader 1996）（月や日の名称は、アヴェスター語のパルティア語訳を用い、サーサーン王朝時代のパフラヴィー語訳とは異なっている）。これに対し、ペルセポリスの宝物殿出土の紀元前四五九年の文書に記されている月日は、「ゾロアスター教カレンダー」とは異なる。したがって、イラン高原を支配する王朝が「ゾロアスター教カレンダー」を採用するようになった年代は、紀元前四五九年と紀元前九〇年の間と推定されている。ただ、この段階では、アルシャク王朝はゾロアスター教を政治的に利用してはおらず、ゾロアスター教の影響は（あったとしても）純粋に私的な領域にとどまった（ちなみに、この傾向は、パルティア王家の分家が支配したアルメニアにも継承されている。Russell 1987）。

つぎに、アルシャク王朝第二〇代王ワラガシュ一世（在位五一～七六）のコインである。その裏面には、神官と拝火壇が描かれ、初めてパルティア文字の刻銘が入る。歴史上は、アルシャク王朝下でコインの鋳造を請け負っていたギリシア人が、ギリシア的モチーフを捨ててアーリア的モチーフに換えたこの時点をもって、ヘレニズムのイラン高原からの退潮の終了と見なしている。

また、後代のゾロアスター教伝承によれば、ワラガシュ王の時代にアーリア人の宗教伝承の結集《けつじゅう》がなされた。残念ながら、どのワラガシュ王（アルシャク王朝にはワラガシュ王が六人もいる）がその結集を行ったのか不明であるし、サーサーン王朝時代のゾロアスター教伝承からすれば、このときの結集はなんらかのゾロアスター教文献を対象としたと理解されているものの、実際にはどんな内容だったのか定かではない。おそらく、パルティア文字の銘文を採用したワラガシュ一世が、イラン高原のアーリア人の宗教全般の口承伝承を結集したのではないかと考えられている。

写真4　ドゥラ・エウロボスのマゴス神官　ローマ帝国の隊商都市ドゥラ・エウロボス（現シリア）の壁画に描かれたマゴス神官の像。白いゆったりとした衣やマントなどは，現代のゾロアスター教神官にも踏襲されている（278頁の写真27も参照）

ミスラ教の形成

しかし、紀元前一世紀以降のアーリア人の宗教の復興の流れの中で、最も活発だったのは、少なくともアナトリアにおける考古学的な証拠に照らせば、ザラスシュトラの教えではなく、ミスラ神を崇める教えだった。その証拠は以下の四点の碑文とレリーフである。

①カッパドキアのギリシア語・アラム語併用碑文（紀元前三世紀）――この碑文の中では、マゴス神官が棍棒で動物を撃ち殺し、ミスラ神に捧げている（de Jong 1997）

②ティアナのギリシア語碑文（年代不明）――この碑文自体は散逸したが、ミスラ神に捧げられたものだと伝わる（Berger und Nollé 2000）

③サルフユクのギリシア語碑文（一世紀）――寺院の基金に関する石碑がミスラ神に言及している

④サヴクラのギリシア語碑文（紀元後一三二／二年）――フィリギア人が太陽神ミスラ（ヘリオス・ミスラス）に基壇を奉献している

このミスラ神は、後年の『アベスターグ』の「ミフル・ヤシュト」に収録されたミスラ讃歌にみられるように、イラン高原のアーリア人の間でつねに一般的な崇拝対象ではあったものの、特定の教義をそなえた独立宗教の主神としての体裁をそなえていなかった。神格そのものが内包する性格づけによって、太陽神、正義の神、裁きの神として、時と場合に応じて拝まれていただけのようである（Gershevitch 1959）。それが、紀元前三世紀以降、ともかくもアナトリアでは――イラン高原の他の地域での状況は分かっていない――、主神として崇拝されるにいたったのである。

問題となるのは、このアナトリアのミスラ教とローマ帝国のミトラ教との関係である。かつては、フランツ・キュモンの学説（日本語訳としては、キュモン、一九九三年参照）に代表されるように、アーリア人の宗教としてのミスラ教がそのまま西進してローマ帝国に到達し、一個の密儀宗教として確立したと考えられてきた。すなわち、「アーリア人の宗教であるミスラ教が、何度もアナトリアに侵攻したローマ軍の兵士たちに愛好され、遠くローマ帝国領内で多数の信者を獲得し、四世紀にローマ帝国の国教になったキリスト教に敗れ去った」とのストーリーである。

そうだとすると、ローマ帝国のミスラ教から逆算してアナトリアのミスラ教を論じることが可能である。西方系資料によると、主神ミトラは、一二月二五日に岩から雷鳴の形で誕生した太陽神である。彼は、牧場で雄牛を捕らえ、これを洞窟に連れこんで屠ることによって、全世界に活力を与えて再生産を図っている。この密儀の終了後、ミトラ神は太陽の馬車に乗って、天空または大洋に去ってゆく。この、本質的には牛の犠牲獣祭である行為は、ミトラ教団の中で厳しいイニシエーションを経た人間だけが参画して、ミトラ神に倣《なら》って再現できるとされる。信者はこの密儀に参加することで救済を期待でき、この教義によってミトラ教は一個の完結した救済宗教として成立したとされる。

しかし、このような密儀宗教としての「ミトラ教」の存在は、イラン系の資料ではまったく確認できない。たしかにローマのミトラ教寺院は地下に掘られることが多く、イラン高原の砂漠ではそのような遺跡は残り難いことを勘案しても、いっさい確認できないというのは異常である。そこで、近年では、アナトリアのミスラ教碑文とレリーフが紀元前三世紀から存在するのに対し、ローマ帝国におけるミトラ教遺跡は紀元後一世紀後半〜二世紀前半に出現するので、このタイムラグを重視し、両者の間には本質的な関連がなかったのではないかと考えられている（Merkelbach 1984）。そうだとすると、ローマ帝国のミトラ教は、帝国内部で内発的に現れた宗教運動に、当時の好尚に合わせて「オリエンタリズム」の外皮をかぶせた宗教であると評価が一変する。

アルシャク王朝の滅亡

アルシャク王朝の滅亡は、これまでしきりに王朝を襲った内憂外患のうち、大王家内部での王位継承紛争、ローマ帝国軍のメソポタミア平原侵攻、地方王朝の叛乱の三つが同時に起こった二〇七年に始まった。この年、ワラガシュ五世が死去すると、息子の兄王ワラガシュ六世と弟王アルタバーン四世が跡目を争って戦端を開き、メソポタミア平原を支配する兄王とイラン高原に拠点を構える弟王の間で、延々と内戦が続いた。これをチャンスとみたローマ帝国のカラカラ帝（在位二一一〜二一七）は、兄王ワラガシュ六世を正統と認めるとの名目でローマ帝国軍を率いて介入し、メソポタミア平原からメディア王国までを軍事占領した。さらに、二〇八年には、ペルシス地方王朝の支配下で、スタフルの神官王パーバグが挙兵して地方王朝の離反が始まり、アルシャク王朝の統治体制は加速度的に破綻していった。

一〇年間も王位継承でもめていたアルシャク王家の兄弟だったが、和解したのかどうか定かではないものの、ともかく休戦して対ローマ戦争に集中したようで、二一七年にはカラカラ帝の軍隊をニシビスで破り、ローマ帝国軍を撃退した。これが、遊牧民族アルシャク王朝の最後の軍事的栄光だった。兄弟王が内戦とローマ帝国への対応に気を取られているうちに、ペルシアでのパーバグの勢力は拡大の一途をたどっていたのである。二二二年にはパーバグの次子アルダフシールが跡を継ぎ、二二三年に兄王のワラガシュ六世を戦死させ、続いて二二四年には弟王のアルタバーン四世をも破って、テースィフォーンに入城。サーサーン王朝ペルシア帝国を建国して、ミフルダート一世のテースィフォーン入城以来、約三六〇年にわたってオリエントを支配してきたアルシャク王朝の命運を絶った。

ペルシス地方王朝

アルシャク王朝の属邦も、それぞれに個性的な文化を創出している。なかでも、ゾロアスター教史上は、次代のサーサーン王朝発祥の地となったペルシス地方王朝の文化に注目しなくてはならない。ハカーマニシュ王朝がアレクサンダー大王に滅ぼされて以降、イラン高原西南の辺境に転落したペルシア地域は、セレウコス王朝、アルシャク王朝の宗主権のもとで、かなりの独立性を享受した。ペルシア州は、イラン高原北部に拠点をおく政権にとって、よほど直接統治するうまみに乏しかったのであろう（イスラーム期イラン史に詳しい読者なら、一四世紀のインジュー王朝や一八世紀のザンド王朝を想起するような事態である）。

ペルシス地方王朝の宗教思想に関する資料は、彼らが独自に発行したコインの意匠に限られる。先行研究によると、このペルシス地方王朝の歴史は、以下の四期に分けられる（ペルシス地方王朝については、Panaino 2003を参照）。

第一期――紀元前三〇〇〜一五〇年ころ、セレウコス王朝の宗主権下でペルシア州を支配した時代。バガダテス、ワフベルズ、アルタクセルクセス一世、アウトフラダテスの四人の地方君主が君臨していたとされる。彼らは、「フラタラカー（ハカーマニシュ王朝時代はエジプト総督の意味）」の称号を名のっている。コイン裏面には、カァベ・イェ・ザルドシュト（六九頁参照）に類似の建築物が描かれている。

第二期——紀元前一五〇〜一〇〇年ころで、ダーラヤワウシュ一世、アウトフラダテス二世の時代。彼らは、「フラタラカー」に代えてペルシア伝統の「シャー」の称号を名のる。コイン裏面のデザインに変化はない。

第三期——紀元前一〇〇〜紀元〇年ころで、ダーラヤワウシュ二世、オクサテス、アルタクセルクセス二世の時代。コイン裏面のデザインは、神殿風から拝火壇へ移行する。

第四期——サーサーン王朝成立（二二四）まで。この時代には、コイン裏面のデザインから拝火壇が消失し、太陽や星辰の崇拝に移行する。

以上から、ペルシス地方王朝の君主は、ハカーマニシュ王家の宗教と類似した宗教的モチーフを重視し、そのうえにアルシャク王朝時代にイラン高原で一般的になった「神官王」の観念をもっていたとされる。彼らがペルセポリスの「ダーラヤワウシュ一世のタチャラ」と「クシャヤールシャンのハーレム」に彫った（と思われる）落書きが解読できればよいのだが、現状では無理である。おそらく、ペルシアでは、原始ゾロアスター教とマゴス神官団が融合し、それが王権と強く結びつく形で発展したのであろうと推測されている。これが、サーサーン王朝の興隆を導く基礎になった。

第四節　ギリシア哲学・ユダヤ教・キリスト教・グノーシス主義への影響

上述のように、紀元前一世紀以降、アルシャク王朝内でアーリア人の宗教が復興し、特にザラスシュトラの教えが、アラム語文化圏のメソポタミア・シリアと、コーカサス諸国のアルメニア・グルジア（ジョージア）に伝播した。折しも、この時代は、フラウィウス・ヨセフス（三七〜一〇〇ころ）の諸著作、イアンブリコスの『バビロニア誌』、『トマス行伝』、『ナグ・ハマディ文書』など、西洋古典時代を彩る文献が一斉に開花した時代にあたる。当然ここに、ザラスシュトラの独創的な教え——あるいは、控えめにいってパルティアの文化——の影響が強く想定される（de Jong 2013a）。

ただし、その際の影響主体は、神官たちではなく、ゴーサーンと呼ばれる流離《さすらい》の吟遊詩人たちである。パルティア語の文献がほぼ残っていない以上、この吟遊詩人たちの存在は、同時代のアルメニア語資料（同じくゴーサーン）やグルジア語資料（ムゴーサーニ）から確認される。彼らは、おそらく口承アベスターグの内容も、詩歌や音楽にのせて伝えている。そうだとしたら、これはゾロアスター教史上、ゾロアスター教神官による儀式目的以外で口承アベスターグが活用された空前絶後の事例である。

これに伴って、ギリシア哲学、ユダヤ教、キリスト教、グノーシス主義などに、イラン高原のアーリア人の宗教——ザラスシュトラの独創的な教えとは限定しない——の影響が現れ始める。以下では、①ギリシア哲学、②ユダヤ教、③キリスト教、④グノーシス主義の順に、この時代にアーリア人の宗教一般及びザラスシュトラの教えからこうむったと思われる影響について概観しよう。

①ギリシア哲学

アーリア人とギリシア人の間には、同じインド・ヨーロッパ語族の末裔として、イラン高原のアーリア人とインド亜大陸のアーリア人の間におけるほどではないにしても、やはり共通の文化的基盤があった。したがって、後年、両者が似かよった宗教や思想を発展させた時、はたしてそこに影響関係を認めるべきか、同祖の末裔として必然的に似ているのか、の判断は非常に難しい。

ゾロアスター教からギリシア哲学への最初期の影響としては、アナクシマンドロス（紀元前七〜六世紀）のケースが指摘されている。逆に、ギリシア思想からゾロアスター教への影響としては、ロードスのエウデモス（紀元前四世紀）とテオポンポス（紀元前四世紀）におけるズルヴァーン主義的な記述が挙げられる。以下では、イラン語資料に比べてギリシア語資料の方がはるかに豊富であるという制約上、イラン的な二元論からギリシア思想への影響とされている事例を挙げる。ギリシア語文献におけるイラン系宗教の記述としては、Clemen 1920、Benveniste 1929（日本語訳としては、バンヴェニスト、一九九六年）、de Jong 1997、Vasunia 2007参照。

ヘラクレイトス　個々の哲学者に即して検討すると、最初に、「万物は流転する」で名高い弁証法の祖ヘラクレイトス（紀元前六〜五世紀）が挙げられる。ある推測によると、彼が火を世界秩序の要《かなめ》と見なした背景には、アーリア人の宗教の影響がある。また、彼があらゆる葬式を軽蔑した背景には、マゴス神官団の曝葬の習慣が伏在する。この時期、マゴス神官団は小アジアまで進出していたので、ギリシアの哲学者たちと直接・間接の接触がなかったとは言いきれない。しかし、ヘラクレイトスがすべての宗教儀式を侮蔑していたことと、マゴス神官団が複雑な祭式儀礼を重んじたこととは、あきらかに背反する。

プラトン　つぎに、プラトン（紀元前四二七〜三四七）が挙げられる。彼とマゴスとの伝説的交流については、Kingsley 1995参照。それによると、プラトンの晩年に、ペルシアのマゴス神官がアテネを訪ね、彼から哲学を学んだとされる。逆に、プラトンが理想とした「哲人王／武人／生産者」という社会構成は、原始アーリア人の「神官階級／軍人貴族／庶民」という社会三階級制度に照応しているので、イラン系思想の影響と推測されている。また、彼のイデア界と現実界の二元論とザラスシュトラの善悪二元論の間には、対応関係があるともいわれている。プラトン哲学に対するイラン系の宗教思想の（想定される）影響については、

地図6　アルシャク王朝時代の諸宗教（紀元前3世紀〜紀元後3世紀）

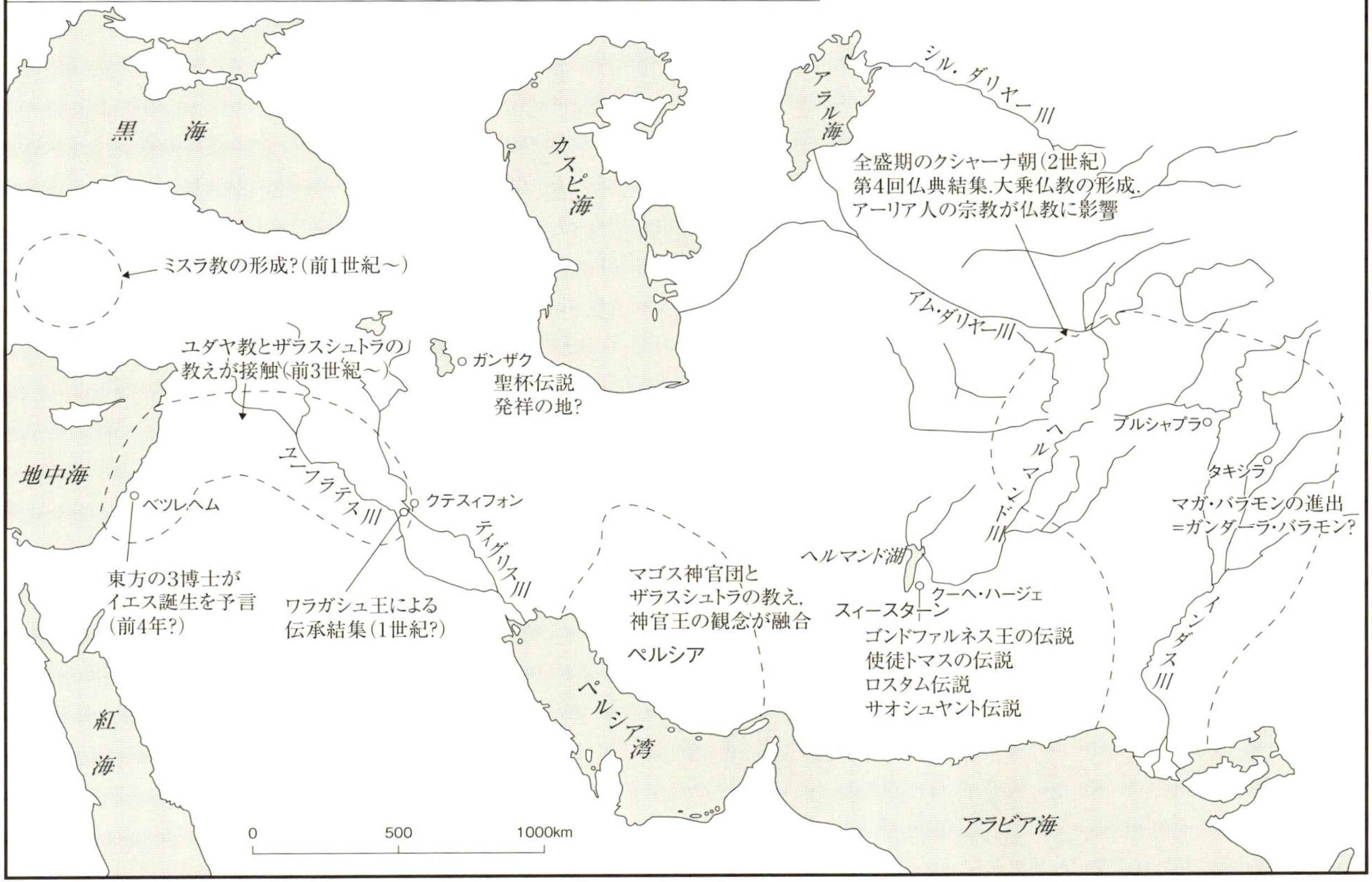

Horky 2009参照。

プロティノス　以上の二人は、イラン高原の歴史に照らせばハカーマニシュ王朝時代の人物であるが、プロティノス（二〇五〜二七〇）は、アルシャク王朝末期からサーサーン王朝初期にエジプト、ローマで活躍した神秘哲学者である。彼が至高の一者からの多者の流出を説き、一者の光に浴さない物質の闇を説いた教説は、アフラ・マズダーから「アメシャ・スペンタ（大天使）」の発出を説き、善悪を峻別したザラスシュトラの教えに近いといわれる。しかし、ネオ・プラトニズムは、古代末期のオリエントで一般的だった神秘主義思想の雰囲気の中から出てきているので、あえて両者の間に関連を求めなくてもよいかもしれない。

②ユダヤ教

ゾロアスター教（あるいはアーリア人の原始宗教）とユダヤ教の接触は、紀元前五三九年に、クールシュ大王がバビロン捕囚中のユダヤ人を解放した時までさかのぼると考えられる。そして、バビロン解放後のユダヤ人は、第二神殿を建設し、トーラーを完成させるなど、宗教的に著しく変容した。このため、かつてはイスラエル人の一神教形成にあたって、ゾロアスター教からの影響を過大に見積もる傾向があった（Choksy 2003）。

このような学説は、現在では否定されているものの、ユダヤ教が捕囚後の数世紀間に、強烈な個性をもった預言者を輩出していないにもかかわらず、非常な変容を遂げたのは事実である。ザラスシュトラの教えとの接触が、間接的にユダヤ教に変容をもたらしたと考える根拠は十分にある。この主題についての概説としては、Choksy 2013参照。以下では、ザラスシュトラの教えからユダヤ教への影響が指摘されているテーマについて、個別に言及していこう。

「第二イザヤ書」と「ガーサー」　Smith 1963は、バビロン解放直後に成立したとみられる「第二イザヤ書」と、「ガーサー」の類似性を強調した。特に、前者の45–7と後者のヤスナ44にみられる二元論が焦点になった。この先駆的学説は、一節一節を比較した場合は検証に耐えないが、ザラスシュトラの教えの二元論的な部分がユダヤ教に漠然と影響を与えた証拠としては、かなり後代まで継承された。

終末論とメシア待望　ユダヤ教に対するザラスシュトラの教えの影響を論じる際、最も有力な証拠として挙げられるのが、「ダニエル書」である。本書の主人公ダニエルは、カルデア王国時代にバビロンに連行され、のちにクールシュ大王とも接触をもったと伝えられるので、彼を基準に考えれば、同書の内容はハカーマニシュ王朝初期の状況を反映している。しかし、「ダニエル書」自体の成立は、紀元前一六七～一六四年に特定されているから、こちらを基準にとれば、本書はセレウコス王朝～アルシャク王朝時代の状況を反映していることになる。ザラスシュトラの教えとユダヤ教との本格的な接触となると、後者の時期の方が可能性は高い。

「ダニエル書」の内容は、終末論、メシア待望論、至福千年王国の予言などであり、いずれをとっても、ザラスシュトラの教説と外面上は一致する。終末論については、すでに「第二イザヤ書」などで「神の王国」概念は提出されていたものの、これを地上の時間の終わりに達成される宗教的完成と捉えなおす契機としては、先行するザラスシュトラの教えの影響が予想されている（Hultgård 1979）。また、肉体を維持しての復活の概念も、ザラスシュトラの啓示の影響ではないかと考えられている（Shaked 1998）。

メシア待望論については、ダヴィデの家系から生まれてイスラエルの救済を果たす王の観念はすでにあったものの、これが全人類の救済者に変質するにあたっては、ザラスシュトラの子サオシュヤントの影響を考えないわけにはいかない。後述のように、サオシュヤントの観念は大乗仏教のマイトレーヤに影響を与えたとの説もある。だとすると、ユダヤ教のメシア観念と弥勒菩薩は、ザラスシュトラの教えから派生した一対の観念ということになる。

はたして、「ダニエル書」や「エノク書」で語られる終末論的な「人の子」は、サオシュヤントにあたるのだろうか？　しかし、「ヨブ書」や「エゼキエル書」に現れる「原初の人間」の概念は、サオシュヤントにはあてはまらない。また、イスラエルの救い主には、「自らの犠牲において贖う者」の概念が混在してくるが、これもサオシュヤントにはみられない特質である。

悪魔の観念　ユダヤ教におけるサタンの観念は、「創世記」でイヴに林檎を食べさせたり、「ヨブ記」で神の僕《しもべ》となったりと「誘惑者」が本領で、「神の敵対者」の観念を含まなかった。しかし、「エゼキエル書」ではヤハウェと崇拝を争う傲慢な天使になり、黙示録ではとうとう神への対抗者となって現れる。アレクサンドリアのギリシア教父オリゲネス（?〜二五一）になると、大悪魔は堕天使ルシファーと同一視され、神に匹敵する能力をもつことになって、ますますザラスシュトラの教えに似てくる。

このサタン観念の転化の背景に、パルティア時代のゾロアスター教との接触の影響をみるのが、Sundermann 2008である。この学説によれば、「トビト書」に出現する悪魔アスモデウス（Asmadaios）は、パルティア語の*išmdēw（パフラヴィー語に直せば、ヘーシュム・デーウ＝凶暴な憤怒の悪魔）の訛音だとされる。

『死海文書』の二元論　西暦紀元直前に作製されたとみられる『死海文書』の内容にも、パルティア時代のゾロアスター教の影響が看取されている。特に、「知恵の主」を意味するha-de'ot は、アフラ・マズダーの訳語ではないかとの指摘（Winston 1966）がある。また、人間に関する二元論的理解に、ゾロアスター教の二元論の影響を見いだす立論（Shaked 1972）もある。

至高の神と人間を架橋する大天使　バビロン捕囚後のユダヤ教神学では、ヤハウェは至高の地位にまで高められたので、被造物との仲介者が要請されることになった。この問題に対して、アレクサンドリアのユダヤ人哲学者フィロン（紀元後一世紀）は、ギリシア哲学からロゴスの観念を導入して解決しようと試みた。この際、彼は至高のヤハウェの権能を六つに分けて論じたが、ここに、ザラスシュトラがアフラ・マズダーの下に六大「アメシャ・スペンタ」を認めたこととの関連性を探る学説がある。しかし、至高の神の側面を六という数字に区切って提示する手法は共通するものの、それぞれの内実は異なっているので、この比較には無理があるとの批判もある。

また、ヤハウェの至高性に対する別の解決策として、ユダヤ教知恵文学である『ベン・シラの書』、『サロモンの知恵の書』、「（スラヴ語訳）エノク書」などは、「神の知恵」概念を提出した。この「神に愛されて人間を導く知恵」の概念は、あまりにも唐突にユダヤ教文学の中に出現するので、ここに、六大アメシャ・スペンタの首位である大天使「ウォフ・マナフ＝善思」の投影を見いだす見解もある。

写真5　東方の三博士　『新約聖書』の「マタイ福音書」に現れる「東方のマゴスたち」。のちに，幼な子イエスの誕生を予見して東方からベツレヘムに現れた3人のゾロアスター教神官として，ヨーロッパのキリスト教絵画で盛んに造形化された。ギュスターヴ・ドレ（1832–88）の版画

③キリスト教

ザラスシュトラの教えからユダヤ教への影響を考える場合、ユダヤ教に関しては継続的な発展の様相をたどれる。したがって、そこに突然異質な宗教観念が入りこんできて、それがザラスシュトラ独特の教えに似かよっているとしたら、かなりの確率で前者から後者への影響関係を述べることができた。しかし、キリスト教の場合、ユダヤ教を介して間接的にこうむった影響関係を別にすれば、確実な影響はわずかしか立証できない。

守護天使　ユダヤ教の伝統には、個人に対する守護天使の概念はみられないが、「マタイ福音書」や「使徒行伝」以降、この概念が多用される。一説によると、守護天使のルーツは、ザラスシュトラの教えで説かれた個人の守護霊フラワシだとされる。もっとも、この点については、ギリシア・ローマの伝統にも同種の宗教観念があり、かならずしもザラスシュトラの教えだけの影響を考えなくてもよいといわれている。

東方の三博士伝説　パレスティナを中心に活動していた初期キリスト教徒にとって、東方のマゴス神官団やザラスシュトラの名で知られる何者かは、具体的には東隣のメソポタミア平原にいるカルデアの占星術師や魔術師としてイメージされていた。もちろん、マゴス神官団とカルデアの占星術師たちは本来的には別物なのだが、アルシャク王朝時代にはマゴス神官団の勢力が拡大していたので、古い伝統をもつバビロニアの占星術の担い手たちも、幾分かはマゴス神官団化していたかもしれない（東方の三博士がカルデアの占星術師なのかペルシアのゾロアスター教神官なのかについては、Frenschkowski 2010参照）。

キリスト教の伝説では、イエス・キリストが誕生する前夜、東方から、星に導かれて救世主の誕生を予知した三人のマゴス（賢者とも賢王ともいわれる）がベツレヘムを訪れ、幼な子に黄金、乳香、没薬《もつやく》を捧げて立ち去ったという。この伝説の真偽はどうであれ、当時のキリスト教徒にとって、東方のマゴス神官団の不思議な叡智（実は、バビロニアの占星術師たちの知識をマゴス神官団が継承したものだろうが）は、イエスの誕生を荘厳化するのにまたとないモチーフを提供した。

世界の君主観念　この観点からしばしば取り上げられるのは、紀元後九五年ころに小アジア――つまり、パルティアの攻勢の記憶も生々しい地――で執筆されたとみられている『新約聖書』の「ヨハネ福音書」である。本書で言及される世界君主の観念は、パルティア風の君主をイメージしているとされる（**Frensch-kowski 2004**）。もっとも、ユーフラテス川東岸を悪魔の地と見なしていることから、ローマ帝国内での伝統的な反パルティア感情を反映してもいるのだが。

聖杯伝説　ザラスシュトラの教えからキリスト教への影響では、聖杯伝説を見逃すわけにはいかない。イラン高原西北部のガンザク（現在のタフテ・ソレイマーン）には、アルシャク王朝時代からアードゥル・グシュナスプ聖火を祀る拝火神殿が建設されていた。この聖火は、原始アーリア人の伝説の王カイ・フスラウが奉献したとされ、のちのサーサーン王朝時代には、国家宗教となったゾロアスター教の三大聖火の第二位にランクされている（聖火については一九四頁の図表13を参照）。

ある学説によると、ここの聖域には、アーリア人の祭式儀礼に一般的なハオマ祭式のための杯と擦り棒が安置されており、篤い信仰を集めていた。そして、この「祝福された杯」の噂がヨーロッパへ到達した時、それはキリストと結びついて新たな伝説を生みだした。すなわち、東方には、イエス・キリストが最後の晩餐で使用した杯（またはイエスの磔刑の際に血を受けた杯）が聖遺物として遺されており、奇跡を起こす力が宿っているとする聖杯伝説である。中世ヨーロッパの物語の中では、アーサー王の円卓の騎士であるランスロット以下の騎士たちは、この聖杯探求の使命を帯びて冒険の旅に出ることになっている。

この説に従うならば、キリストの聖杯伝説の根源は、アルシャク王朝時代にマゴス神官団が崇拝していたアードゥル・グシュナスプ聖火の拝火神殿の杯に求められる。また、本来の聖杯は、最後の晩餐のワインやキリストの血を受けた杯ではなく、聖火に捧げるハオマ液を入れた杯だったことになる。

④グノーシス主義

キリスト教教会に比べると、グノーシス主義者たちは、ザラスシュトラのイメージを文学作品の中で活用する頻度が高かった。たとえば、四世紀に属するセト派のグノーシス主義文献『ゾーストリアヌスの書』（『ナグ・ハマディ・コーデックス』8-1）では、ザラスシュトラの曾孫にあたる（とされる）ゾーストリアヌスが天界飛翔を繰り広げている（日本語訳としては、大貫、二〇一〇年参照）。もっとも、このゾーストリアヌスは、洗礼ばかりしていて、一向にゾロアスター教徒らしくはないのだが。

第五節　イラン高原東部の五王国
――アーリア人の宗教とギリシア文化・キリスト教・大乗仏教

イラン高原東部での五王国の興亡

イラン高原の中でも東部（現在ではアフガン人が住みついて、アフガニスタンと呼ばれる領域と重なる）は、原始アーリア人の原郷に最も近い地域であった。しかし、メディア王国〜ハカーマニシュ王朝時代に、イラン高原の政治的中心が西方のメディア人《びと》・ペルシア人《びと》の手に移るにつれて、しだいに辺境地帯にすぎなくなった。

だが、セレウコス王朝〜アルシャク王朝時代に、イラン高原西部からの統制が弱まると、地元の土着勢力が独立したり、中央アジアの遊牧民政権が占領したりして、イラン高原東部は独自の歴史を歩み始める。それは、王朝の興亡を軸として、以下の五段階にまとめられる。

①紀元前二五〇〜一三六年 ―― グレコ・バクトリア王国時代
②紀元前二世紀 ―― アーリア人系サカ族王国時代
③紀元前一世紀〜紀元後四〇年ころ ―― サカ族のパルサヴァ王国時代
④四〇年ころ〜三世紀 ―― 大月氏《だいげつ》系クシャーナ王朝時代（クジュラ・カドフィセスからヴァフラーム四世まで）
⑤三〜四世紀 ―― クシャーノ・サーサーン王朝時代（サーサーン王朝ペルシアの属領時代。この王朝が公式にサーサーン王朝に編入されて以降、イラン高原東部は再びペルシア帝国の一部となった）

そして、この五王国の興亡を背景として、土着のアーリア人文化、外来のギリシア文化、インド亜大陸から発信される仏教文化、キリスト教の東方伝説などが錯綜し、イラン高原東部ではかつてない多様な宗教文化が花開く。この時期のイラン高原東部の状況は、資料がコインなどに限られており、イラン高原西部よりも一層不分明である。だが、こちらでもアーリア人の宗教が重要な役割を演じ、そのなかにザラスシュトラの影も揺曳しているので、以下にまとめてみよう。

グレコ・バクトリア王国とインド文化

グレコ・バクトリア王国は、紀元前二五〇年、セレウコス王朝がバクトリアに派遣したギリシア人ディオドトスが、本国からのあまりの遠さに乗じて独立したヘレニズム国家である。首都は、イラン高原東部のバルフとパンジャーブ平原のスィアールコートの二つで、しだいに後者に政権の重点を移していった。このため、彼らの文化は、イラン高原上のアーリア人に影響するよりは、ヘレニズム文化とインド亜大陸の文化の融合に大きな足跡を残した。

一例として、グレコ・バクトリア王国の最盛期を現出したメナンドロス王（ミリンダ王）と仏教の長老ナーガセーナの間で交わされたとされる対話が、パーリ語文献『ミリンダ王の問い』（漢訳『那先比丘経』）として残っている。もちろん、この文献自体の成立は紀元前一世紀までしかさかのぼれないので、対話が事実なのかフィクションなのかは定かではない。しかし、このような伝承が成立する基盤は、グレコ・バクトリア王国で準備されていたとみられる。また、ギリシア美術の影響は後年のクシャーナ王朝時代に顕現して、このインド亜大陸西北部でガンダーラ美術として結実した。

「一〇〇〇の都市の国」バクトリアは、考古学遺跡としてアイ・ハーノム（アフガニスタンとタジキスタンの国境付近）、ダルベルジン・テペ（ウズベキスタン南部）、タフテ・サンギーン（タジキスタン）を残すなど繁栄したものの、政治勢力としてのグレコ・バクトリア王国は、しだいに北方から侵入するパルティア人《びと》やサカ族の攻撃の前に、本拠地バクトリアを含むイラン高原東部の領土を喪失していった。一四七年にはアイ・ハーノムが放棄され、最後には純然たるインド亜大陸の一小国となり、インド・サカ諸王国にとどめを刺されて、インドの大地に溶けるように消えていった。

インド・サカ族王国とパフラヴァ王国

サカ族王国は、中央アジアの草原地帯に残留したアーリア人の一派で、しだいに騎馬民族化していたサカ族が建てた政権である。紀元前二世紀ころ、彼らは大月氏《だいげつ》（または大月支）に本拠地を追われて南下を始め、グレコ・バクトリア王国を破ってイラン高原東南部のドランギアナに侵入した。このサカ族がしばらく居座ったのが、ドランギアナが「サカスターナ＝サカ族の土地、のちにスィースターン」と呼ばれるようになった端緒である。この闖入者たちに対して、アルシャク王朝の大王たちは彼らをイラン高原東部から駆逐しようと進軍してきたものの、サカ族の騎兵隊はパルティア人《びと》を圧倒し、何人かの王がこの東部辺境で戦死する憂き目をみている。

その後、サカ族は二つに分かれ、一部はなおも移動を続けてインド亜大陸に侵入し、インダス川流域からグジャラート（インド西部）方面にかけてインド・サカ諸王国（インド・スキタイ諸王国）を形成した。これら諸国は別名を西クシャスラパ王国といい、仏教保護で名高い。他方、他の一部はイラン高原東部にとどまって、アルシャク王朝からは独立したパフラヴァ王国（インド・パルティア王国）を樹立した。しかし、どちらも、遊牧民が軍事力を頼りに土着勢力のバランス上に乗った不安定な政権だったようで、長続きはしなかった。のちに、スィースターンにはスーレーン家という大貴族が成立し、サカ族の騎兵隊を率いて、アルシャク王朝・サーサーン王朝時代を通じてイラン高原の帝国の主要な軍事力を担うようになる。しかし、「サカ族王国→パフラヴァ王国→スーレーン家」とつながるスィースターンの政権の継承関係については、詳細ははっきりしていない。

ゴンドファルネス伝説

スィースターンからパンジャーブまでを支配したパフラヴァ王国は、宗教史上は、建国者ゴンドファルネス王（在位　紀元後二〇〜四六。推定されるアーリア語名はヴィンダ・ファルナフで、原義は「彼が栄光の光輪をもつように」）の数奇な伝説によって名高い（ちなみに、前出のヘルツフェルトによると、ゴンドファルネスはスーレーン家の出身であるという。Herzfeld 1931-32参照。彼は、史実をストーリーとしてつなげたがる研究者である）。それはともかく、上述のキリスト教の東方三博士伝説がさらに詳しく語られたところによれば、ある夜、ゴンドファルネス王は星辰を占って、「この年にこそ、人類すべての救いの御子が生まれ給う」と予言し、急遽マゴス神官の装束に身を包むと、西方をめざして旅立った。途中、同じことを予感した二人のマゴス神官とも合流し、都合三人でベツレヘムのとある馬小屋にたどり着いた。そして、イエス・キリストの降誕に立ち会ったという。この説に従えば、ゴンドファルネス王こそ、「東方の三賢王」の一人である。

また、三世紀に成立した『聖トマス伝』によると、イエスの双子の弟である「インドの使徒」トマスは、イエスの十字架磔刑のあと、大工としてゴンドファルネス王に買い取られ、パフラヴァ王国に寄寓した。そして、ゴンドファルネス王から、「宮殿を建設するように」と資金を受け取ると、それを貧者たちに分け与えてしまった。激怒した王に対して、トマスが「私は王のために、天国に宮殿を建てたのです」と言い訳したところ、感じ入った王はたちどころにキリスト教に帰依したという（ちなみに、大工のトマス本人は、このあとインドへ旅立ち、インド西海岸における聖トマス教会の祖となった）。この説に従えば、ゴンドファルネス王こそ、東方における最初のキリスト教徒ということになる。

さらに、このサカ族の英雄ゴンドファルネスの伝説は、イラン高原のアーリア人の間でもよほど印象が深かったらしく、はるかな後世のイスラーム時代になってから近世ペルシア語文学が花開くと、救国の英雄ロスタムのモデルとなったとされる。この説に確実な証拠はないのだが、たしかにゴンドファルネスとロスタムは、スィースターンを活動の舞台とした点で共通している。また、ゾロアスター教系の伝説にいっさい登場しないロスタムが、出し抜けに近世ペルシア語文献『王書《シャー・ナーメ》』で大活躍する理由を、「キリスト教に改宗してしまったゴンドファルネスは、ゾロアスター教系の伝説では存在を抹消されてしまったのだ」として、うまく説明できる利点がある（Bivar 1981参照）。

クーへ・ハージェの救世主伝説

写真6　クーへ・ハージェの神殿遺跡　スィースターン州にあるハームーン湖の中に浮かぶ島の大遺跡。この湖よりサオシュヤントが出現すると説かれ，遺跡全体がその救世主の到来を待つゾロアスター教神官団の望楼だといわれる（著者撮影）

九世紀に成立したゾロアスター教パフラヴィー語文献によれば、アレクサンダー大王の侵攻ののち、「ザラスシュトラの善なる教え」を保持したのは、スィースターンの神官団だったとされる。そして、これを裏づけるように、スィースターンのハームーン湖の湖上に浮かぶ直径二キロ、標高一五〇メートルの島には、このころに建てられたとみられる「クーへ・ハージェ」の複合神殿遺跡が遺されている（現代名「クーへ・ハージェ＝聖者の山」は、山頂にあるイスラーム聖者ハージェ・アリー・マフディーの墓廟にちなむ）。

あるゾロアスター教伝説によれば、ザラスシュトラが妻フウォーウィーに対して放った精子は、水の女神アナーヒターによってこのハームーン湖の湖底深くに保存されている。時が満ちると、この湖で沐浴した処女がそれによって受胎し、この世の悪を滅するサオシュヤントら三人の救世主を生むのである。救世主は、なぜか湖底から星辰の姿をとって現れるので、これを待望するゾロアスター教神官団は、日夜を問わずクーヘ・ハージェ山上の拝火神殿からハームーン湖を望み、いつ何時現れるかもしれぬ救世主をひたすら待ちわびたという。そして、何世代にもわたってゾロアスター教神官団がハームーン湖で救世主を待望し続けた結果、クーヘ・ハージェの望楼はこれだけの規模の複合神殿遺跡になったと。

また、ミュンヘンにある『コーデックス・ゲルマニクス』の記述によれば、ベツレヘムからイラン高原に帰還した東方の三博士たちは、やがて聖トマスがキリストの福音を伝えることを予知し、東方に聖トマスに捧げる礼拝堂を建立したという。そして、この謎めいた伝説を解釈した後世の一学説によれば、東方の三博士とはゴンドファルネス王とその一行のことにほかならず、そうである以上、彼らが帰還する先はイラン高原上でもスィースターンに特定される。聖トマスが向かったゴンドファルネスの王国とは、まさにスィースターンであり、使徒が奇跡を演じたゴンドファルネス王の宮廷とは、このクーヘ・ハージェの宮殿遺跡ガーガー・シャフルに違いないと考えられている。

これらのゾロアスター教とキリスト教が混淆した聖伝説の真偽は、今となっては確かめようがない。しかし、クーヘ・ハージェの複合拝火神殿は、次代のサーサーン王朝時代になっても大事にされたらしく、つぎつぎに神殿が増設されている様子が読みとれる。ここは、サカ族にとって、かなりの霊性を感じさせる土地だったのであろう。

クシャーナ王朝とアーリア人の宗教

サカ族を中央アジアから追った大月氏（または大月支）は、数世紀後には自分たちもそっくり同じ運命をたどり、烏孫《うそん》族によってバクトリアに押しだされて定住生活に移った。その五大翕侯《きゅう》の一つが紀元後四〇年ころに建国し、パフラヴァ王国に代わってイラン高原東部（スィースターンを除く）とインド亜大陸西北部を統治したのが、クシャーナ王朝である。しかし、このクシャーナ族の王族のルーツは、バクトリアに移住した大月氏に由来するのか、バクトリアに土着していたアーリア人の一派バクトリア人《びと》に由来するのか、曖昧なところがある。彼らがのちに使用した言語は中世東方イラン語の一種バクトリア語なので、文化的にはバクトリア人《びと》に同化していたようである。

クシャーナ王朝の統治の中心は、イラン高原東部とインド亜大陸の中間地点にあたるプルシャプラ（現ペシャーワル）及びその周辺のバクトリア（アフガニスタン北部とウズベキスタン南部のアム・ダリヤー川中流域）と推定される。この王朝は約三〇〇年間存続したのち、サーサーン王朝第八代皇帝オフルマズド二世（在位三〇二〜三〇九）の時代に独立を失い、ペルシア帝国の属領としてのクシャーノ・サーサーン王朝に変質した。

クシャーナ王朝の支配下では、多様な宗教が共存していたことが知られている。この王朝が発行したコインは、ギリシア文字を用いてバクトリアに土着のアーリア人が用いたバクトリア語を刻み、そこにギリシア系の神格、イラン高原のアーリア人の神格、インド亜大陸のアーリア人の神格、仏教の神格などをあしらっている。少なくともこれら四系統の神々を並行して祀るだけの基盤が、クシャーナ王朝支配下のイラン高原東部からインド亜大陸西北部には存在したのである。

クシャーナ王朝時代の考古学的な遺跡としては、バクトリアにあるスルフ・コタル遺跡とパンジャーブ平原にあるタキシラ遺跡が挙げられる。両遺跡とも、内部に拝火儀式用の聖域を設けていることから、イラン高原のアーリア人の拝火儀礼を受けつぐ神殿だと推測できる。しかし、この拝火壇の遺構だけで、ザラスシュトラの原始教団に所縁の遺跡と判断することはできない。

また、クシャーナ王朝時代には、インド亜大陸西北部に「マガ・バラモン」という集団が存在していたことが知られている（足利、一九四九年）。すなわち、サンスクリット語文献『バヴィシュヤ・プラーナ』によれば、彼らは西方の「シャカ族（たぶんサカ族の転訛）の地」から現れ、ミヒラ神（たぶんミスラ神の転訛）の子孫を名のって太陽崇拝を行い、ジャラサヴダ（たぶんザラスシュトラの転訛）はミヒラ神の息子であると説いたという。これが本当だとすれば、スィースターンにいたミスラ神を祀る有力な宗教集団が、マゴス神官的な名称を帯びて、ザラスシュトラ伝説を教義に織りこみつつ、サカ族の分派とともにインド亜大陸に流入していたことになる。もちろん彼らは純粋なザラスシュトラの原始教団とは区別されるべき集団であって、この事実からただちにゾロアスター教のインド進出を説くわけにはいかないが、パフラヴァ王国からクシャーナ王朝にかけての時代、かなり大規模に、イラン高原上のアーリア人の宗教集団が、インド亜大陸西北部に進出していたことは窺える。

このイラン高原的な要素を帯びたマガ・バラモンと関係あるかどうか分からないが、一二世紀にカシミールで執筆された『ラージャタランギニー』によれば、当時のガンダーラ地方には、「ガンダーラ・バラモン」という特殊なバラモン集団があった。彼らは、バラモン種姓に属するにもかかわらず、（ヒンドゥー教徒から見て）外来異民族を意味する「ムレーッチャ」と呼ばれ、姉妹と結婚する習慣があったと伝えられる。この特殊な習慣はマゴス神官団と共通するので、もしかすると、クシャーナ王朝時代の「マガ・バラモン」

の生き残りが、一二世紀になってもなおガンダーラ地方に残存していた可能性がある。

クシャーナ王朝と大乗仏教の形成

クシャーナ王朝の経済的中心であるバクトリアは、また、大乗仏教揺籃の地でもある。実際、中央アジアには一般にゾロアスター教遺跡が多いはずなのだが、この地域だけは完全に仏教遺跡に圧倒されている。上記のような「アーリア人の宗教」の痕跡も、大乗仏教遺跡に比べれば顔色ない。バルフとカンダハールを結ぶ線が仏教遺跡の西限なので、クシャーナ王朝の版図は仏教伝来最西の地である。おそらく、これ以上西では、流石にゾロアスター教の勢力が強力だったものと思われる。このバクトリアへの仏教伝来には諸説あるが、最も早い時期を想定する学説で紀元前一世紀を、普通はクシャーナ王朝時代を挙げる（Staviskij 1986）。

しかし、いかに仏教遺跡が優勢な土地といえども、バクトリアは、東イラン語の一派バクトリア語を話すバクトリア人が住む、れっきとしたイラン文化圏である。しかもこの地でこそ、仏教は大乗仏教に発展し、東アジアへ伝わる端緒をなしているのだから、ここにバクトリア人――広くいえばアーリア文化――の影響を想定するのは、イラン学者としては当然のなりゆきである。

クシャーナ王朝第四代のカニシカ王（在位一四四～一七一？）は、カシミールで第四回仏典結集《けつじゅう》を行い、大乗仏教発展の機会を整えた。この際、菩薩信仰を中心とする多神教的な教義や、極楽浄土への往生を祈願する浄土教の中に、イラン高原のアーリア人の宗教が反映していると考えられている。たとえば、未来において衆生を救済するマイトレーヤ（弥勒菩薩）の登場は、ゾロアスター教の救世主サオシュヤントの影響と推測されている（Rosenfield 1967）。そうだとすると、日本人は、広隆寺の半跏思惟像を拝みつつ、間接的にゾロアスター教の救世主を崇拝しているわけである。

また、永劫の光の中にあるアミターバ（無量光仏、無量寿仏）は、ゾロアスター教の時間神ズルヴァーンの転化ではないかと推定されている（de Mallmann 1967）。そうだとすると、浄土真宗で本尊とされる根本仏は、実はゾロアスター教ズルヴァーン主義の影響下に成立したことになる。しかし、いずれの説も極度に思弁的な考察から導かれた推論であって、確実な証拠を欠いている。

仏教の東漸とアーリア人（パルティア人《びと》、ホータン・サカ人《びと》、ソグド人《びと》）の貢献

この仏教がインド亜大陸西北部からイラン高原東北部へ抜け、やがて中央アジア経由で来華する伝道に際しても、イラン高原のアーリア人の貢献があった。記録に残っている範囲では、最初に中国に仏典をもたらして漢訳した人物は、パルティア人《びと》の安世高《あんせいこう》（一四七年来華）とされる。「パルティア」とは、通常はカスピ海東南岸一帯を指すので、安世高は、地縁か血縁でこの地域と結ばれたアーリア人だったと思われる。

以後、二〜三世紀の期間は、イラン高原東部から中央アジアにはかなりの程度まで大乗仏教が浸透したようである。たとえば、マルギアナの首都メルヴは、二世紀に比定される仏教僧院遺跡ギャウル・カラの発見地であるし、サンスクリット語の仏教写本の最西端の出土地でもある。そして、このアーリア人の宗教と仏教が混在する地域で育ったアーリア人仏教者が、以後、陸続と来華して中国に仏教を伝えた。この際、彼らは単なる仲介者の位置にはとどまらず、アーリア人の宗教観念を仏教に反映させたと思われるが、それを詳細に確証する手段はない。

四世紀になると、イラン高原東部から中央アジア西部はサーサーン王朝ペルシア帝国の支配下に入り、ゾ

ロアスター教を国教に採用するので、仏教東漸へのアーリア人の貢献は、西域タリム盆地のオアシス都市に住むホータン・サカ人《びと》、ソグド人《びと》によるものが主流になる。ホータン・サカ人《びと》とは、紀元前二世紀にスィースターンからインド亜大陸西部に達したサカ族の一部が、さらに移動を続けて、インド西北部から崑崙山脈を越えてタリム盆地南部まで達した一派と考えられている。このサカ族の分派は、最終的にはホータン周辺に居を定めてホータン・サカ人《びと》と呼ばれるようになり、サカ語で大乗仏典を多く残した。あれだけ中央アジアからイラン高原東部、インド亜大陸西部と移動を重ねて猛威を振るったサカ族であるが、彼ら固有のサカ語で記した文献となると、このホータン・サカ語の大乗仏典が最大の資料であり、剽悍《ひょうかん》な騎馬民族であった彼らが西域に定住後、いかに深く仏教に帰依したかを物語っている。なお。ソグド人《びと》については、活躍年代がサーサーン王朝時代と重なるので、次章で詳しく取りあげる。

第六節　イラン高原西部のアルメニア的ゾロアスター教
――キリスト教に消されたゾロアスター教の痕跡

ここで、イラン高原東部以東の状況から、イラン高原西部以西に目を転じよう。本節で扱うアルメニア人とは、紀元前七世紀ころに、インド・ヨーロッパ語族の一派が、小アジアのフリギュア方面からアルメニア高原に移住した人々である。このため、同じアーリア人に属するといえども、東隣にあたるイラン高原のアーリア人とは系統を異にしているし、かなり早い段階から、ペルシア人ではなくメディア人の影響を受けていたものと推測されている。

そして、アルメニア王国――自称ではハヤスタン、語源はヒッタイトか？――は、最初はアルシャク王朝パルティアの属国アルタクシアス王朝アルメニア王国（紀元前一八九〜四年？）として、つぎにはパルティアの親藩アルシャク王朝アルメニア王国（六六〜四二八年）として、約三五〇年間はパルティアの強い政治的・文化的影響下にあった。それゆえ、彼らが奉じていた「アルメニア的ゾロアスター教」は、直接の資料が皆無に等しい「パルティア的ゾロアスター教」を復元する最有力の手段と見なされている。

もっとも、近現代の研究者の分類と、本人たちの自己認識が一致するかどうかは、自ずから別問題である。当のアルメニア人たちは、四世紀という初期段階でキリスト教に改宗したという誇りが強く、それ以前の祖先の宗教がゾロアスター教であったとは容易に認めたがらない。おまけに、アルメニアの文字時代はキリスト教改宗とともにもたらされたので、キリスト教以前のアルメニア語文献は、理論上あり得ない。この資料状況でアルメニアのゾロアスター教を論じるのは、実は相当の冒険である。

アルメニア王国史

「アルメニア的ゾロアスター教」の歴史を探る前に、アルメニア王国の政治史を概観しよう。キリスト教化以前にアルメニアがもった主要な王朝は以下の三つで、いずれもアーリア系の起源をもつ。

オロンテス王朝時代（?〜紀元前一八九年）　ハカーマニシュ王朝ペルシア帝国時代には、アルメニア高原はその総督領に編入されていた。しかし、しだいに、アルタクセルクセス一世の義理の息子であるオロンタスが、在地有力者として力を付けてきた。セレウコス王朝シリア時代には、彼を祖とするオロント家が総督職を世襲し、実質的には独立王朝の観を呈した。

アルタクシアス王朝時代（紀元前一八九〜四年）　アルメニアは、しばらくオロント家の世襲総督の下でセレウコス王朝の支配下にあったが、紀元前一八九年にアルタクシアス一世（在位、紀元前一八九～一五九）の指導で完全独立を達成した。これが、アルメニア人がもった最初の本格政権、アルタクシアス王朝アルメニア王国とされる。その後、しばらく東西に分裂していたアルメニア王国を統一したのは、ティグラネス一世大王（在位、紀元前九五～五四。旧説では二世）であった。彼は、幼少年期を人質としてアルシャク王朝パルティアの宮廷で過ごしたあと、同帝国のミフルダート二世の同盟者として即位したので、アルタクシアス王朝は、彼以降に、イラン高原のアーリア人文化の大きな影響下に入った。これが、アルメニア王国のパルティア化の端緒である。

ティグラネス一世のあとは、アルタヴァズド一世（旧説では二世）が継いだ。紀元前五五年にローマのクラッススがパルティアに宣戦布告した際（八七頁参照）、彼はパルティアよりもローマに賭け、ローマに援軍を出す約束をしていたものの、パルティアのオロデス二世がすみやかにアルメニア全土を軍事占領したので果たせなかった。それのみならず、ローマ軍とパルティア軍が会戦している最中、心中穏やかならぬアルタヴァズド一世は、進駐してきたオロデス二世本人とともにギリシア悲劇を観賞する破目に陥った（第二章第三節参照）。その最中、スーレーン将軍率いるサカ族騎兵隊がハッラーンでローマ軍を撃破し、二人が臨席する劇場にクラッススの首級を投げ入れたのは、有名なエピソードである。これ以後数年間、あたりまえだが、アルタヴァズド一世は、パルティアへの内通者と疑われ、ローマから徹底的に恨まれることになった。紀元前三六年には、アントニウスのアゼルバイジャン遠征に協力したものの、これまた失敗に終わり、いよいよ恨まれたアルタヴァズド一世とその家族はエジプトへ連行され、アントニウスの愛人クレオパトラの命令で処刑された。

アルタヴァズド一世の処刑後、アントニウスの追及を逃れていた王子が即位し、アルタクシアス二世と名のった。彼は、いったんはローマ軍によって王位を追われるが、パルティアの援助によって復権し、増大するパルティアの影響下、アルメニア王位を維持した。アルタクシアス二世が親ローマ派の貴族によって暗殺されてからは、息子のティグラネス三世が王位を継いだ。ちなみに、彼は姉妹のエラトーと結婚して、共同統治体制を敷いている。彼は、全面的にパルティアの支持に依存していたので、ローマ皇帝アウグストゥスは対立候補としてティグラネス三世の兄弟を擁立し、アルメニア王国の内政に干渉し続けた。

アルシャク王朝時代（五三／六六〜四二八年）　結局、この内政干渉でアルタクシアス王朝アルメニア王国は大混乱に陥り、しばらくの間、アゼルバイジャンやポントスの地方王朝の王族がアルメニアの王位に就いた。しかし、最終的には、五三年に、アルシャク王朝パルティアのヴァラフシュ一世が、弟のティーリダートをローマ風の名ティリダテス一世としてアルメニア王位に就けた。六六年にはローマ帝国も既成事実を認め、ローマ帝国の宗主権のもとに、アルシャク王朝パルティア帝国の分家としてのアルシャク王朝アルメニア王国が成立した。パルティアが実《じつ》を取り、ローマが名を取った形での妥協である。アルシャク王朝本家が介入した時点をとれば五三年、ローマ皇帝ネロが形式的な戴冠式を挙げてそれを承認した時点をとれば六六年が、アルシャク王朝アルメニア王国の成立年代である（ちなみに、アルメニアのアルシャク王朝は、パルティアの本家への従属度が強かったのか、独自のコインを発行しておらず、歴代諸王の統治年代は非常に不明確である）。

二二四年にイラン高原でアルシャク王朝本家が滅亡し、新たにサーサーン王朝ペルシア帝国が成立すると、その余波はアルメニア王国まで及んだ。すなわち、新興のサーサーン王朝が二四四年にローマ皇帝ゴルディアヌス三世を破ると、ローマ帝国はサーサーン王朝ペルシア帝国に譲歩してアルメニア王国への保護を撤回し、同国は事実上ペルシア帝国領とされた。二五二年には、第二代ペルシア皇帝シャーブフル一世の軍がアルメニアに進駐し、アルシャク王朝は廃されて、アルメニアはペルシア帝国の藩王国となった。初代アルメニア藩王は、シャーブフル一世の長男のオフルマズド・アルダフシールである。シャーブフル一世は、アルシャク家の分家が統治するアルシャク王朝アルメニア王国に代えて、あきらかにサーサーン家の分家が支配するサーサーン王朝アルメニア王国を出現させようと企図していた（ただし、歴代の藩王がいずれも皇太子級の王族で、本国の皇帝が没するとそのままペルシア皇帝として転出している）。そのシャーブフル一世が二七二年に死去すると、初代アルメニア藩王（パフラヴィー語でウズルク・アルマン・シャー）オフルマズド・アルダフシールが第三代ペルシア皇帝に登極し、かわって弟のナルセフ皇子が第二代アルメニア藩王に就任した。

一方、カッパドキアに亡命していたアルメニア系アルシャク王家は、ローマ帝国の援助によってアルメニア王位への復権を画策していた。そして、第七代ペルシア皇帝に転出したナルセフ皇子が、オスキクでローマ皇帝ガレリウスの軍に大敗した際に、アルメニア王国の宗主権は再びローマ帝国に移管され、二九七年のニシビス条約でアルシャク家がアルメニア王位に返り咲いた。サーサーン王朝アルメニア王国は二代五〇年ほどしか続かなかったので、普通はアルメニア王国の歴代王朝にカウントしない。

しかし、このときに返り咲いたアルシャク王家は、すでにパルティア時代の伝統を継ぐアルシャク王家ではなくなり、ローマ帝国の文化的影響を強く受けたアルシャク王家に変質していた。すなわち、ローマ帝国の援助で復権したアルシャク王家のティリダテス三世（在位二九八〜三三〇、旧説では四世）は、ギリシア人司教グレゴリウスの勧めに従ってキリスト教に改宗し、ローマ帝国の軍事援助を期待しつつ、三〇一年にキリスト教をアルメニア王国の国教に定めるのである。これによって、アルメニア王国は、地上で最初にキリスト教を国教に定めた栄誉を担い、同時に、イラン高原のアーリア人文化圏を脱して地中海のギリシア・ローマ文化圏に入った。

すなわち、アルメニア王国がパルティアの影響を強くこうむったのは、ティグラネス一世大王が即位した紀元前九五年から、アルシャク王朝アルメニア王国が一時的に滅んだ二五二年までである。そして、これ以後のアルメニア王国史は、ゾロアスター教研究の観点からみれば余談にすぎない。本書第三章の時代まで話を先取りするが、四二八年、サーサーン王朝ペルシア皇帝ヴァフラーム五世は一撃でアルメニア王国を軍事占領し、アルシャク王朝のアルメニア王アルタクシアス五世を罷免して、アルメニアをペルシア帝国内の一州として併合した。これで、五三二年（または六六年）以来続いてきたアルメニア系のアルシャク王朝は終焉した。このあと、ペルシア帝国のアルメニア宗教政策は、しばらく迷走を続ける。アルメニア教会の総主教の後任には、ネストリウス派キリスト教徒が任命された。しかし、ネストリウス派がアルメニアで受けいれられなかったので、大宰相ミフル・ナルセフは、アルメニア州にペルシア的ゾロアスター教を導入する計画を立て、教会を拝火神殿に変えていった。だが、これはネストリウス派以上に激しい抵抗を呼び起こしてしまい、ヤザドギルド二世はゾロアスター教布教計画を中止している。結局、四八四年、ペルシア帝国は、アルメニアにおける宗教寛容令に同意した。これで、アルメニア州はペルシア帝国内の属州としては例外的にキリスト教信仰を認められ、西方シリア教会のキリスト教が本格的に定着したのである。

アルメニア的ゾロアスター教

このように、古代アーリア人に共通の宗教観念をもち、そのうえ約三五〇年間はアルシャク王朝の政治的影響下に置かれ続けたアルメニア王国は、必然的にその期間はパルティア文化の影響を色濃くうけることになった。イラン高原本国での資料が不足しているパルティアの宗教を知るうえでは、かけがえのない実例である。アルメニアのゾロアスター教に関する概説としては、Russell 1987参照。また、古代アルメニア文化の中のイラン的要素に注目した研究としては、Garsoïan 1995; 2010参照。

写真７　アルメニア・ガルニのミスラ神殿遺跡　アルシャク朝アルメニア王国の初代国王ティリダテス１世（１世紀）が造営したと伝わるミスラ神殿の遺跡。王家がアルタクシアス家からアルシャク家（の分家）に交代し，パルティア本国の影響が最も強まった時期の宗教建築である。ここから類推すると，パルティア本国で主流だった宗教もミスラ崇拝だったか？

ただ、「異教時代」のアルメニアの宗教寺院は、あらかたキリスト教教会に変えられてしまったので、そのままの形では残っていない。また、アルメニア人がアルメニア語を文字表記するようになったのは、キリスト教が布教されて以降で、この「アルメニア的ゾロアスター教」自体、直接の資料が残っているわけではない。隔靴掻痒の感があるが、「のちのアルメニア人キリスト教徒が、先祖のアルメニア的ゾロアスター教信仰を記述した資料」を基にして「アルメニア的ゾロアスター教」を復元しているというのが、現在の研究状況である。主なアルメニア語資料（の英訳）としては、Thomson 1976; 1978; 1982参照。

パンテオン　アルメニア的ゾロアスター教のパンテオンは、パルティア語からの借用語で表

記されるものが大部分で、イラン高原のアーリア人の宗教の強い影響下にあったことが窺える。たとえば、

アフラ・マズダー ―― 「すべての父」アラマズド

アナーヒター ―― 「貴婦人」アナヒト（古典アルメニア語には母音の長短がないので、こういう表記になる）

ミスラ ―― ミフル

ウルスラグナ ―― ヴァハグン

になっている。ちなみに、フランスの古代イラン学者アントワーヌ・メイエの見解では、アルメニア高原では、原始教団の口承「アベスターグ」は知られていなかったとされる。これが正しいとすると、キリスト教以前のアルメニアの宗教は、広い意味での古代アーリア人の民族宗教で、かならずしもゾロアスター教とは特定されない。

むしろ、キリスト教以前のアルメニア人の信仰の中では、ミスラ＝ミフルが主神的な位置を占めていた可能性が高い。たとえば、上述のティリダテス一世がガルニに建造した神殿はミスラ神に捧げられており、彼はネロ帝を「ミスラ神のごとく崇める」と宣言している。また、キリスト教時代のアルメニアでは、異教の神殿をメヘアンと称している（イスラーム期のゾロアスター教徒たちも、自らの拝火神殿をダレ・メフルと呼んでいる）。ちなみに、前出のミスラ教研究者キュモンの解釈では、アルメニアの聖人グレゴリオス崇拝はミスラ信仰の後継形態であるとされる（Cumont 1937）。

宗教儀礼　宗教儀礼の点では、アルメニア人はペルシア的なゾロアスター教とは異なるパルティア的なゾロアスター教の遺産を豊富に引き継いでいる。まず、アルメニア人は、サーサーン王朝時代のアーリア人の曝葬とは異なって、土葬を行っていた。ちなみに、王家の墓地はアニ（現在のトルコ東部）とバガワンにある。

また、彼らは、神々の偶像を作成し、バギンと呼ばれる偶像神殿に安置していた。これは、サーサーン王朝時代のペルシア的ゾロアスター教のもとで弾圧されたゾロアスター教偶像崇拝の名残で、このアルメニア的ゾロアスター教と、東方に伝播したソグド的ゾロアスター教（第三章第七節参照）のみがその痕跡を伝えている。

最近親婚　アルメニア人は、マゴス神官団やペルシア的ゾロアスター教徒と同様に、最近親婚を実践していたとされる。前述のように、アルタクシアス王朝のティグラネス四世が、姉妹のエラトーと結婚し、共同統治を行っていた記録がある。この最近親婚はアルメニア人の間で根強く広まっていたようで、単性論派キリスト教が普及したのちも、この生活習慣は変わらなかった。このため、三六五年には、キリスト教の司教・聖ネルセス一世が、アシュティシャトのキリスト教宗教会議で、最近親婚を禁じる法令を出している。しかし、この習慣は、アルメニア人の間ではロシア革命前夜まで続いたらしい。

ゾロアスター教カレンダー　古代アルメニア暦は、上述のゾロアスター教カレンダーを基に作成されたと考えられている（Schmitt 1985）。月名や日名はかならずしも一致しないが、大枠の部分や重要な祭日などは、ほぼハカーマニシュ王朝時代に作成されたゾロアスター教暦を踏襲している。同様のことは、推定復元されたグルジア暦（ジョージア暦）についてもいえるので（Gippert 1988）、この地域はハカーマニシュ王朝以来、少なくともゾロアスター教暦に即した年間行事のサイクルで動いていた。

終末論　アルメニア的ゾロアスター教の終末論では、ヴァン湖（トルコとイランの国境にある）の畔の洞窟に潜むミスラ神が、世の終わりに到来して正義の建て直しを行うことになっている。これは、神聖ローマ皇帝フリードリヒ一世バルバロッサ（在位一一五五～九〇）がテューービンゲン州キフホイザー山中で眠り続け、ドイツ復活の日に甦るとされる中世ゲルマン伝説に酷似している。おそらく、ゾロアスター教以前の古代アーリア人の宗教に淵源する同祖の伝説であろうと推定されている。また、アルタクシアス王朝アルメニアの第五代王アルタヴァズド二世（在位、紀元前五五〜三六）についても同様の伝説があり、彼は、アルメニア的ゾロアスター教徒からは世界の終末における英雄、キリスト教徒からは悪魔の化身と捉えられていた。

太陽の子供たち　アルメニア人の信仰は、後年にキリスト教に転換したが、彼らの中でアルメニア的ゾロアスター教に忠実なグループは、「アレウォルディク（太陽の子供たち）」を名のって、キリスト教への改宗に応じず、ズラダシュト（ザラスシュトラ）を信仰していたとされる。

一四世紀の段階で、メルディン（現在のトルコ東南部）には、四つのアレウォルディク村落があったとの伝承があるが、トルコ人によるアルメニア人大虐殺（一八九六〜一九二二年）で壊滅したとされる。この「太陽の子供たち」が現在まで生きのびていれば、古代アーリア人の宗教を伝える得難いサンプルになったはずである。

＊　＊

以上、パルティアの宗教状況を知るうえでは第一級の重要性をもちながら、実はそれ自体よく分かっていないキリスト教以前のアルメニアの宗教を、キリスト教アルメニア語文献の研究に即して概観した。研究上は、この隘路を突破する方法が一つだけある。隣国グルジア（ジョージア）の考古学資料——こちらは文献資料に乏しいが、考古学資料が豊富である——の活用である。ただし、コーカサス諸国全域の古代文化を追求する研究スタンスをとると、ハカーマニシュ王朝やアルシャク王朝の時代をはるかに飛び越えて、アナトリア〜コーカサスで栄えたフルリ人（紀元前二五世紀〜）、ヒッタイト帝国（紀元前一五世紀〜）、ウラルトゥ

（紀元前九世紀～）の時代にまで研究視野が拡大する可能性がある。それらとアルメニアやグルジアをつなぐ証拠があればよいのだが、無いとしたら、これはこれで――おそらく証明不可能な――政治的大コーカサス主義に行き着く結果にしかならないだろう。

第三章　サーサーン王朝ペルシア帝国での国家宗教としての発展（三〜一〇世紀）

第一節　ペルシアの神官皇帝の登場――神々の末裔の帝国

サーサーン王朝ペルシア帝国の建国

アルシャク王朝が内憂外患あいついで末期状態を呈していた二〇〇年代初頭、ペルシス地方王朝内部も重大な局面を迎えていた。アレクサンダー大王以来、ペルシア地域では土着の君侯による自治が認められていたのだが、アルシャク王朝の統制が緩んだのに乗じて、君侯同士の内紛が始まったのである。イスラーム時代の歴史家タバリー（八三八〜九二三）によれば、ペルシア州西部のスタフル城（現在のエスタフル）にあるアナーヒターー女神の拝火神殿（アラビア語でバイト・ナール・ナーヒード）の神官サーサーンは、ペルシア州東部のダーラーブギルド城を居城とするバーズランギー家のゴーチフル王の娘ラーム・ベヘシュトを娶り、恭順の意を表していた。

このサーサーン家とバーズランギー家について詳しいことは不明だが、サーサーンは孫のアルダフシールが一五歳（ゾロアスター教では成人の年）になった時、神官としての研鑽のためにダーラーブギルド城に送りだしたとされるので、両家とも神官階級に属しつつ世俗領主でもある家柄だったらしい。以後の歴史に照らして考えると、このバーズランギー家がペルシス地方王朝の君主にあたり、サーサーン家はその配下の一領主であったかと思われる（ただし、バーズランギー家が発行した貨幣などは見つかっていないので、この一族の詳細は不明である）。タバリーによると、サーサーンとラーム・ベヘシュトの間に生まれた息子がパーバグであり、その長子がシャーブフル（古代ペルシア語クシャヤーシヤ・プスラのパフラヴィー語形）、次子がアルダフシール（古代ペルシア語アルタクシャサのパフラヴィー語形）である。以後、パーバグから派生した一族は、サーサーンを始祖と仰ぎ、サーサーン家と名のるようになる。のちのパイクリ碑文などで、パーバグが建てた国家を「パーバグ王朝」ではなく「サーサーン王朝」と称するのは、このような理由による（ただし、シャーブフル一世のナクシェ・ロスタム碑文では、サーサーンを「フワダーイ＝卿」、パーバグを「シャー＝王」と呼んでいるので、両者の地位にある程度の差があることを認めていたようである）。

二〇五〜二〇六年ころ、理由は定かではないものの、パーバグは外祖父であるゴーチフル王に対して造反した。彼は、ゴーチフル王の殺害とバーズランギー家からの奪権闘争に成功したあと、本拠地であるスタフル城を長子シャーブフルに統治させ、新たに奪ったダーラーブギルド城を次子アルダフシールに与えて、ペルシア全域を手中に収めたとされる。当時アルシャク王朝は、既述のようにメソポタミア平原を支配する兄王ワラガシュ六世とイラン高原西部（ペルシア地域が離脱したので、このときにはメディア地域しか残っていなかったはずである）を支配する弟王アルタバーン四世との間で内戦状態にあった。パーバグは、弟王の方に使臣を送り、バーズランギー家に代わるサーサーン家のペルシア地方支配と、長子シャーブフルの王号を承認するように要請した。アルタバーン四世はこれを拒絶したらしいが、兄王との内戦、カラカラ皇帝率いるローマ帝国軍の侵攻などに忙殺され、パーバグ追討の余裕はなかった。アルタバーン四世が荏苒《じんぜん》日を空しく過ごすうちに、パーバグは立て続けに既成事実を積み重ねていったようで、のちのサーサーン王朝暦（ビーシャープール碑文で用いられている）では、スタフル起義が行われた二〇五〜二〇六年を王朝創建の年としている（ただし、パーバグが打刻した貨幣も碑文も知られておらず、後世の研究者からすると、自らの名入り貨幣を発行し、碑文を彫ったアルダフシールの方が初代皇帝と認識されている）。

二一二年にパーバグが死去すると、今度はペルシア州内部で長子シャーブフルと次子アルダフシールの間で内戦が勃発し、イラン高原はアルシャク家とサーサーン家の二重の兄弟戦争に見舞われた。しかし、アルダフシールの幸運――または軍事と謀略の才――は他を圧していたらしく、同年中に兄シャーブフルが天井落下で不審な死を遂げ、アルダフシールが単独でペルシア王となった（哀れ兄シャーブフルは、貨幣を発行しているにもかかわらず、サーサーン王朝歴代皇帝の中に算入されていない）。その後、彼は、兄王の記憶が残るスタフルを嫌ったのか、スタフル南方にダーラーブギルドと同じ設計思想に基づく円形都市アルダフシール・ファッラフを建設して、ここをペルシア州の新首都と定めた。

ペルシア州の内政を整えたアルダフシールは、続く二二三年にはアルシャク家の兄王ワラガシュ六世を敗死させ、翌二二四年四月二八日（この年は、シャーブフル一世のビーシャープール碑文で確認できる）には、オフルマズダガーン会戦（この古戦場の位置については、フーゼスターン説、スパハーン説、メディア説の三説がある）でアルシャク王朝最後の王アルタバーン四世を破って、「ペルシア皇帝＝シャーハンシャー」を名のった。アルダフシールは神官階級出身なので高徳の宗教者かと想像すると、実際にはそうでもなかったらしく、討ちとったアルタバーン四世の首級を父祖伝来のスタフルの拝火神殿に捧げ、アナーヒターー女神に奉納したと伝わっている。この短期間での一連の勝利によって、アルダフシールはメソポタミア平原を制圧してテースィフォーン（クテスィフォン）に入城し、数年以内に旧アルシャク王朝領とイラン高原の地方王朝領をつぎつぎに併合した。二二六年には、「アレクサンダーに敗れたダーラー・イブン・ダーラー（ダーラヤワウシュ三世）の復仇」を呼号してテースィフォーンで戴冠式を挙行し（ちなみに、この行為によって、サーサーン王朝の開創時期についても、二〇六年説、二二四年説、二二六年説の三説が出現することになった）、最後まで抵抗していたアルシャク王朝の親藩アルメニア王国も二四七年までに帰順したので、これによって地方分権的なアルシャク王朝に代わり、中央集権的な統治体制をもつサーサーン王朝ペルシア帝国が建国された。これが、アルシャク王朝パルティアからサーサーン王朝ペルシアへの、アーリア人の王朝交代である。

ここでアルダフシール一世が新しく打刻した貨幣は、アルシャク王朝のコインと比べ、デザインを一新している。表面には、麗々しくも「マズダー崇拝の君主」と刻み、裏面にはアルダシールの聖火と思われる火を模している（Alram and Gyselen 2003）。また、同時期にナクシェ・ロスタムに造営したレリーフ（一三四頁写真8参照）では、自らは馬上でアルタバーン四世を踏みつけつつ、同じくアフレマンを踏みつけているオフルマズドから王権の象徴である光輪を授けられている（Canepa 2009）。これらの同時代証拠によって、アルダフシール一世が新国家建設に賭ける意気込みを知ることができる。

サーサーン王朝史研究に関しては、長らくコペンハーゲン大学のアルトゥール・クリステンセン（一八七五～一九四五）の Christensen 1944が標準的概説書の位置を占めていたが、近年、カリフォルニア大学アーバイン校のトウラージ・ダルヤーイー（一九六七～）の Daryaee 2009が出版され、これに代わった。また、サーサーン王朝期のゾロアスター教概説としては、イェルサレム・ヘブライ大学のシャウル・シャーケード（一九三三～）の Shaked 1994を参照。

神々の末裔、アーリア人の神官皇帝

アルダフシール即位の際に用いられた「サーサーン王朝ペルシア皇帝＝シャーハーンシャー」の概念は、①原始アーリア人以来の拝火思想・民族主義、②アルシャク王朝以降のアーリア人の神聖王権観念、③サーサーン家に固有の世襲神官としての立場の混合物とされる。

まず、サーサーン王朝では、皇帝の即位年は「皇帝の火の年」と呼ばれ、「皇帝の即位」は「皇帝の火の建立」と同一視された。この点では、牧畜を行っていたころの原始アーリア人以来受けつがれてきた「家長の火」の観念が、サーサーン王朝時代まで残ったといえる。このようにアーリア人の伝統を尊重する姿勢は、前代のアルシャク王朝と比べても顕著で、サーサーン王朝皇帝は、現在のイラン高原を中心とする地域を「エーラーン・シャフル」（パフラヴィー語で「アーリア人の国」）と称し、「エーラーン人」（パフラヴィー語で「アーリア人」）の指導者としての立場を鮮明に打ちだしている。この時期に、実際に「純粋なアーリア人」が存在したかどうかはともかく、「アーリア人の血統」という理念は有効だったらしい。そして、この民族意識が、セム民族系のユダヤ教やキリスト教を排し、アーリア人の原始思想の中から立ち現れてきたゾロアスター教を支持する強力な誘引になったことは想像に難くない。

つぎに、サーサーン王朝ペルシア皇帝が盛んに造営した碑文では、自ら「神々の末裔」と名のり、アルシャク王朝から引きついだ神聖王権の観念を表している。たとえば、アルダフシール一世は、ナクシェ・ロスタム碑文で「マズダー崇拝の神（主）、アルダフシール、エーラーンの皇帝、神々の末裔（Māzdēsn Bay Ardaxšīr, Šāhānšāh az Ērān, čihr az Yazadān）」と自称しているし、息子で第二代皇帝のシャーブフル一世は、ナクシェ・ラジャブ碑文で「マズダー崇拝の神（主）、シャーブフル、エーラーンと非エーラーンの皇帝、神々

地図７　パーバグ, アルダフシール1世, シャーブフル1世の3代のオリエント征服とサーサーン王朝ペルシア帝国の建国（3世紀）

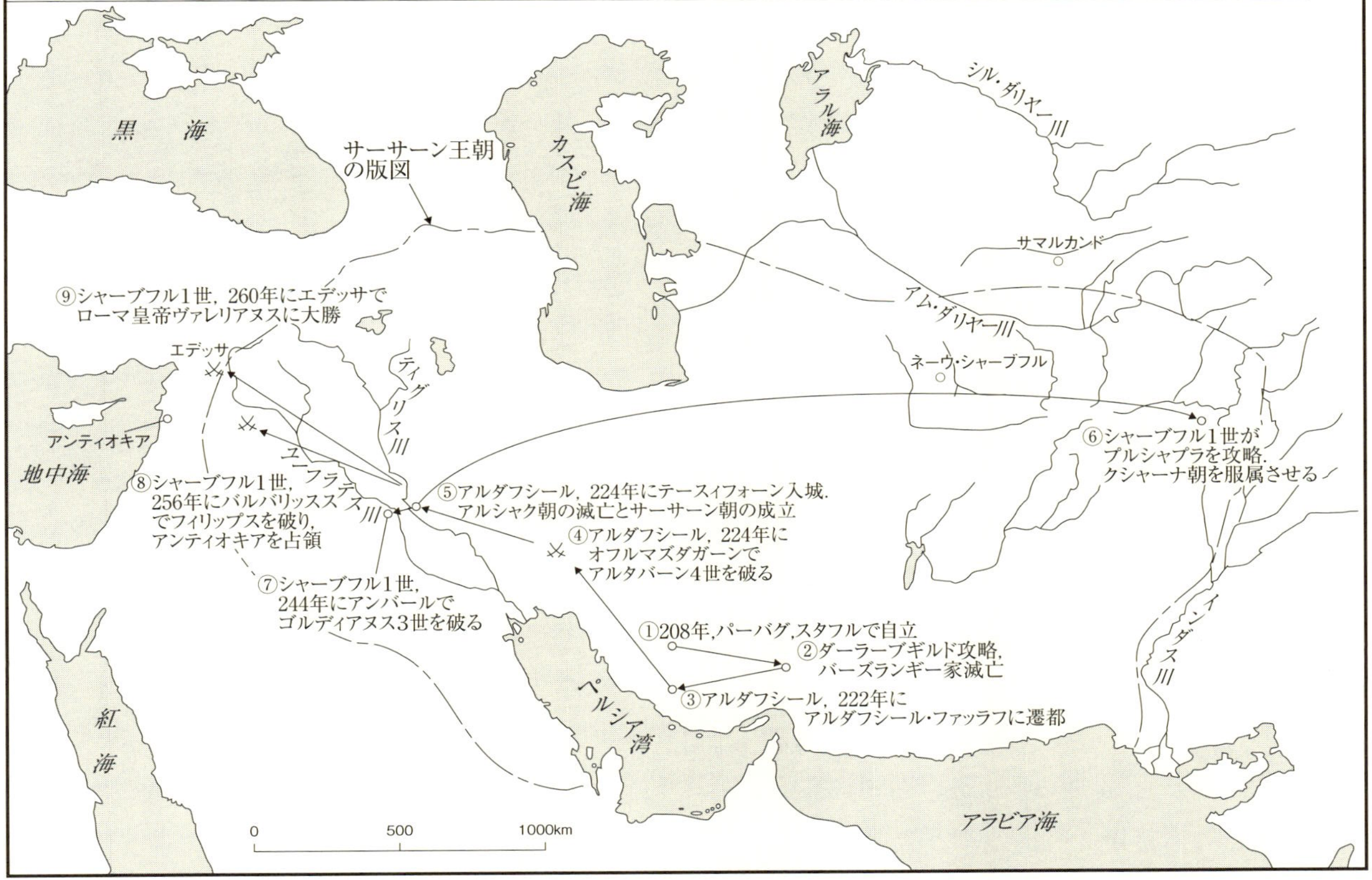

写真8　ナクシェ・ロスタムのアフラ・マズダー（右）とアルダフシール1世（左）レリーフ　サーサーン王朝の皇祖アルダフシール1世は，支配権を固めたあと，ハカーマニシュ王朝の4人の皇帝たちのダフマがあるナクシェ・ロスタム（ペルセポリス近郊）に，自らがアフラ・マズダーから支配権の象徴フワルナフ（光輪）を授かるレリーフを彫らせた。サーサーン王朝は，少なくともレリーフを彫る地点の選定では，ペルシア州発祥の前王朝ハカーマニシュ王朝を強く意識していたようである（著者撮影）

の末裔（Māzdēsn Bay Šābuhr, Šāhānšāh az Ērān ud Anērān, čihr az Yazadān）」といっそう凝った称号を名のっている。この「神々の末裔」意識は、後の皇帝になるとさらにインフレを起こして、つぎつぎに仰々しい称号を生み出すことになる。

最後に、サーサーン王朝ペルシア皇帝は、幼少期には神官としての訓練を受け、長じてからは神官と皇帝を兼任したとされる。たとえば、初代皇帝アルダフシール一世が「マゴス神官団によってイニシエーションを受け、自らもマゴスの儀式を執行していた」との記録や、第一五代皇帝ヤザドギルド二世が「自ら白牛と白牡鹿を犠牲獣として神に捧げた」などの記録が残っている。ただ、自身が「神々の末裔」であるとの神聖王権観と、神に犠牲獣を捧げる神官としての立場がどのように両立したのかは興味ある問題であるにもかかわらず、この点に関しては記録は沈黙している。

以上のような特徴をもつサーサーン王朝皇帝は、ハカーマニシュ王朝やアルシャク王朝の君主とは異なる概念なので、単なる「ペルシア皇帝」ではなく、聖俗の最高権威を兼ね備えた「神官皇帝」と呼ぶべきだと思う。ビザンティン帝国が皇帝教皇主義を打ちだすかなり以前に、サーサーン王朝は類似のイデオロギーと統治体制を完成していたのである（サーサーン王朝の政教一致体制については、Pourshariati 2008参照）。ただ、外面的な政治体制の整備が先行して、その理論的背景となるべきゾロアスター教思想の整備があとから追いかける状態だった点が、ビザンティン帝国とキリスト教の関係とは異なっている。

アルダフシール一世の宗教政策

このような神官皇帝の統《す》べるサーサーン王朝の建国に伴い、アルダフシール一世に仕える神官トーサルは、ペルシア地域で形成されたタイプのゾロアスター教をエーラーン・シャフル全土に布教する活動に着手した。アルシャク王朝時代に設置された各地の多様な聖火を聖別しなおし、サーサーン王朝公認の聖火に置き換えたのである。このように聖火の正統性にこだわったところは、拝火神殿の神官出身であるサーサーン王朝帝室にふさわしい姿勢であった（de Jong 2006）。また、当時のタバリスターン州の支配者に宛ててアルダフシール一世の宗教政策の正統性を説いたトーサルのパフラヴィー語書簡が、アラビア語から近世ペルシア語への重訳の形で伝わっている（Boyce 1968。ただし、この書簡の成立年代は、フスラウ一世時代とする偽作説もある）。

また、前代のセレウコス王朝〜アルシャク王朝時代に普及していたギリシア的な偶像崇拝に対しても、アルダフシール一世は厳しい態度で臨んだ。しかし、各地の偶像神殿の中に祀られた偶像を聖火に置き換え、拝火神殿として再生させようとの「ヘレニズム的偶像破壊運動」は、アルダフシール一世の一代では果たされなかった。マスゥーディーによると、何よりもまず、当のサーサーン王家伝来のスタフル拝火神殿にも、

写真９　アルダフシール・ファッラフの宮殿遺跡　円形都市の中心ではなく，都の北郊に造営された宮殿（なぜ，王宮が都の外にあるのか，よく分からない）。おそらく，アルダフシール１世自身の王宮である。建物自体は，20～30ｍ規模の高さのエイヴァーン（アーチ）をいくつも組み合わせた豪壮なもの（著者撮影）

偶像が安置されていたと伝わるのである。また、古いアルメニア語文献では、パフラヴィー語から借用されたとみられる「偶像＝Bašn」、「偶像神官＝Bašnbed」の語が確認されているし、ソグド語文献でも、それにあたる「偶像神官＝バギンパトゥ」の語が使用されているので、偶像崇拝の動きはセレウコス王朝～アルシャク王朝時代にイラン高原に相当深く根を下ろしていたらしい。

結局、この「ヘレニズム的偶像破壊運動」は、かなり後世のフスラウ二世時代までもちこされ、六世紀になってやっと「拝火神殿（Ātaxš-kadag）」が「偶像神殿（Uzdēs-kadag）」にとって代わったようである（Boyce 1975）。このため、六～一〇世紀に作成された現存のパフラヴィー語文献には、「偶像」とか「偶像神官」といった単語はいっさいでてこない。しかし、このように長く尾を引いたゾロアスター教の偶像崇拝の一端は、近年の研究によって、六～八世紀に西域から中国華北地方に流入したソグド人ゾロアスター教徒の遺物から、ある程度まで類推できるようになった（本書第三章第七節）。

以上のようなアルダフシール一世の宗教政策に伴い、ペルシス地方王朝の下で保存されていたペルシア的なゾロアスター教とその神官団が、エーラーン・シャフル全域に広まった。イラン高原のアーリア人史上初めて、組織化された神官団が全土を覆い、「政治的中央集権／文化的一元主義」の国家が現れてきたのである。イスラーム期のアラビア語資料ではあるが、『アルダフシール一世の金言』との書物が、彼の名言「デーンと王権は双生児」を伝承している（Abbās 1967参照。ただし、アルダフシール一世は無闇やたらと金言を残したとされており、これが本物であるとの保証はない）。この段階で、ペルシア伝来のゾロアスター教がサーサーン王朝ペルシア帝国の「国教」に昇格したといえる。しかし、「国教」になったはずのゾロアスター教の教義は、外面的な拝火儀式や神官団組織をのぞけばカオス状態であり、これをどう整備するかはアルダフシール一世の後継者に課題として遺されたのである。

第二節　異端・異教の挑戦――ズルヴァーン主義・マーニー教・東方シリア教会

シャーブフル一世によるエーラーン・シャフル拡大

二四〇年四月一二日、アルダフシール一世が譲位して、皇太子シャーブフル一世が第二代皇帝として父の鴻業《こうぎょう》を継いだ（ただし、アルダフシール一世は死去したのではないらしく、このあと二四二年二月までは共同統治者としてシャーブフル一世を後見している）。シャーブフル一世の時代は、アルダフシール一世が「エーラーン（アーリア人）の皇帝」だったのに対し、「エーラーンと非エーラーンの皇帝」の称号をとったように、支配領域をアーリア人の居住地域から東西の非アーリア人の居住地域まで拡大した時期であった。

正確な記録は残されていないが、シャーブフル一世の外征活動の最初の標的は、東方のクシャーナ王朝だったと推定される。すでにアルダフシール一世の段階で、スィースターンを支配するスーレーン家は服属していたので（ちなみに、これによってスーレーン家は帝国第一の貴族として生き残った）、イラン高原東部にあって豊かなバクトリア――このころはトハーリスターンと呼ばれていた――を支配していたクシャーナ王朝が標的になったものと思われる。シャーブフル一世は、アルシャク王朝末期以来自立していたトハーリスターンの土侯たちをつぎつぎに帰順させて東進し、クシャーナ王朝のヴァースデーヴァ王の軍隊を完膚なきまでに撃破して、首都プルシャプラを占領したと伝わる。このときは、クシャーナ王朝はカーブル周辺を支配する小王国として存続を許されたものの、昔日の勢威は回復せず、四世紀初頭には「クシャーン・シャー」というサーサーン一族を戴く親藩領「クシャーノ・サーサーン王朝」になり下がってしまい、ついにはそれさえも許されずにサーサーン王朝ペルシア帝国に併合される運命を迎えた。また、別働隊は、アルダフシール一世時代に帰順したメルヴをさらに越えて、遠くサマルカンドやタシケントまで達したとされる。これによって、サーサーン王朝ペルシア帝国は、イラン高原全域に加えて、インド亜大陸西北部から中央アジアまで版図に組みこむことになった。この際に、シャーブフル一世は、イラン高原東部の首府として、新たに「ネーウ・シャーブフル＝勇敢なるシャーブフル」を建設している。

西部国境では、ローマ帝国との衝突がメインとなった。イラン高原は、アーリア人の居住地域ではあっても農業生産力に劣り、王朝発祥の地スタフルやアルダフシール・ファッラフといったペルシア州内の諸都市は、サーサーン王朝全域の首都としては適さなかった。これに対して、メソポタミア平原はセム系民族の居住地域ではあるが農業生産力が高く、その中枢テースィフォーンはサーサーン王朝にとって格好の帝国首都だった。そして、このメソポタミア平原から少し西北に目を移すと、シリアにはローマ帝国が進出しているのである。サーサーン王朝としては、帝都の安全保障のためにも、メソポタミア〜シリア国境地帯でのローマ帝国との衝突は避けられなかった。

このため、シャーブフル一世は、ローマ帝国と三次にわたる大戦争を起こしている。

第一回は、二四四年、テースィフォーン近郊まで侵攻してきたローマ皇帝ゴルディアヌス三世（在位二三八～二四四）を、アンバールにおける純粋に防御的な戦闘で破り、彼を戦死に追いこんだ時期である。新帝フィリップス（在位二四四～二四八）は、五〇万ディーナールの賠償金を支払って撤退した。アルシャク王朝時代にはなかなか勝てなかったローマ帝国軍を撃退したことに感激したシャーブフル一世は、戦場となったテースィフォーン近郊の小村落に「ペーローズ・シャーブフル＝勝利のシャーブフル」の名を下賜《かし》して、この勝利を祝った。

写真10　ナクシェ・ロスタムの２基組み拝火檀　ハカーマニシュ王朝時代，サーサーン王朝時代共通の聖地ナクシェ・ロスタムにある２基組み拝火檀。おそらく，サーサーン王朝時代に造営されたもの。聖域に入るための結界として，日本の神社の「鳥居」に似た宗教的機能を果たしていたと考えられる（著者撮影）

第二回は、二五三～二五六年、向背定まらないアルメニア王国の処遇を巡ってローマ帝国と決裂し、シリア方面で積極的な攻勢にでた時期である。シャーブフル一世はバルバリッススの戦闘でローマ帝国軍に大勝し、北シリア一帯を軍事占領して、ローマ皇帝ヴァレリアヌス（在位二五三～二六〇）との間で有利な講和条約を結ぶことに成功した。これによって、アルメニア王国はサーサーン王朝の属国となり、ローマ帝国との国境線を好条件で確定することができた。また、副産物として、シリアの首府アンティオキアを占領した際に獲得したローマ軍捕虜をフーゼスターンに連行して、新都市「ウェフ・アンティオーク・シャーブフル＝アンティオキアより優

写真11　バイ・シャーブフルのシャーブフル１世戦勝レリーフ（馬上がシャーブフル１世，その馬前で跪くのがヴァレリアヌス）　バイ・シャーブフルは，サーサーン王朝第２代皇帝のシャーブフル１世が，テースィフォーンと並ぶ帝都として，ペルシア州西部に造営した新都。その東のタンゲ・チョウガーンの谷には，シャーブフル１世の対ローマ戦勝を記念して，いくつものレリーフが彫られた。これはそのなかの１つで，戦勝の栄光に輝くシャーブフル１世が，260年のエデッサ会戦で捕虜としたローマ皇帝ヴァレリアヌスを跪かせているシーン（著者撮影）

れたシャーブフル」を建設している。これが、のちのフスラウ一世時代にペルシア帝国におけるヘレニズム文化研究の中心となったグンデー・シャーブフルの街の濫觴《らんしょう》である。

第三回は、二六〇年、国境地帯のシリアの街エデッサ近郊の会戦で、ローマ皇帝ヴァレリアヌス本人を捕虜にする殊勲を挙げ、合計七万人に及ぶローマ人捕虜を獲得した時期である。このときは、捕虜をペルシアに連行して、アルダフシール・ファッラフとテースィフォーンを結ぶ幹線道路上に、新たなペルシアの首府「バイ・シャーブフル＝神なるシャーブフル（またはウェフ・シャーブフル＝善なるシャーブフル）」を建設し、アナーヒター女神の神殿と隣りあわせの壮大な宮殿を造営した。結局、バイ・シャーブフルはペルシア州の新首府としては定着せず、州内の五大管区都市の一つにとどまったが、二〇世紀にこれを発掘したフランスの考古学者は「サーサーン王朝のヴェルサイユ

図表5　サーサーン王朝ペルシア帝国の神官皇帝の系譜

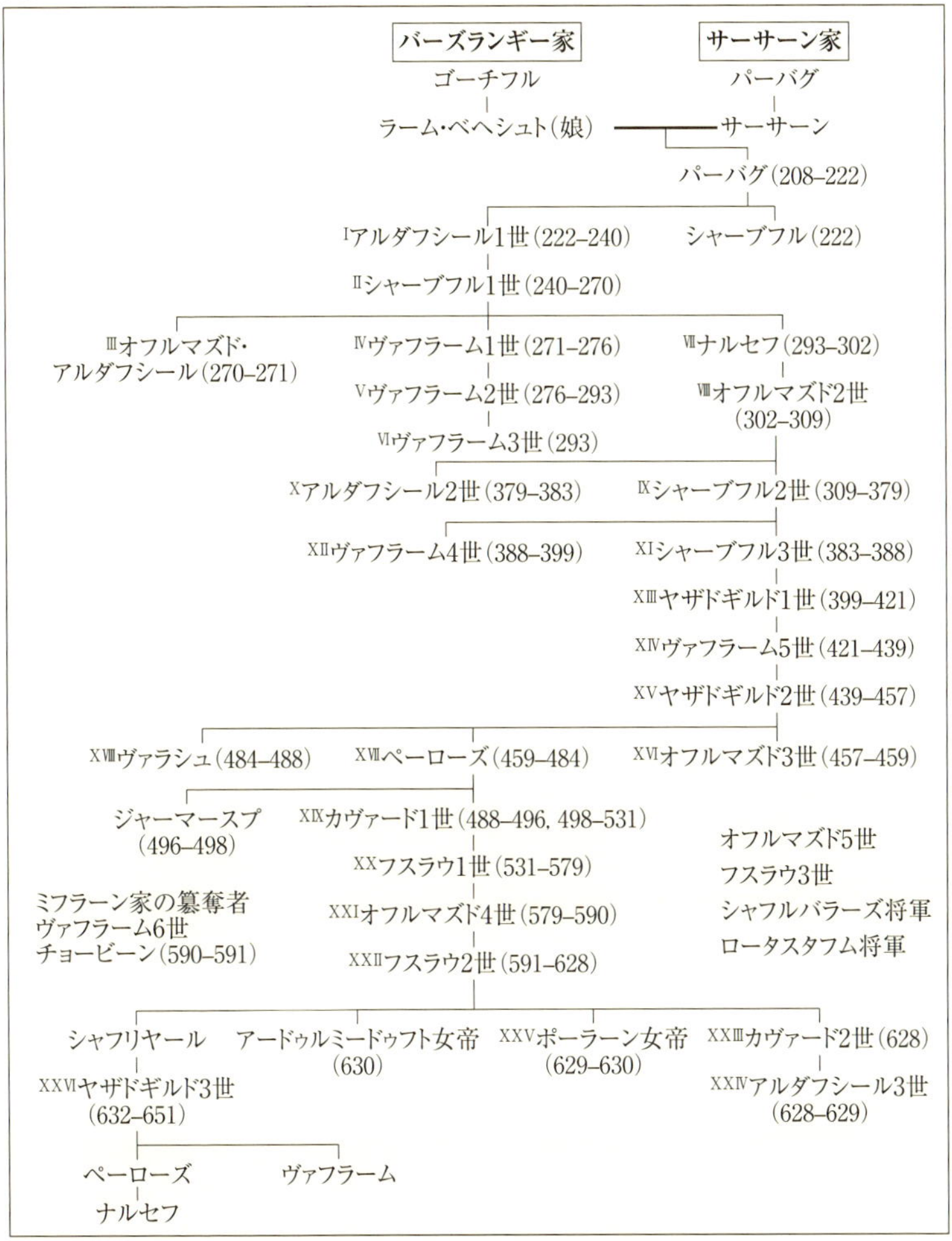

人名表記はパフラヴィー語による。カッコ内は統治年代。ローマ数字はサーサーン王朝皇帝としての代数。サーサーン王朝皇帝としての代数は，以下の点で不明確な要素を含む。①サーサーン王朝の暦では，パーバグ独立の年である206年を起点としているケースもあり，彼ら自身の意識の中では「スタフル起義」を王朝樹立の発端としていた可能性が高い。この場合，パーバグが初代王になる。②アルダフシール１世は，ペルシア王としては222年に即位。ペルシア皇帝としては226年に即位したとして区別される。③カヴァード１世を２回登極したとカウントして，第19代，第21代とするか。それとも，弟のジャーマースプの第20代皇帝としての即位を認めずに，カヴァード１世を第19代とだけ数えるか（カヴァード１世は，大貴族たちによって幽閉された後，エフタルの援助を得て復位している）。④簒奪者ヴァフラーム６世チョービーンを第22代として含めるかどうか（ミフラーン家出身のヴァフラーム・チョービーンは，サーサーン王朝皇室の出身ではないので，カウントしない方が一般的である）。⑤フスラウ２世没後の混乱期に現れたオフルマズド５世，フスラウ３世，シャフルバラーズ将軍，ロータスタフム将軍などをどうカウントするか

宮殿」とまで讃えているので、昔日のシャーブフル一世の栄光のほどが偲ばれる(Ghirshman 1971)。また彼は、このエデッサ会戦での勝利を記念すべく、ペルシア州内のナクシェ・ロスタム、バイ・シャーブフル、ダーラーブギルドの三箇所に、馬上勝利に輝くシャーブフル一世本人と馬前に跪《ひざまず》くヴァレリアヌスのレリーフを彫らせた。

ちなみに、ヴァレリアヌスはローマへの帰還が叶わず、とうとう異郷ペルシアの地で没した。アルダフシール一世がアルタバーン四世の首級をスタフルの拝火神殿に奉納したのに対し、シャーブフル一世はヴァレリアヌスの遺体の皮を剝いで中に藁を詰め、人形にしてバイ・シャーブフルに飾っておいたと伝わる。のちにここを訪れたローマ帝国の使節が、謁見の間の家具と化したヴァレリアヌスそのものを目撃し、驚愕して本国に報告している。

こうして、ローマ帝国に連戦連勝したシャーブフル一世は、二六二年には皇太子オフルマズド・アルダフシールをアルメニア王に任命し、これを親藩化して、西部国境地帯を完全に安定させた。シャーブフル一世は二七〇年五月に病死したが、彼がこのようにセム系民族の住まうメソポタミアから内陸シリア、及びインド・中央アジアまでを版図に組みいれたことで、宗教的には実に手強い敵手をエーラーン・シャフル内に招きいれる結果にもなったのである。以下では、この版図拡大に伴う①ズルヴァーン主義、②マーニー教、③キリスト教のエーラーン・シャフル進出を概観しよう。

①ズルヴァーン主義

ズルヴァーン主義の問題　サーサーン王朝初期の宗教事情の特徴として、ズルヴァーン主義の伸張がある。

このズルヴァーン主義とは、善と悪は時間の神ズルヴァーンから生まれた双子の存在であると説いた拝時教であるが、ズルヴァーン主義サイドからの文献が残っていないので、厳密にいえば何を説いたか不明である。しかし、ギリシア語・ラテン語・シリア語・アルメニア語・アラビア語といった周辺の外国語資料では、実にしばしば言及されるから、紀元前四世紀以降の小アジアからシリア、メソポタミアにかけての地域では、アーリア人の宗教——かなり確実にゾロアスター教の主流——として実在していたと考えられる。

後期『アベスターグ』の段階から、時間を「有限時間（ズルワン・ダルゴー）」と「無限時間（ズルワン・アカラナ）」に分ける発想自体は存在していたものの、ほとんど重要性をもたなかった。これをパフラヴィー語で「有限時間（ズルヴァーン・カナーラゴーマンド）」、「無限時間（ズルヴァーン・アカナーラグ）」と呼び慣わし、ゾロアスター教の宇宙論全体に関わるような重要性を付与するにあたっては、相当の理由がなくてはならない。ケレンスによれば、アフラ・マズダーの至高性を強調し、実際の悪との戦闘を他の神格に委ねるために、あえて世界を「アフラ・マズダーのまします悠久のズルヴァーン・アカナーラグ」と、「他の神格が悪と戦っているズルヴァーン・カナーラゴーマンド」に分割する必要があったのだと説明される（Kellens 2001）。これ以外に、インド思想のカーラ（サンスクリット語で時間）やギリシア思想のアイオーン（ギリシア語で時間）など、イラン以外の外部思想の影響を指摘する場合もある。

外国語文献におけるズルヴァーン主義への言及がひときわ多くなるのが、サーサーン王朝初期から五世紀にかけての時期である。マーニー直筆の唯一のパフラヴィー語文献『シャーブフラガーン』（一四八頁参照）でも、ズルヴァーンが最高神の名称として言及されているので、実際にサーサーン王朝宮廷ではズルヴァーンを最高神として崇拝していた可能性が高い。しかし、九〜一〇世紀のパフラヴィー語文献ではズルヴァーン主義に関する既述がまったく削除されており、当時の実情は闇に包まれている。

これを一個の独立した宗教と想定した研究としては、オックスフォード大学のゼーナーのZaehner 1955を参照。これに対し、単なる古代イラン神話の一形態だとするのがイェルサレム・ヘブライ大学のシャーケードのShaked 1992である。仮に前者だとすると、九〜一〇世紀のパフラヴィー語文献に表明された二元論的なゾロアスター教との関係が問われなくてはならない。ズルヴァーン主義こそサーサーン王朝初期〜中期のゾロアスター教思想の保守本流だとするのがコペンハーゲン大学のクリステンセンのChristensen 1944で、一貫して異端だったとするのがロンドン大学のボイスのBoyce 1990である。このズルヴァーン主義に関する論争は二一世紀に入ってからも続いており、ボーフム大学のレザーニヤーはシャーケードの立場を踏襲したRezania 2010を公刊している。筆者は、アルメニア語文献の近世ペルシア語訳の解読結果に依拠して、大筋ではクリステンセンに賛同である（青木、二〇一二年）。

②マーニー教

マーニー・ハイイェーの出現　日本語で読めるマーニー教の概説としては、青木、二〇一〇年aを参照。マーニー教の教祖マーニー・ハイイェー（二一六ころ〜二七四／二七七）が、即位まもないシャーブフル一世に謁見したのは、二四二年の出来事とされる。彼の母は、アルシャク家の一族で親藩アルメニア王国を支配したカムサラガーン家（元をたどると、パルティアの七大貴族のカーレーン家に行き着く）の出身と伝わるので、マーニーは血統的にはアーリア系のパルティア人《びと》の名門の血を受け継いでいることになる。父パティーグの方も、詳しいことは分からないがアルシャク王家の血筋とされるから、これが本当だとしたら、マーニーはアルシャク王家一門同士の結婚から生まれた隠れもない貴公子である（弟子たちによるこの記述を疑う学説もあるが、サーサーン王朝下でアルシャク王家の出自と名のっても、政治的な逃亡犯であって何のメリットもない）。

しかし、マーニーの出生以前に、両親はメディア王国の首都ハマダーン（旧エクバタナ）からメソポタミア平原のバビロニアへ移住し、マーニー本人はバビロン近郊（アラビア語資料によればマールディーヌー村）で生まれた。両親ともアルシャク王朝の王族だったとすれば、一家のバビロニア移住とアルシャク王朝末期の兄弟王の内戦（一二九頁参照）との間に関係があるかもしれないが、この点についてはなんの記録も残っていない。また、マーニー誕生後いくばくもなくしてアルシャク王朝は滅んでいるので、王族の血統だったとしても、マーニーは王族として成長しているわけではない。

誕生の時にパルティア語で命名されたであろう彼のアーリア系の本名は、伝わっていない。後世のアラビア語資料では、かなり崩れた形で「クールビークース・バヌー・ファーティカ」とあるから、「クールビークース」が本名だったかもしれない。そうだとすれば、パフラヴィー語名は「クールビークース・イー・パティーガーン」となる。ちなみに、のちに名のった称号「マーニー・ハイイェー（またはマーニー・ハイヤー）＝生命の器、生けるマーニー」は、シリア語起源とされ、本名に代わって彼の尊称となった。

父のパティーグは宗教的情熱に燃えた人物だったようで、マーニーの誕生後に妻を捨てて、マーニーとともにユダヤ教系キリスト教（イエスを信じるがユダヤ教の律法を放棄しない）のグノーシス主義洗礼教団エルカサイ派に入信してしまった。アルシャク王朝の王族だったとすれば、サーサーン王朝支配下での政治的な亡命行為だった可能性もある。この父の決断に従って、マーニーは強烈なセム的宗教＋グノーシス主義の環境で幼年期を送った。このため、彼は、アーリア系の出身にもかかわらず、言語環境の点ではセム民族的文化

――もっと絞れば、当時の内陸シリアから北部メソポタミアに広がっていた独特のシリア語文化圏――に取り囲まれて育った。彼の主たる記述言語は、終生にわたって、両親の母語パルティア語ではなく、このころに修得したとみられる東方アラム語＝シリア語であった。

マーニーは、一二歳から断続的に聖霊よりの啓示を受けて預言者になったと伝わり（「啓示」や「預言者」の概念そのものがセム的である）、二四歳で同志たちとともにエルカサイ派を離脱した。この時のマーニーの動機は、イエスを信じるが律法を放棄しないユダヤ教的なエルカサイ派に対して、イエスを信じて律法を放棄する反ユダヤ教的な立場に転じたものとみられている。論点そのものがセム的な宗教環境の中でのみ通用する議論で、こういわれても新たにメソポタミア平原の支配者になったペルシア人《びと》たちには意味不明だっただろうが、シリア的な文化に育ったマーニーにとっては大問題だったらしい。これ以後、マーニーは、宗教的には、『旧約聖書』とユダヤの神を否定する反ユダヤ的立場を貫くことになる。

バビロニアを去った直後、マーニーは、旧メディア王国――このときは、アルダフシール一世によって前アルシャク王朝の外藩はすべて取り潰されていたので、単なるメディア州である――の、古都ガンザクを訪れたとされる。ここは、サーサーン王朝第二の聖火「アードゥル・グシュナスプ」が燃えるゾロアスター教の聖地なのだが、マーニーがそれに興味を示した記録は残っていない。洗礼教団で育ったマーニーは、アーリア人的な拝火儀礼にはなんの関心もなかったようである。ガンザク行きの動機はそんなところにはなく、もしかすると、旧メディア王国は父の故郷なので、アルシャク王家の血統につながる親戚知人を訪ねる目的だったのかもしれない。前王朝の縁者がその故地に舞い戻るとは、常識的に考えれば（その意図があるかどうかはともかく）前王朝復活をもくろむと解されかねない危険な行動だった。

その後、アルダフシール一世の治世末年の二四〇年には、マーニーは海路インドへと旅立ち、おそらくインダス川下流域、現在のカラーチー付近に上陸した。この唐突なインド行きについては、ある学説は、マーニーが三世紀に成立した偽典『トマス行伝』に触れて、聖トマスのインド布教伝説に憧れた結果であると解釈している。また、別の学説は、宗教的探究心に突き動かされたマーニーが、ぜひとも仏教を学びたいと考えた行動だと理解する。もう少し世俗的な観点から考えるなら、アルシャク王家の一門が旧メディア王国地域で活動していたのが発覚して、亡命的な意味でサーサーン王朝の支配の及ばないインドへ赴いたのかもしれない。

ともかく、マーニーは、インドで二年間を過ごすうちに、また何回か啓示を授かったとされるので、またもや宗教的改心に見舞われたのだろう。マーニーのオリジナル思想にどれだけインド的な要素が混入したかは微妙な問題だが、少なくともここで仏陀の名を知って、彼の預言者論の中に取りこんだことは確実である。

そして、二四二年、マーニーは、インドでの宗教的な収穫に満足したのか、アルシャク王家の一門としてのほとぼりが冷めたと思ったのか、海路ペルシアの港町レーウ・アルダフシールまで帰還し、そこから陸路バビロニアへ帰った。バビロニア帰還後は、メソポタミア南部でサーサーン王朝の皇族と交流をもっていたようで、シャーブフル一世の皇弟ペーローズを改宗させたと伝わる。そして、このペーローズの紹介で、皇帝シャーブフル一世に謁見を申しこむのである。

マーニー教思想とエーラーンの皇帝へのアピール　シャーブフル一世は、マーニーにサーサーン王朝の宮廷内で有力な地位を与え、廷臣の列に加えた（Hutter 1993）。そして、マーニーは、帝国内での地位が上昇したのを機に、つぎつぎに自筆で聖典を著し、独自の教え「マーニー教」を宣教しはじめるのである。

マーニー直筆の書籍としては、シリア語で著した七聖典と、パフラヴィー語で著したシャーブフル一世への献呈用の書物があった。「七聖典」という捉え方については、漢文資料とコプト語資料が一致しているので（挙示の順番は違うが）、この範囲がマーニー教の聖典として公認されていたようである。しかし、このように整備されたマーニー教の教義は、教祖直筆のシリア語七聖典が完璧に散逸したので、今となっては正確に知る由もない。パフラヴィー語訳、パルティア語訳、ソグド語訳といった東方のアーリア系言語に訳された断片や、西方へ伝わったギリシア語訳、コプト語訳の断片、後世のアラビア語要約などのヴェールを通して、かろうじて復元が可能な程度である。もちろん、翻訳の過程でバイアスがかかった可能性も否定できないから、翻訳の復元が原典の再現に直結しないことはいうまでもない。

七聖典にはカウントされないものの、唯一マーニー直筆の書籍として後世に残ったのが、『シャーブフラガーン』である。その名のとおりシャーブフル一世に献呈する目的で執筆されたのだが、三世紀の段階ではいまだに文章語として熟していないパフラヴィー語を用いて、しかもパフラヴィー語を母語としないマーニーが無理矢理に執筆しているので、非常に難解になっている。また、エーラーン・シャフルの皇帝に捧げるために、故意にアーリア人的な要素を前面に出している可能性を捨て難い。しかし、その代わり、マーニーの肉声を伝えている利点がある。その内容は、大きく①預言者論と②宇宙論に分けられる。

①まず、『シャーブフラガーン』の預言者論に従えば、マーニーは、「インドの預言者仏陀、ペルシアの預言者ザラスシュトラ、西方の預言者イエスの仕事を完成させるために派遣され」た「バビロニアの預言者」であると自称した。これを基にしたアラビア語文献では、マーニーは、「預言者の封印（khātam al-nabī）」、すなわち預言者の系譜の最後に現れて、それに打ち止めの封印を押す存在だと僭称したとされる。はなはだイ

スラーム的な「預言者の封印」という概念をマーニーが使ったかどうか分からないが、このころは、あいついで現れるセム的預言者の最後の存在――彼以降、神の言葉はもう更新されない――という観念があったらしいし、すでに「預言者の封印」どころか「神の一人子」まで現れているので、「最終にして最高の預言者」を名のって権威を高めたということは、おおいにありそうである。

だが、マーニーの預言者論がシャーブフル一世にどこまでアピールして所期の目的を達したかは、疑問である。資料がないので推測の問題になるが、拝火と聖呪の宗教環境で生きてきたアーリア人であり、そのうえ、一応は神官階級の出身といわれているシャーブフル一世にとっては、「神の言葉を受けとる預言者」なる概念は、どうにも馴染みがなかったはずである。その系譜の中にザラスシュトラが入っていても、違和感こそあっただろうが、別に感銘を受けることはなかったと思われる（この点は仏教徒にしても同様で、マーニーの預言者論は、結局はイエスを奉じる人々にしか意味をなさなかったはずである）。ここでマーニーが、「神威あらたかなる聖呪と拝火儀式を開発した神官の系譜」でも作成してシャーブフル一世に提出すれば、のちのちよほど違った結果を招き寄せただろうが、幼少期にアーリア人的な宗教環境から離脱して、セム系の洗礼教団に身を投じてしまったマーニーには、望むべくもない要求だった。

②つぎに、『シャーブフラガーン』の宇宙論に従えば、この世は光と闇の対立であり、時間の終末には、光のイエスの再臨と大いなる救済（混合していた光と闇の「分離」と表現される）が待っていると説かれる。マーニー教では、最高神をアーリア系言語で「ズルヴァーン」と呼んだとして、しばしばズルヴァーン主義との関係が問題にされる。マーニーが宣教していた三世紀当時のゾロアスター教はズルヴァーン主義であったことの証拠である（Colditz 2005）。

この終末論的なヴィジョンと救世主の出現、世界の救済というストーリーは、シャーブフル一世やその廷臣たちにも充分理解可能なものだったと思われる。前章でも述べたように、終末論や救世主思想は、ザラスシュトラの教えからユダヤ教・キリスト教へ影響したともみられるほど、両者に共通の宗教観念だったので、三世紀当時はセム系・アーリア系の別を問うことはなかったはずである。マーニーは、たぶん、ザラスシュトラの教えに接して意図的にこれを取りいれたというよりは、ユダヤ教・キリスト教を学ぶ中で知らずのうちに、シャーブフル一世の頭にもぴったりくる宗教思想を『シャーブフラガーン』の中に盛りこむ結果になったものと思われる。ただ、シャーブフル一世にとっては、最後の救済者がザラスシュトラの息子サオシュヤントではなく、「光のイエス」とかいう見ず知らずの存在だった点が不満だっただろうが。

シャーブフル一世の選択　イラン高原のアルダフシール・ファッラフからメソポタミア平原のテースィフォーンに都を遷したサーサーン王朝ペルシア帝国は、このころ、帝国の宗教政策について悩んでいたはずである。イラン高原では基本的にアーリア人が優勢なので、ペルシアのゾロアスター教神官団が各地の聖火を置き換えて中央集権的な体制を確立するだけで、アーリア人の宗教のフレーム自体に変更はなかった。しかし、メソポタミア平原ではセム系民族が多数を占め、ユダヤ教、キリスト教、マンダ教、グノーシス主義など、ゾロアスター教神官団から見てまことに不可解な宗教集団が乱立していた。後年にいたるまで、メソポタミア平原でゾロアスター教の大聖火が聖別されたという記録はないから、この地方ではゾロアスター教は一般レベルまではまったく浸透しなかったと思われる。メソポタミアでは、アーリア人のサーサーン王朝組織やゾロアスター教神官団は、土着のセム系民族の上にのった少数の外来者であった。

しかし、メソポタミアはオリエントの穀倉地帯であり、ここを穏当に統治しなくては、ローマ帝国に匹敵

地図８　マーニー・ハイイェーの軌跡（３世紀）

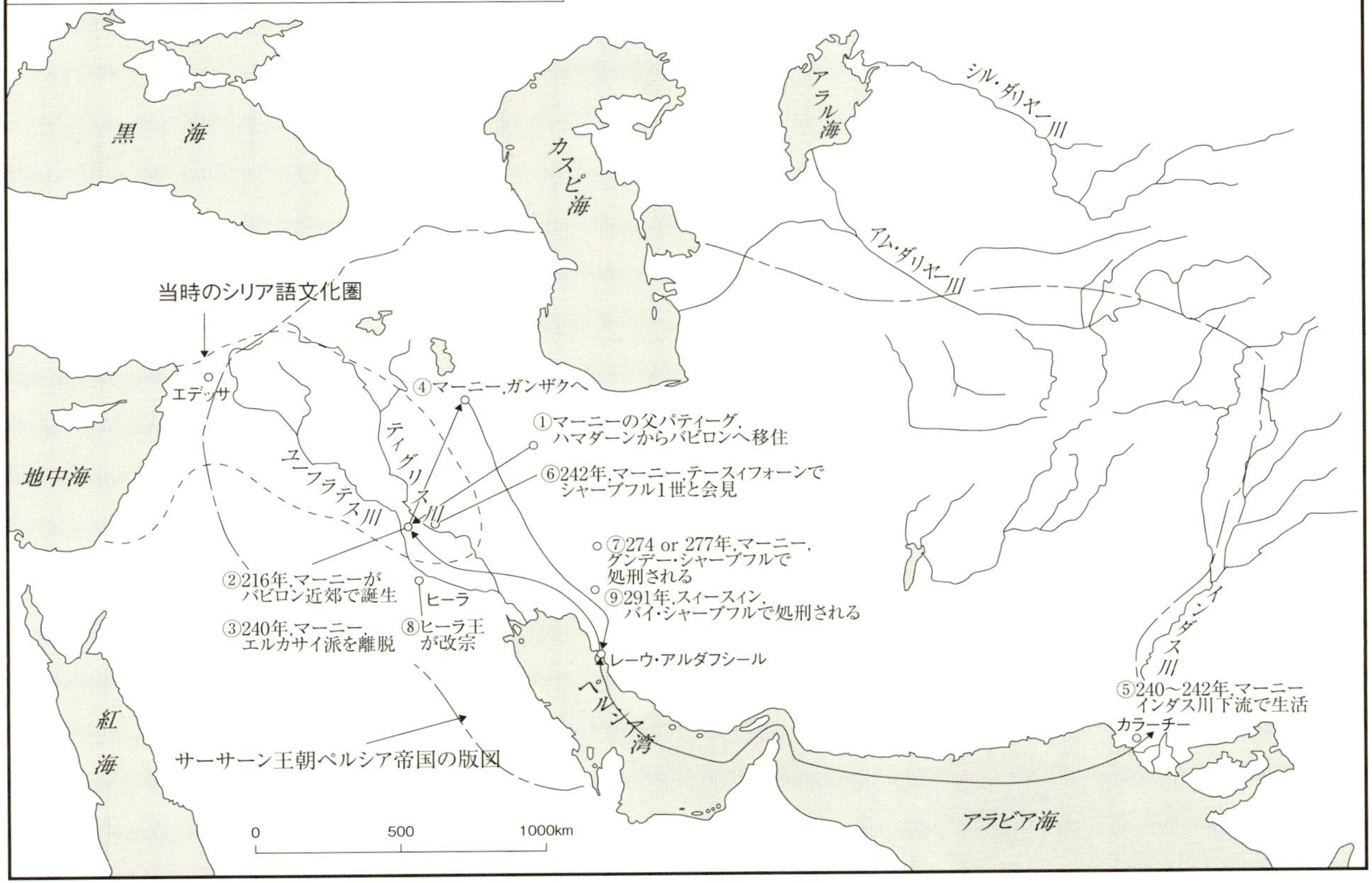

する大国としてのサーサーン王朝ペルシア帝国はあり得ない。そのために、イラン高原上の本拠地ペルシアから遷都してきたのである。シャーブフル一世は、とりあえずメソポタミアでは寛容な宗教政策をとることに決めたようで、ニシビスのユダヤ教社会の指導者サミュエルを宮廷に招くなど、各地のセム的宗教集団の人心収攬《しゅうらん》と協力確保に余念がなかった。そして、たぶん、マーニーもそのなかの一人と認識されて、宗教活動を保証されたのである。

マーニー教教会の資料では、あたかもマーニーがシャーブフル一世によって特権的な地位を与えられ、あまつさえ皇帝本人を改宗させたかのように描かれている。シャーブフル一世自身の宗教思想を知る手がかりはほとんどないが、バイ・シャーブフルの宮殿にはアナーヒター女神の神殿を付設している点から推定するなら、彼はこの女神を信仰して拝火儀礼を行っていたと思われる。また、サーサーン王朝皇帝の墓は一つも確定していないけれど、バイ・シャーブフル東方のタンゲ・チョウガーンの谷の洞窟には、シャーブフル一世の銅像がそびえ、その奥には四〇メートルほどの横穴が続いているので、これがシャーブフル一世の遺骨を納めた巨大な磨崖横穴式墓（ダフマ）だった可能性が高い。だとすると、シャーブフル一世は曝葬を実践していた忠実なゾロアスター教徒ということになるだろう。たぶん、マーニーがシャーブフル一世をマーニー教に改宗させたというのは、後世のマーニー教教会の幻想である。

また、仮にシャーブフル一世がマーニーの語る真理に目覚めて、マーニー教に改宗したとしても、拝火と聖呪を重視しないマーニー教がどこまでアーリア人社会に浸透したかは疑問である。後述のように、王朝の社会組織の基礎を成していたゾロアスター教神官団が納得しないだろうし、皇帝権力によってイラン高原のアーリア人に強制したら、草創期のサーサーン王朝がそのまま崩壊するほどの大混乱を引き起こしたはずである。「エーラーンと非エーラーンの皇帝」を名のるシャーブフル一世が、自らの権力基盤であるイラン高原のアーリア人を敵にまわすような政治的選択をするとは、とても考えられない。

マーニーと東方伝道　マーニーは、聖典執筆に余念がなかった一方、謁見の二年後の二四四年から、マーニー教教会の組織化と伝道活動に着手した。預言者の志は千里にあり、壮図は実に雄大だった。

まず、マーニー自身は、テースィフォーン（詳しくいえば、アルダフシール一世が新たに建設した新市街地ウェフ・アルダフシール＝善なるアルダフシール）に座を構え、北部メソポタミアから内陸シリア一帯の教化を担当した。マーニーは、基本的にはこのシリア語文化圏の中でしか動かなかったようで、この地域のキリスト教徒やグノーシス主義者が主たる折伏《しゃくぶく》対象であった。この点は、彼がシリア語を母語とし、七聖典をすべてシリア語で執筆したとの記録と符合する。

また、イラン高原東北部の旧パルティアの領域には、直弟子マール・アンモーを派遣した。この人名自体はシリア語だが、本人はパルティア語を流暢に操ったとされるので、マーニー同様に出自はパルティア人《びと》で育ちがシリア語文化圏だった人物かもしれない。マーニー教教会のパルティア語資料によれば、この際、マール・アンモーに旧アルシャク王朝の王子アルタバーンを帯同させたとある。記録に残っている範囲内では、マーニーの東方伝道の最大の中心は旧パルティア地域なので、旧王族マーニーことクールビークースが、親戚のアルタバーンを派遣して、サーサーン王朝に対する和平演変を図ったとの説もある。ただ、マール・アンモーとアルタバーンの具体的活動が伝わっていないため、平和裡に宗教活動をしていたのか、現王朝に対する文闘から武闘をめざしていたのかは、判断できない。

マーニー教の初期東方伝道については、本拠地である北部メソポタミア～内陸シリアと、東方の最大拠点である旧パルティア地域のほかには、資料が残っていない。両者の中間にあるイラン高原全体に関する資料の欠落は、①そもそも伝道しなかったから残っていないのか、②伝道して失敗したから残っていないのか、③伝道して成功したにもかかわらず残っていないのか、分からない。しかし、ギリシア語資料によれば、マーニーは「自分の教えはあらゆる国に伝道される」と誇っているから、伝道しなかったのではなく、伝道してもアーリア人社会には受けいれられなかったのではないだろうか。もっとも、その場合、イラン高原を跳び越して、パルティア地域から東方の中央アジア（依然としてアーリア系のソグド人《びと》が住んでいる）に教線を伸ばしたとされる点に、特別な説明が必要になる。

マーニー最期の日々　二七〇年五月、メソポタミアの諸宗教に対して融和主義的な政策をとり続けたシャーブフル一世がバイ・シャーブフルで崩御するに及び、マーニーの運命は暗転した。シャーブフル一世時代には不遇だったゾロアスター教神官ヘールベド・キルデールがしだいに台頭してゾロアスター教神官団の実権を握り、マーニー教教会と対決しはじめるのである。ゾロアスター教神官団の出身ではなく、文化背景・教義・言語のすべてがアーリア人とは異なるマーニーと、ゾロアスター教神官団の指導者キルデールの間には、妥協の余地はなかった。そして、民族主義的な「エーラーン・シャフル」の帝国内では、この闘争は圧倒的にキルデールに有利だった。数年後、第四代皇帝ヴァフラーム一世の時代にその決着がついたようで、すでに六〇歳代に達していたマーニーは、南部メソポタミアの沼沢地帯で宣教しているところを呼びだされ、グンデー・シャーブフルに召喚された。マーニーは自分の運命を予知したらしく、ここからマール・アンモーが勢力を扶植した旧パルティア地域への脱出を試みたものの、成功しなかった。

二七七年、グンデー・シャーブフル出頭後のマーニーの処遇については、伝承が錯綜している。皇帝との謁見ののち、獄につながれ、獄中で死去したとも、高弟ウッズィーとの面会のあとで処刑されたとも伝わる。シリア語の著書や形見はウッズィーに引き渡されたらしいが、遺体は切断されて、グンデー・シャーブフルの城門に曝されたとも、皮を剝がれて藁を詰められたあとで磔刑にされたともいわれる。後者だとすれば、ヴァレリアヌス同様に人形にされた可能性も残るが、切断された両腕がウッズィーに引き渡されたらしいので、キルデールの拝火神殿に飾られる運命だけは免れたようである。

マーニーの獄中死は、メソポタミアの異教に対するキルデール率いるゾロアスター教神官団の完勝だった。このあと、モーベド・キルデール（今やモーベドという行政神官に昇進していた）は、異教に対する勝利を祝って、ペルシアの聖地サル・マシュハド、ナクシェ・ラジャブ、カァベ・イェ・ザルドシュトの三箇所にほぼ同文の碑文を彫っている。そのなかでは、「ユダヤ教、仏教、ヒンドゥー教、マンダ教、キリスト教、ムタク教（名のみしか分かっていない）、ザンド（『アベスターグ』の注釈）の異端は、帝国から駆逐された」と宣言しているから、この挙示の順番が勢力比に比例するとしたら、マーニー教は「ザンドの異端」としてほとんど教祖の名前さえ挙げられない程度の、そして、正体不明の「ムトタク教」より格下の敵にすぎなかったことになる。そのうえ、マーニーに対するレッテル「ザンドの異端」とは、要するに「聖典『アベスターグ』を曲解する連中」の意なので、キルデールからしたら、「シリア人が勝手に我々の聖呪をねじまげている」程度の認識で処刑されたわけである。反ユダヤ教的キリスト教洗礼教団の立場からグノーシス主義的な教えを説いた（と考えられる）マーニーにとっては、あまりにも本質的でない部分で落命した悲劇であった。

キルデールは、その碑文で続けて、「ペルシア、パルティア、フーゼスターン、メソポタミア、メーシャーン、アディアベネ」などに聖火と神官を派遣したとあるから、とうとうゾロアスター教神官団はイラン高原

写真12　ナクシェ・ラジャブのキルデールのレリーフ　ナクシェ・ラジャブとは，ペルシア州内のスタフルとペルセポリスに挟まれた地点で，サーサーン王朝初期のレリーフが４つ彫りこまれている。これはその１つで，王朝初期に強大な権勢を誇った大神官キルデールの像(著者撮影)

を降りて、メソポタミアからシリア方面にもゾロアスター教の逆布教で反撃しはじめたらしい。以後、マーニー教はサーサーン王朝領内ではゾロアスター教神官団の優勢を覆すにはいたらず、活路を中央アジアのソグド人《びと》たちへ求めざるを得なかった。

マーニー教教会史　中世イラン・アーリア語の断片資料から再構成されたマーニー教教会史によると、マーニー没後、高弟のマール・ガブリアーブとマール・スィースィンが後継者争いを始めた。結局、マール・スィースィンが初代の指導者（パルティア語でサルダール、パフラヴィー語でサーラール）に就任し、マーニー教教会の座をテースィフォーンから南方の古都バビロンに遷したとされる。ここでの彼の伝道活動は一定の成功を収めたようで、わけてもヒーラのアラブ人都市国家の王アムル・イブン・アディー（在位二九三～三〇〇）を改宗させてメソポタミア南部に教線を拡大したのは大きな成果だった。ヒーラはメソポタミアのシリア文化とアラビア砂漠のアラブ文化が出会う街だったので、ヒーラからマッカ（メッカ）へのキャラヴァンがヒジャーズ地方にマーニー教を伝え、イスラームの教祖ムハンマドに影響を与えたとの説もある。しかし、そのスィースィンも、二九一年にはバイ・シャーブフルで処刑されてしまい、サーサーン王朝ペルシア帝国でのマーニー教教会は冬の時代を迎えた。

四世紀以降のメソポタミアのマーニー教教会については、ほとんど記録が残っていない。教祖自ら播種した内陸シリア〜北部メソポタミアのマーニー教教会は、とうとう記録に復活しないので、このころシリア語文化圏に着実に勢力を拡大してきた東方シリア教会に地盤を奪われたのかもしれない。しかし、南部メソポタミアのマーニー教教会は細々ながら存続していたらしく、のちにイスラーム時代にはいると、特に八世紀のアッバース王朝治下でズィンディーク（『ザンド』を曲解する二元論者）として表面化した。彼らが本当にマーニー教徒だったのか、迫害のための口実にすぎなかったのかはさておき、バグダード周辺では「マーニー教徒」という存在がリアリティーをもって語られていたことは間違いない。しかも、このレッテルを貼られるのは知識人に多かったようで、しばしば「知的な宗教者」のイメージをまとって登場している。しかし、南部メソポタミアでも徐々にメソポタミアのシリア人のアラビア人化とイスラーム改宗が進み、一〇世紀を最後として、預言者が活躍した本拠地でのマーニー教教会は消滅したとされている。

③キリスト教

シリア系キリスト教のサーサーン王朝領内への進出　最終的にゾロアスター教の最も手強いライバルとして残り、教義統一の動きを促した異教は、内陸シリア〜北部メソポタミアにおけるマーニー教教会の基盤を食い潰しながら（たぶん）、サーサーン王朝領内まで進出してきたシリア系のキリスト教だった。キリスト教の東方伝道は、すでにアルシャク王朝時代から、ヘレニズム文化の大洋の中で土着のシリア語を堅持したシリア文化の中心エデッサ（現トルコのオルハイ、ウルファ）を起点として始められていた。イラン高原へ布教されたキリスト教は、その最初の段階から、ヘレニズム的な（ギリシア語を用いる）キリスト教とは一線を画したシリア系のキリスト教だったわけである。シリア系キリスト教の観点からすれば、イエスは西方アラム語を話すセム系民族の出身なので、ギリシア語・ラテン語を用いるローマ、コンスタンティノープルなどの諸教会よりも、東方アラム語（シリア語）を用いるエデッサの教会の方が、より正統的に彼の教えを継承していることになる。

伝説によれば、最初の東方伝道者は聖トマスで、前述のようにゴンドファルネス王の宮廷に立ち寄って王を改宗させたと伝わる（一一〇頁）。また別の伝説では、聖トマスによって派遣された使徒アッダイと彼の弟子マール・マーリーが、エデッサ王アブガル五世を改宗させたのが東方伝道の最初であるという（Harrak 2005）。しかし、実際には、エデッサ王アブガル八世がキリスト教を受容した三世紀ころから、教線を東方に拡大したとみられている。ちなみに、アブガル八世の宮廷には、パルティア人《びと》の両親の子でシリア語文学の祖と讃えられるバル・ダイサーン（一五四〜二二二）が滞留しており、エデッサは早くから東方のアーリア人文化と西方のシリア人文化の接点として機能していた。またこの街は、二六〇年のエデッサ戦役のあとでサーサーン王朝ペルシア帝国領に併合されたから、シリア系キリスト教のペルシア帝国内への布教はいよいよ活発になった。当時の宗教間のトラブルは、だいたいにおいてゾロアスター教徒がキリスト教に改宗してしまい、それにサーサーン王朝当局が反発するという形で引き起こされている（Walker 2006）。ちなみに、その最も大規模な騒乱が、前述のアルメニア王国のキリスト教改宗である（Thomson 1982）。

キリスト教のサーサーン王朝領進出は、このような自発的伝道者たちのほかに、シャーブフル一世の三度にわたる対ローマ戦役勝利によって強制移住させられたキリスト教徒捕虜によっても担われていた。ただし、このなかには、ギリシア語文化圏のキリスト教徒（パフラヴィー語でクリスティヤーン）とシリア語文化圏のキリスト教徒（パフラヴィー語でナズラーイ）が含まれており、両者で別々の教会を建てたり、紛争も頻発した

図表6　東方シリア教会の系譜（言語的・文化的背景と教義問題による分類）

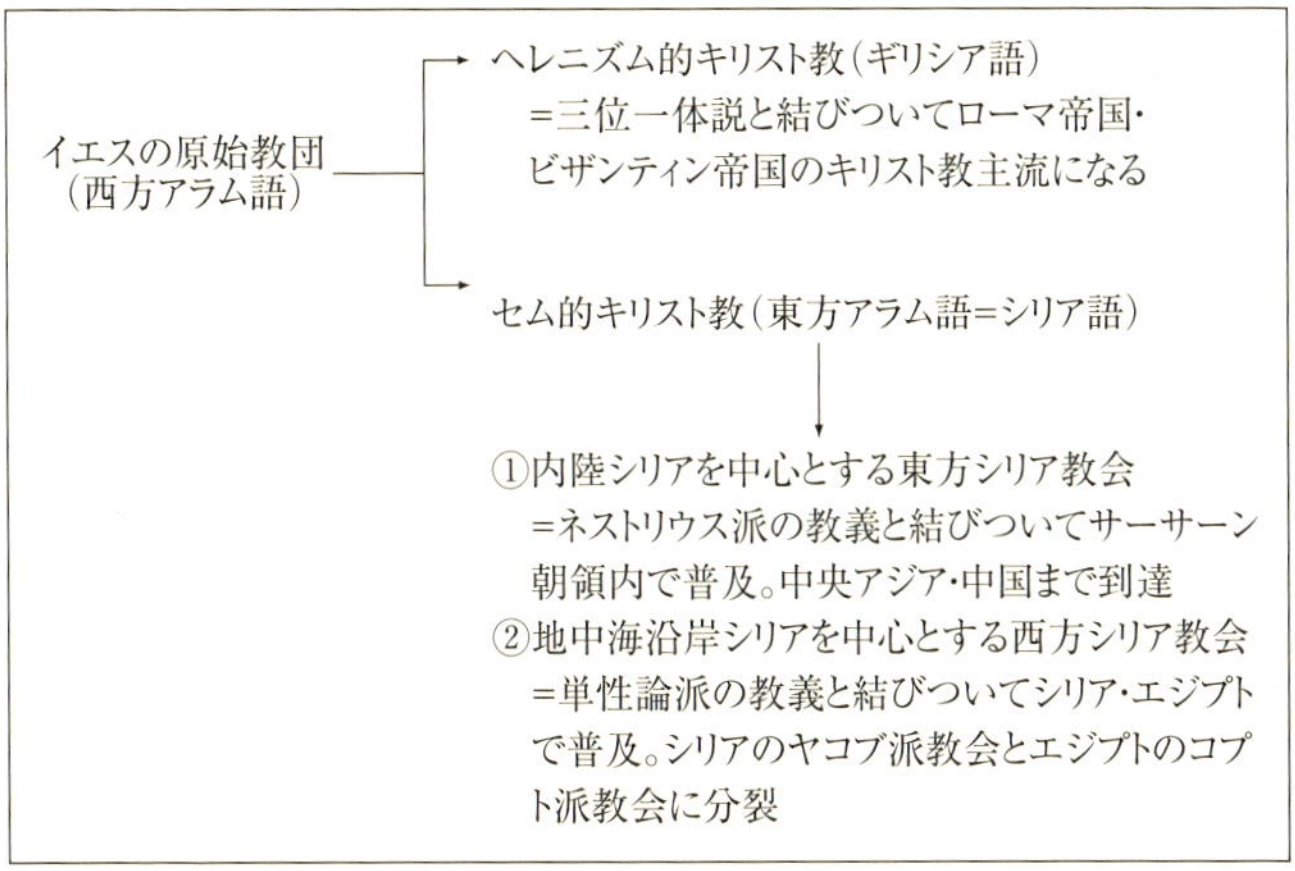

りと、かならずしも全キリスト教徒が一枚岩だったわけではない。

　このようなキリスト教徒の進出に対して、サーサーン王朝は、それがシリアからメソポタミアといったセム系民族の居住地にとどまっているかぎりは、シャープフル一世の宥和政策を継承して黙認していたようである。それに、サーサーン王朝初期の段階では、キリスト教はローマ帝国内部で迫害される存在だったので、政治的理由でキリスト教を弾圧する動機もなかった。このため、布教は順調だったらしく、四世紀にはセレウキア・クテスィフォン（二都市を双子都市としてつないでいた）に府主教座が設けられ、初代府主教としてバル・アッガイが任命されている。

　また、シリア語文化圏がイラン高原に隣接しているという地理的特性のゆえに、シリア教会の側でも、ほかのキリスト教諸教会に比べて、イランの政治勢力や宗教勢力に対して好意的にならざるを得なかった（Witakowski 2009）。たとえば、ネストリウス派の旅行者コスマス・インディコプレウステース（六世紀）は、あろうことか異教の帝国であるサーサーン王朝の正統性を主張しているし（Wolska-Conus 1968）、六世紀の大主教マール・アバーにいたっては、「サーサーン王朝皇帝こそ東方の三博士の後裔である」との見解や、「フスラウ一世は第二のクールシュ大王である」との所信を表明している（Schilling 2008）。いずれも、ローマの教会が思いも及ばない主張である。なお、このマール・アバーは、ゾロアスター教から改宗してネストリウス派キリスト教の主教にまで上り詰めた人物で、この時期のキリスト教・ゾロアスター教関係を語るうえでは欠かせない例とされる（Hutter 2003）。

第一次迫害（三三九〜三七九年）　サーサーン王朝下のキリスト教史については、Hage 2007参照。それによると、三一三年のミラノ勅令でキリスト教がローマ帝国の公認宗教になってから、第一次迫害が始まった。これは、シャーブフル二世と大神官アードゥルバード・イー・マフラスパンダーンの主導によって、三三九年から三七九年まで行われたとされる。しかし、キリスト教の感化力は凄まじく、このころにはイラン高原上のアーリア人にも勢力を拡大していたらしいので、彼らをローマ帝国への内通者と見なした迫害はいっそう苛烈になった。サーサーン王朝側の迫害とキリスト教徒側の叛乱の連続で、合計で一万六〇〇〇人以上の犠牲者が出たとされる。ついには、バル・アッガイを継いだセレウキア・クテスィフォンの府主教シモン・バル・サッバーエーも、この迫害の中で殉教した。現存する多くのシリア語殉教者列伝は、この第一次迫害の模様を伝えたものである。

第一次迫害の終息　迫害から融和への転換は、ビザンティン帝国（三九五年にローマ帝国の東半分を継承）の大使マルーターの影響下で、ヤザドギルド一世によって行われた。ゾロアスター教神官団からは「犯罪者」と仇名されたヤザドギルド一世は、ビザンティン帝国との関係改善を望み、国内のゾロアスター教神官団の支持を犠牲にして、四〇九年に平和条約に調印したのである。これを受けて、四一〇年には、セレウキア・

写真13　ミフル・ナルセフの拝火神殿跡　ペルシア州ジェッレ（現在のシーラーズから西南へ約50キロの地点）にある拝火神殿遺跡。タバリー著のアラビア語史書によると，スパンディヤール家出身の大宰相ミフル・ナルセフ（5世紀）が，この地に「ミフル・ナルセヤーン」と称する大拝火神殿を建設したとある。おそらく，その遺構にあたる（著者撮影）

クテスィフォンの府主教イサアクによって、サーサーン王朝領内各地の府主教が召集され、大迫害以前の三二五年に西方で決議されたニケーア公会議の内容を確認した。また、このころに急速に教会網が整備され、セレウキア・クテスィフォンを中心とする六大教会（セレウキア・クテスィフォン、ベート・ラパト、ニシビス、プラット・マイシャーン、アルベラ、カルカー・ド・ベート・スローク）を筆頭に、サーサーン王朝領内のキリスト教教会組織が確立したとされる。

しかし、このサーサーン王朝領内のキリスト教組織は、メソポタミアに本拠をおくセレウキア・クテスィフォンの府主教と、ペルシアに本拠をおく主教との間で、使用言語や背景となる文化の面で摩擦を生んでいた。すなわち、メソポタミアの教会は、セム系のシリア語を教会用語として用いるのに対し、ペルシアの教会はサーサーン王朝の支配者と同じアーリア系のパフラヴィー語を教会用語としたのである。四二〇年のヤーバッラーハーの主教会議、四二四年のダーディーショーの主教会議には、イラン高原のペルシア州やホラーサーン州などから多くの主教が参加したものの、この亀裂はサーサーン王朝領内のキリスト教教会の中で、後年まで尾を引くことになる。

第二次迫害（四二〇年ころ～四八四年ころ）　この宥和政策は、ヤザドギルド一世の治世末期に撤廃された。その契機は、キリスト教司祭が近隣の拝火神殿を破壊した事件、別の司祭が聖火を消してその場でミサを執行した事件、さらに別の司祭がペルシア人貴族を改宗させた事件など、偶発的に生起したゾロアスター教神官団とキリスト教教会との対立である。これらが、当時の最高神官（モーベダーン・モーベド）であるアードゥル・ボーゼードを刺激し、キリスト教徒との共存は不可能と悟らせたらしい。また、これと関係して、宥和政策の推進者ヤザドギルド一世は、四二一年に馬に蹴り殺されるという不可解な死を遂げた。おそらく、彼の宥和政策に反感をもつゾロアスター教神官団によって、暗殺されたとみられている。

この第二次迫害は、つぎのヴァフラーム五世時代に、大神官ミフル・シャーブフル及び大宰相ミフル・ナルセフの主導によって本格化した。四二一年以降、アルメニア支配を巡るサーサーン王朝とビザンティン帝国の戦争とあいまって、迫害はさらに激しさを加えていったとされる。

正統派（ローマ教会）→単性論派（西方シリア教会）→ネストリウス派（東方シリア教会）の角逐と第二次迫害の終息　このころ、迫害されるキリスト教教会内部でも、従来の正統派に加えて、ネストリウス派と単性論派がサーサーン王朝領内に進出してきて、複雑な様相を呈していた。まず、ネストリウス派は、四三一年のエフェソス公会議で異端宣告を受けたあと、エデッサを中心とする内陸シリアに拠点を設けて、北部メソポタミアに教勢を拡大しつつあった。つぎに、単性論派は、四五一年のカルケドン公会議で異端宣告されてからは、アンティオキアを中心とする地中海沿岸シリアに拠点を設けて、エジプトまで布教した。いわば、教義的に異端とされたネストリウス派と単性論派が、言語的に少数派だったシリア教会と重なるようにして、それを東西に折半しつつ東方シリア教会と西方シリア教会を形成したのである。

この状況下、第二次迫害の最中の五世紀半ばに、セレウキア・クテスィフォンの府主教が正統派から単性論派へと交代した。これで、まずサーサーン王朝領内における正統派の勢力が脱落した。ただ、なぜ、より本拠地の近い東方シリア教会ではなく、西方シリア教会がサーサーン王朝領内のキリスト教教会の主導権を握れたのかは不明である。ペルシア湾のハールグ島などには西方シリア教会系の遺跡が多く残されているので、西方シリア教会はシリア・エジプトからインドへの貿易ルートを活用して、予想以上にメソポタミア南部に勢力を拡大していたのかもしれない。

しかし、ペルシア帝国における西方シリア教会の優勢も、長くは続かなかった。よりせっぱつまった東方シリア教会が、全勢力を挙げてサーサーン王朝領内に移転してきたのである。すなわち、東方シリア教会は、四七五年に当時ビザンティン帝国領だったエデッサから追放され、サーサーン王朝領内のニシビスに拠点を移さざるを得なくなったのである。だが、捨てる神あれば拾う神ありで、これでビザンティン帝国と対立する別種のキリスト教としての免罪符を得た東方シリア教会は、四八四年、ニシビスの府主教バル・サウマがペーローズ皇帝の知遇を得て勢力を拡大し、当時の

写真14　スタフルの十字架ダフマ　スタフルとは，サーサーン帝室発祥の地であり，彼らの先祖が仕えたアナーヒター女神の拝火神殿の所在地でもある。サーサーン王朝時代になってからも，ペルシア州の５大管区都市の１つとして栄え，ゾロアスター教神官団にとっての最重要拠点だった。しかし，このスタフル北郊のダフマ遺跡には，ゾロアスター教徒用のダフマに混じって，パッション・クロスを彫刻した（左側の開口部の上に注目）キリスト教徒用のダフマも散見される。写真もその１つで，スタフルにまでキリスト教の布教が及んでいたことを示す貴重な資料である。なお，右側の開口部から顔を出しているのが筆者

単性論派のセレウキア・クテスィフォン府主教バーボーワイを処刑に追い込んだとされる。
この事件以降、サーサーン王朝における単性論派の勢力も大幅に後退した。そして、同じく四八四年、バル・サウマの主導でサーサーン王朝領内のキリスト教府主教会議がグンデー・シャーブフルで開催され、ビザンティン帝国と結ぶ正統派、単性論派の非難決議を採択した。これによって、東方シリア教会はサーサーン王朝領内で公認された唯一のキリスト教の立場を確保し、サーサーン王朝領内のキリスト教の主流となった。また、四九八年からは、東方シリア教会が占めたセレウキア・クテスィフォン府主教の座は「カトリコス＝東方総主教」の称号を用いるようになり、ビザンティン帝国内のキリスト教からの自立を明確にした。これに伴って、第二次迫害は、四八四年ころまでに、少なくとも東方シリア教会に関するかぎりは終息したのである。

サーサーン王朝ペルシア帝国における東方シリア教会　その後、東方シリア教会（ネストリウス派）は、ニシビスに神学校を設立する一方、ニシビス近郊のイザラ山に修道院を構え、サーサーン王朝領内での教義の確立に努めた。しかし、シリア〜メソポタミア平原のセム系民族とイラン高原のアーリア人では文化的なギャップがあったようで、双方のキリスト教徒を抱えるサーサーン王朝の東方シリア教会では、紛争が頻発した。最大の争点は、禁欲主義の是非である。東方シリア教会は、禁欲主義・独身主義を是として、修道院制度に多大の価値を認めていた。これに対し、ゾロアスター教は、最近親婚によって子孫を増やし、善の軍団を繁栄させることを教義としている。当然、ゾロアスター教からの改宗者であるアーリア人キリスト教徒は、禁欲主義に馴染むことができず、四八六年のマール・アカクの主教会議では禁欲主義・独身主義の廃止を打ちだしている。この改革は、ペルシア地域のキリスト教司教たちによって主導されたと伝わり、四九九年の主教会議でも確認された。

この方針転換は、東方シリア教会にとって諸刃の剣だった。より修道院制度に依存していた西方シリア教会（単性論派）に大打撃を与え、サーサーン王朝領内で強大な権力をもつゾロアスター教神官団との関係を改善するうえでは、あきらかにプラスに働いた。しかし、自らの文化的な基盤である修道院制度を放棄したことは、東方シリア教会全体の文化的活力の低下を招き、セム系のキリスト教徒からは反発を買った。

結局、五四四年にセム系キリスト教徒の反撃が始まった。マール・アバー一世によって開かれたセレウキア・クテスィフォンの主教会議では、再び厳格な禁欲主義が導入され、妻帯者の主教就任が禁止され、修道院制度も再興された。これに伴い、六世紀にアブラハムによってニシビス近郊のイザラ山に大修道院が設けられ、東方シリア教会（ネストリウス派）の修道院の中枢となった。このイザラ山修道院の院長マール・ババイの著作によって、東方シリア教会のネストリウス派信仰が最終的に確立されたとされる。このため、ニシビスでヘレニズム文化が保存され、初期イスラーム文化につながることになった。

しかし、この問題で敗れたアーリア人キリスト教徒は、なおも教義問題にこだわったようである。修道院制の復活以後も、クテスィフォンの総主教とペルシア地域のレーウ・アルダフシールの府主教は、政治的にしばしば対立しているし、言語的にも相変わらずシリア語とパフラヴィー語を使い分けていた。イスラーム時代になってからも、セレウキア・クテスィフォンの総主教イーショーヤーブ三世が、分派的傾向のゆえにペルシアの府主教シメオンを罷免している。このため、ペルシア州の東方シリア教会は、約二〇名の主教とともに分離してしまったと伝わる。

ゾロアスター教神官団にとっての脅威＝キリスト教教会優勢の要因　こうして、三世紀にエデッサに姿を現したキリスト教教会は、二度にわたる大迫害を経ながら、サーサーン王朝領内で着実に信者を獲得してきた。特に、五世紀後半に東方シリア教会（ネストリウス派）が認められてからは、メソポタミア平原だけでなく、イラン高原上にも多くのアーリア人キリスト教徒を得たらしく、彼らを代表してセレウキア・クテスィフォンの東方総主教と対立するのは、つねにペルシア州の府主教だった。ペルシアは、イラン高原の中でもサーサーン王朝発祥の地であり、ゾロアスター教神官団の中枢地域。そのまっただなかに、キリスト教徒に改宗したアーリア人主教たちが出現するとは、ゾロアスター教神官団にとって非常な脅威だったはずである。

これとは逆に、ゾロアスター教神官団が活発に布教して、ローマやコンスタンティノープルに多くのゾロアスター教改宗者が出たという記録はない。このように、キリスト教教会が一方的にゾロアスター教神官団の本拠地を切り崩すような展開になるにあたっては、幾多の原因があったと思われる。もちろん、教義的なものに原因を求めては宗教研究の枠を逸脱して神学研究になってしまうので、ここでは客観的に確認できる範囲内でキリスト教教会の優勢の原因を分析しよう。

たぶん、原因の第一は、書物文化に対する意識の差である。アーリア人は断片的に碑文などを制作する以外にはいまだに独自の書物文化をもたず、六世紀にパフラヴィー文字とパフラヴィー語の使用が一般化するまでは、セム系文字文化の借用に甘んじていた。彼らの文化は、基本的にアーリア人として共通の神話や伝説をもつ相手以外には、伝播しにくい性質をもっていたのである。これに対して、セム系民族はアラム語やヘブライ語など、書物文化の伝統豊かな民族であったし、ギリシア語を担うギリシア人も、ヘレニズムの書物文化の栄光を享受していた。このセム系の伝統とギリシア系の伝統の双方を受けつぐ幸運に見舞われたキリスト教は、アーリア人の伝統を代表する運命にあったゾロアスター教を、書物文化の成熟度の点ではるかに引き離していたのである。

原因の第二は、第一の原因とも関係するが、確立された聖典の存在である。五世紀までのゾロアスター教神官団にはアーリア人固有の口承伝承しかなかったのに対し、シリア教会は二世紀の段階ですでにタティアヌスによるシリア語の調和福音書『ディアテッサロン』(四福音書をダイジェスト版で一つにまとめたもの)をもっていたし(Brock 1982)、無論、『旧約聖書』と『新約聖書』のシリア語版(ペシッタ)も五世紀には完成した。そのうえ、アーリア人自身が碑文用のパフラヴィー文字しか開発していなかった三～四世紀に、早くも書物用のパフラヴィー文字を考案し、シリア語訳聖書の『詩篇』をパフラヴィー語訳しているのである。そして、ついにはゾロアスター教神官団の文字使用にはるかに先行して、ペルシア語版の聖書まで開発する始末であった(ただし、現存のペルシア語版『ディアテッサロン』は一三世紀までしかさかのぼらない。Messina 1951参照)。アーリア人たちが書物用のパフラヴィー文字を考案するのはやっと五～六世紀であるし、ゾロアスター教の聖典『アベスターグ』を書き記すためにアヴェスター文字を開発するのは六世紀のことである。アーリア人の文化圏に入りこんできて、アーリア人よりも先にアーリア人の言葉を記す文字を開発して実用に供してしまうとは、東方シリア教会は恐るべき文化的活力の集合体である。布教にあたっては、拝火儀礼と聖呪しかアピール・ポイントがないゾロアスター教がアーリア人にしか受けいれられなかったのに対し、キリスト教が民族に関係なく広く知識層に受け入れられたのも、あながち偶然ではない。

ここまでの要因ならば、東方シリア教会とマーニー教教会にも共通する。マーニー教教会も、シリア文化の影響を受けて書物に対する意識が高かったし、独自のマーニー文字を用いてパフラヴィー語・パルティア語・ソグド語を書き表していた。東方シリア教会がマーニー教教会と決定的に違うのは、第三の要因である。

すなわち、ヘレニズム的な知的遺産 —— 哲学の分野に限れば、プラトン、アリストテレス、プロティノスなど —— はもっぱらシリア以西で受けつがれ、アーリア人の民族主義を旗印としてペルシアから現れたゾロアスター教神官団はその恩恵に与ってこなかった。そして、メソポタミアを発祥の地とするマーニー教も、ヘレニズム的学術とは無縁だったのである。これに対して、ギリシア語を用いる正統派教会はいうに及ばず、東方シリア教会も、エデッサの神学校、キンネシュリーンの神学校、ニシビスの修道院などで、あいついで重要なギリシア語文献のシリア語訳を作成していた。このため、医師・学者・占星術師などの知的職業では東方シリア教会出身者の占める割合が高くなり、伝道を担う宣教師もこのなかから輩出され、五世紀まで知的水準の面でのゾロアスター教神官団の劣勢は避けられない形勢だった（ちなみに、初期のイスラーム教徒たちを支えた学術面での栄光も、東方シリア教会によるシリア語版のヘレニズム文化に多くを負っていた）。

このように、三〜四世紀にはズルヴァーン主義やマーニー教の試練をかいくぐってきたゾロアスター教神官団は、五世紀には圧倒的に優勢な東方シリア教会によって重大な危機に陥っていた。だが、サーサーン王朝の国家権力のバックアップを受けたゾロアスター教神官団は、この危機を乗りきり、六世紀には、組織された神官団に加えて整備された統一教義をもつゾロアスター教が誕生するのである。その過程が、次節以降のテーマである。

第三節　神聖帝国の統治体制とゾロアスター教神官団

ゾロアスター教神官団の現実的基盤

以上のような東方シリア教会の進出を受けてたった六世紀のサーサーン王朝時代のゾロアスター教の特徴

として、書物文化や教義的な問題以前に、神官団を支える現実的な基盤である階級制度・土地所有制度・中央行政制度・地方行政制度が、彼らにとってきわめて有利な形で整えられていた点が挙げられる。このように統一的に組織され社会的に保障されたゾロアスター教神官団の存在が、前代のアルシャク王朝時代とサーサーン王朝時代の宗教事情の大きな相違であり、異端・異教を排撃して六世紀に正統教義が確立される前提となった。以下では、神官団に関係する範囲内で、サーサーン王朝ペルシア帝国の諸制度を概観してみよう。

階級制度

イラン高原のアーリア人の社会習慣として、インド亜大陸のアーリア人のカースト制度と類似した階級制度がある。『アベスターグ』には、神官階級、軍人貴族階級、農民・職人階級の三階級が確認され、それを持ちこした後期サーサーン王朝社会には、書記階級を加えて四階級が存在した（アーリア人の階級制度については本書冒頭で紹介した）。依然として最上位には神官階級が存在し、聖呪を唱え拝火儀式を執行する世襲権能によって、他の三階級をリードした。サーサーン王朝帝室自体も、軍事的な勝利によって戴冠したものの、本来はこの神官階級に属しているので、出身母体である神官階級に対して手厚い保護を加えた。この点は、神官団を統一しようともしなければ、彼らに具体的な保護を加えた形跡もないアルシャク王家と対照的である。

また、イラン高原のアーリア人は、六世紀ころからアラム文字を改良したパフラヴィー文字によって独自のパフラヴィー語を書き記す文字社会に突入した（それまでは、セム系民族の書記言語を借用していた）。これによって、新たに書記官の重要性が高まり、軍人貴族階級の下に書記官階級が挿入されているのも特徴である。

ただし、文字を以て文書を書き記すのはメソポタミア平原のセム系民族の伝統だったらしく、彼らを指し示す「ダビール＝書記」の語源はアーリア人の言葉ではなく、古代オリエントのシュメール語にまでさかのぼる。

土地所有制度

サーサーン王朝ペルシア帝国の経済基盤は農業だったと推定される。国土の多くの部分を占める帝室領（公領）のほか、ゾロアスター教神官団、さまざまなランクの封建貴族、土豪、騎士などが、独自に農地を所有していた。これらの封建貴族の領地は、世襲であったり、勲功によるものと思われる。しかし、アルシャク王朝時代のように半ば独立した地方王朝が認められることはなく、封建貴族の最上位を占める七大貴族であっても、帝国の官職に就かなくてはならなかった。

この土地所有制度の中で、ゾロアスター教神官団領の起源ははっきりしない。シャーブフル一世（在位二四〇〜二七二）のカァベ・イェ・ザルドシュト碑文には、「ヴァフラーム聖火に大変な寄与をした」、「神官（Mowmard）への善行（kirbagīh）をした」などと刻まれているし、この碑文の後半には「魂のための寄進」の語が頻出するので、おそらく、皇帝がゾロアスター教儀式の執行のために拝火神殿に土地などを寄進したのであろう。そして、この皇帝による土地寄進が、のちのゾロアスター教神官団領の端緒ではないかと思われる。

あるパフラヴィー語文献によれば、寄進財は、聖火の護持のほか、橋の架橋、道路建設、灌漑など、多様な目的に活用されたし、社会的にも、寄進者の子孫への恩給化するなどさまざまな役割を果たした。このように公的な側面をもつゾロアスター教神官団領は増加の一途をたどったらしく、ある研究によれば、六世紀

図表７　サーサーン王朝ペルシア帝国の土地所有制度

土地所有者	特　徴
帝室領（公領）	統治機構＝州内務省 郡レベルの長＝郡長官 都市・村落レベルの長＝都市・村落長官
ゾロアスター教神官団領	統治機構＝ゾロアスター教神官団 郡レベルの長＝モーベド 都市・村落レベルの長＝ラド
王族領	サーサーン王朝の王族が地方に派遣されて州長官を務めるもの。公領に準じたとみられる。代表例として，クシャーナ王朝併合後のクシャーン・シャー，また，重要な地域に配置されたサカーン・シャー（皇子時代のヴァフラーム３世，ペーローズなど），ケルマーン・シャー（皇子時代のヴァフラーム４世など）などが挙げられる。常設ではない
７大貴族領	①スーレーン家＝スィースターンを領地とする帝国第１の名門貴族。古えのサカ族の系譜を引き，帝国が危機に陥ると騎兵隊を率いて駆けつける。初期には皇帝に戴冠する栄誉を担ったが，のちにこの役割はゾロアスター教神官団のトップに代わられた ②カーレーン家＝ネハーヴァンドを領地とする ③ミフラーン家＝ライイを領地とする。フスラウ２世時代の簒奪者ヴァフラーム６世チョービーンを輩出する ④スパンディヤール家＝ライイを領地とする。ヤザドギルド１世～ヴァフラーム５世時代の宰相ミフル・ナルセフを輩出する ⑤スパフベド家＝デヒスターンとゴルガーンを領地とする ⑥ズィーク家 ⑦ヴァラーズ家
一般貴族領	――
地方豪族領	――
村落領主領	――
自由農民領	――

ここに掲げた表と，173頁，174頁の表の官職名の間には，かならずしも整合性がない。これは，依拠した資料の相違のほかに，そもそもサーサーン王朝には固定的な官職ヒエラルヒーがなく，時宜に応じて官職をフレキシブルに運用していた結果ではないかと思われる

ころのペルシア州――サーサーン王朝発祥の地である――では、帝室室領とゾロアスター教神官団領が伯仲するほどの規模になっていたとされる。なお、これらのゾロアスター教神官団領制度が、イスラーム時代のウラマー（イスラーム教徒有識者）が運営したワクフ制度に影響したとの説もある。

中央行政制度

サーサーン王朝ペルシア帝国は、以上の封建貴族たちが、中央政府の官僚として出仕する形で運営されていた。しかし、サーサーン王朝の中央行政制度については同時代の資料を欠き、後世のアラビア語資料――主にヤァクービーとマスゥーディーの著書――から推測されるだけである。そのうち、ヤァクービーはヤザドギルド一世（在位三九九〜四二一）時代の、マスゥーディーはヤザドギルド二世（在位四三九〜四五七）時代の行政制度を伝えているとされる。

それらによると、ヤザドギルド一世時代に、スパンディヤール家出身の大宰相ミフル・ナルセフの尽力によって、効率的な行政システムが完成したとされる。中央の上層部では、主としてゾロアスター教神官団のトップ、軍司令官のトップ、行政官僚（書記）のトップがサーサーン王朝皇帝に直結し、地方の辺境総督や騎士に命令を伝達していたようである。

この神官団のトップがどのようにして選出されていたか、神官団のトップと神官皇帝との関係など、サーサーン王朝の中央行政制度については、神官関係に限っても未解明の問題が山積している。しかし、強大な神官団領を擁する神官団のトップがそのまま政権の中枢に参与していたのは確実なので、この点からも、サーサーン王朝ペルシア帝国は宗教と政治・軍事が一体化した独特の神聖国家だったといえる。

図表８　サーサーン王朝ペルシア帝国の中央行政制度

①ヤザドギルド１世時代の行政制度は以下の通り 中央組織（以下の６種の役職が，この序列で存在） ・中央軍司令官 ・ゾロアスター教大神官 ・ゾロアスター教大祭司 ・書記長 ・軍司令官 ・軍指揮官 地方組織 ・辺境総督 ・騎士／地主
②ヤザドギルド２世時代の行政制度は以下の通り 中央組織 （以下の５人の高官が，各階級を代表して皇帝に直属した） ・ゾロアスター教大神官 ・中央軍司令官 ・エーラーン軍司令官 ・書記長 ・職人長・農民長 地方組織 ・辺境総督 ・騎士／地主

図表９　サーサーン王朝ペルシア帝国の地方行政制度

管轄範囲	オスターン(州)レベル	シャフル(郡)レベル	シャフレスターン（都市）レベル
行政	オスターンダール(州長官)	シャフラブ（郡長官）	
宗教		貧者たちの代言人・法官	
司法		モグベド（モグの長，のちにモーベドと発音が変化）	マグフ（マグ局）
財務	アーマールガル（財務官）		
軍事	フラマーダール(軍司令官)		

このほか，管轄範囲・職掌が不明な官職として，「ハンダルズベド（助言の長）」，「ワースプフラガーン・フラマーダール（７大貴族の軍司令官）」などがある

図表10　サーサーン王朝時代後期のゾロアスター教神官団のヒエラルヒー

6〜10世紀に作成されたパフラヴィー語文献によると，この時期は①帝国の行政に携わる行政的神官と，②ゾロアスター教本来の宗教活動に携わる宗教的神官の，2重構造が存在していた

①行政的神官のヒエラルヒーは，以下の通り

ザラスシュトローテマ：理念的な最高指導者。実在しない

モーベダーン・モーベド：実在のゾロアスター教神官団の最高位

モグ・ハンダルズベド：具体的な役割は不明

ラド：具体的な役割は不明

モーベド：都市レベルの行政を担当するゾロアスター教神官

ダードワル：法律に精通した各級判事としてのゾロアスター教神官

グガーイ：村落レベルの行政を担当するゾロアスター教神官

②これに対して，純粋な宗教活動に従事する神官のヒエラルヒーがあった

モグ，モグ・マルド，ヘールベド：『ザンド』やパフラヴィー語に通じた学者タイプ神官。上位だが，一般信徒に祭式を執行することはない

この中の権威者が，特にダストワルと呼ばれる

ハーウィシュト：「アベスターグ」を暗記して，祭式を執行する祭司タイプ神官。下位だが，一般信徒に祭式を執行することができる

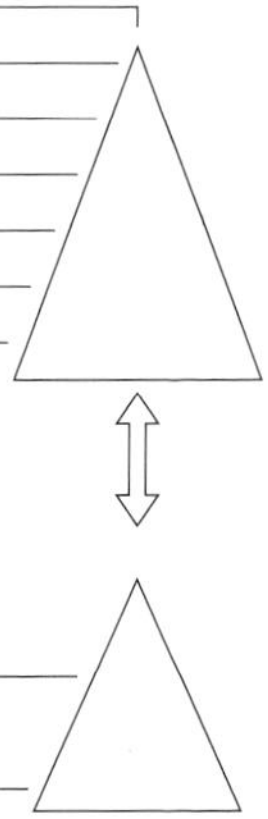

（網掛け）は，マゴス神官団系の名称。（囲み）は，原始教団系の名称

地方行政制度

サーサーン王朝の地方行政制度に関しては、近年の印章資料の発見・整理によって、六世紀以降についてはかなり正確な知識が得られるようになった。それに従えば、ゾロアスター教神官団に由来するとみられる「貧者たちの代言人・法官」と「モグの長」は、それぞれ宗教と司法の分野で重要な役割を担っている。しかし、それが公領におけるものなのか、神官団領におけるものなのかなど、詳しいことは分からない。

ゾロアスター教神官団のヒエラルヒー

以上のように、階級制度の最上位で世襲の身分を保障され、広大な土地を所有し、帝国の中央行政・地方行政に深く関与したゾロアスター教神官団であるが、その内部にも厳密なヒエラルヒーがあった。これについては、六〜一〇世紀に作成されたパフラヴィー語文献から、サーサーン王朝後

期の段階での実状を断片的に復元できる。

それによると、神官団内部のヒエラルヒーの名称は、大きく分けて、①マゴス神官団に由来すると考えられる「モグ」の派生形、②原始教団の神官階級を表す「アエースラパティ」の派生形、③それ以外の由来不明の名称の三つに分類できる。総じてモグの派生形の職名が上位を占めているので、これらの名称の上下関係から類推するならば、サーサーン王朝時代のゾロアスター教神官団は、マゴス神官団系の組織が上位を占め、そこに原始教団その他の要素が付け加わるようにして構成されていると考えられる（Kreyenbroek 1994）。

ヒエラルヒー自体は、サーサーン王朝の中央政府や神官団領の行政に携わる神官と、ゾロアスター教の教義の研究や祭式の執行に携わる神官に大別される。前者は、ほぼモグ系統の名称の独占状態なので、かつてハカーマニシュ王朝と結びついていたマゴス神官団の影響がサーサーン王朝時代まで及んでいるものと推測される。後者は、教義研究神官の最末端に原始教団系のヘールベドの名称が現れるものの、ここでも上位はモグ系の名称が占めているので、旧マゴス神官系の思想が大量にゾロアスター教に導入されたのではないかと思われる。

なお、このヒエラルヒーの中で、神官団のトップの選出方法、兼任の有無、職務内容の詳細、ヒエラルヒーの変化などは、まだまだ不明な部分が多く、今後の研究課題として残っている。

第四節　サーサーン王朝時代のゾロアスター教思想

三〜五世紀のゾロアスター教神官団

以上のような制度的・社会的基盤の上にたったゾロアスター教神官団は、しかし、六世紀にいたるまでは独自の書物を編纂することはなかった。そのため、三〜五世紀のゾロアスター教神官団の歴史は、彼ら自身による断片的な碑文や、皮肉なことにマーニー教やキリスト教の文献の中で悪役として登場する姿でしか確認できない。この時期の神官団の実像は、歴史の彼方で影法師のように霞んでしまっている。

ここで時代を少しさかのぼって、マーニー死去の二七七年時点に立ち返ってみよう。エーラーン・シャフル内の異教打倒というアーリア人支配階級による一種の文化大革命に成功したキルデールの権力は、その後も上昇を続け、「オフルマズドのモーベド」、「モーベド兼全帝国の司法長官」と、やつぎばやに（たぶん、自分で考案した）称号を付け加えていった（一五五頁）。このキルデールは、この後、第七代皇帝ナルセフ時代にいたるまで長寿と勢力を保ち、普通は皇帝や皇族にしか許されない碑文を四つも彫ったことで、最盛期の彼の権勢を想像できる。彼の消息は、二九三年、第七代皇帝ナルセフのパイクリ碑文（イラーク北部にあるパフラヴィー語・パルティア語併用碑文。帝位継承に際して劣勢だったアルメニア王ナルセフが、初めてペルシア貴族によって承認された地点・ナルセフ即位の記念碑である）で言及されるのを最後に途絶えるので、このころに死去したか、ナルセフの宮廷クーデターについていけずに失脚したかである（同じ二九三年には、アディアベネのモーベドが叛乱を起こしているが、何か関係があるのだろうか？）。ペルシア州カーゼルーン近郊のサル・マシュハドには、今日でもキルデールのダフマと推測される遺跡が残っている。

キルデールの死後も、ゾロアスター教国教化路線は継続された。第九代皇帝シャーブフル二世時代には、ペルシア州コラーン村出身の大神官アードゥルバード・イー・マフラスパンダーンが、ゾロアスター教神官組織の整備に尽力し、口承で伝えられていた「アベスターグ」の結集《けつじゅう》、教義の確立に手腕を振るったと伝えられる。彼のあとは、息子と思われるザルドシュト・イー・アードゥルバーダーン、孫と思われるアードゥルバード・イー・ザルドシュターンがあいついで跡を継いだ。この孫の方のアードゥルバードの時代（つまり五世紀）に、口承「アベスターグ」の注釈者としてメードヨーマーフ、アバラグ、ソーシャーンスの三人が出現し、ゾロアスター教の三大法学派が成立したとされる。

このあと、第一五代皇帝ヤザドギルド二世時代には、大神官としてアードゥル・ファッローバイ、フダード・イー・アードゥル・オフルマズダーンが出現した。また、大神官アードゥル・ボーゼードは、シリア語のキリスト教徒殉教者列伝に第二次迫害の際の迫害者として登場する。ついで、第一七代皇帝ペーローズ時代には、大神官マルドブードが出現し、著名な聖典注釈者マルドブード・イー・マーフ・アードゥル・イー・ゴーゴーシュナスプと同一人物と考えられている。彼の跡は、息子のアードゥルバード・イー・マルドブーダーンが継いだ。

フスラウ一世の登極

六世紀にはいると、建国以来三〇〇余年を経た積弊纏綿《せきへいてんめん》のサーサーン王朝ペルシア帝国は、危機的な状況に陥っていた。すなわち、アルメニア王国の統治権を巡るビザンティン帝国との戦争は、おおむね一進一退で決定的な雌雄を決するにはいたらなかったものの、五世紀中盤から中央アジアに勃興した騎馬民族エフタルには苦戦を強いられ、第一七代皇帝ペーローズが敗死してイラン高原東部を奪われるなど、終始劣勢に立たされた。ついには、ペルシア帝国はエフタルの朝貢国に転落し、ビザンティン帝国から借金してエフタルに貢納する始末だった。

エフタルがイラン高原東部からインド亜大陸に侵入してグプタ王朝を滅ぼしている間に、第一九代皇帝カヴァード一世は、バビロニア出身のマズダク・イー・バームダーダーンを起用して国内改革を企てた。彼が唱えたマズダク教についてはほとんど資料が残っていないので、実際にどのような思想・運動だったのかは分からない（Crone 2012）。先駆者としてザルドシュトというマーニー教徒残党の指導者がおり、マズダクは彼の教えを受けついだともいわれている（ついでながら、これが混乱のもとで、一部の資料でマズダク教をザルドシュト教＝ゾロアスター教と称する原因になっている）。出身地から類推すれば、マズダクがマーニー教徒だった可能性は充分にある。断片的なデータを組み合わせると、彼の教義はいっさいの平等を説く社会的なプロテスト運動だったらしく、旧ソ連や東欧圏の学者たちが一時期おおいに好んで研究していた。しかし、これはゾロアスター教神官団や軍人貴族階級の既得権益を侵害する改革だったようで、結果的には国内の混乱の火に油を注いだ格好になった。

五二四年に、保守派のゾロアスター教神官団や軍人貴族階級の支持を得て、マズダクと彼の支持者を大虐殺したのが、当時第三皇子だったフスラウである。彼は、マズダクの支援者だった長兄カーウースを廃して皇太子の地位を固め（こちらの方が本当の狙いだったかもしれない）、五三一年には父帝のあとを襲ってサーサーン王朝の帝位に就いた。ゾロアスター教神官団や軍人貴族階級にとっては、彼らが理想とするアーリア人の伝統に基づく社会の実現を彼に託したわけで、フスラウ一世は、軍制・税制・法制システムの改善に尽力し、崩壊しかかっていたサーサーン王朝ペルシア帝国の再建に成功した。五四〇年にはビザンティン帝国との戦争に勝利してシリア北部を制圧したし、五七六年には突厥《とっけつ》と同盟を結んでエフタル挟撃し、これを滅ぼしている。

この外征の原動力となった内政充実は、はたしてカヴァード一世時代にマズダク・イー・バームダーダーンが行った改革が、タイム・ラグをおいて実を結んだものなのか、保守派の巻き返しに乗じたフスラウ一世が旧来のシステムを再建強化したものなのか、実はよく分かっていない。ただ、現実に生き残ってフスラウ一世を支持していたのは、ゾロアスター教神官団と軍人貴族階級なので、内政充実が結果的に彼らの意に沿う方向で展開されたのは致し方ない。フスラウ一世は、この偉業を讃えて、「アノーシャグ・ルヴァーン＝不死霊帝」の称号を贈られ、後世までサーサーン王朝中興を果たした不世出の英主の評を確実にした。

アヴェスター文字の開発と聖典『アベスターグ』の編集

文化史的な観点からいえば、フスラウ一世の改革の成功の背景には、イラン高原のアーリア人の文字文化の熟成がある。アーリア人が書物パフラヴィー文字を用いて独自の文字文化を醸成する時期と、フスラウ一世が政権を獲得する時期が、ともに六世紀で一致するのである。たぶん、この独自の文字文化なくしては、前述の精密な地方行政制度や神官団のヒエラルヒー、緻密な税制改革などはあり得なかった。

ゾロアスター教史上重要なのは、東方シリア教会に圧倒され続けていたゾロアスター教神官団が、この頃にアヴェスター文字を開発して『アベスターグ』（パフラヴィー語音。それが近世ペルシア語で訛って『アヴェスター』となった。本書では、原音に近く『アベスターグ』を用いる）を書物化した点である。この「ガーサー」を含む『アベスターグ』のテキストとしては、マールブルク大学教授だったゲルドナー（一八五二〜一九二九）が校訂した三巻本（Geldner 1886–1896）が標準である。ちなみに、上記のドイツ語版を出した直後、英語を母語とするパールスィーのために、英語版（Geldner 1891–1896）も出版されている。研究上は、どちらを使用しても差し支えない。

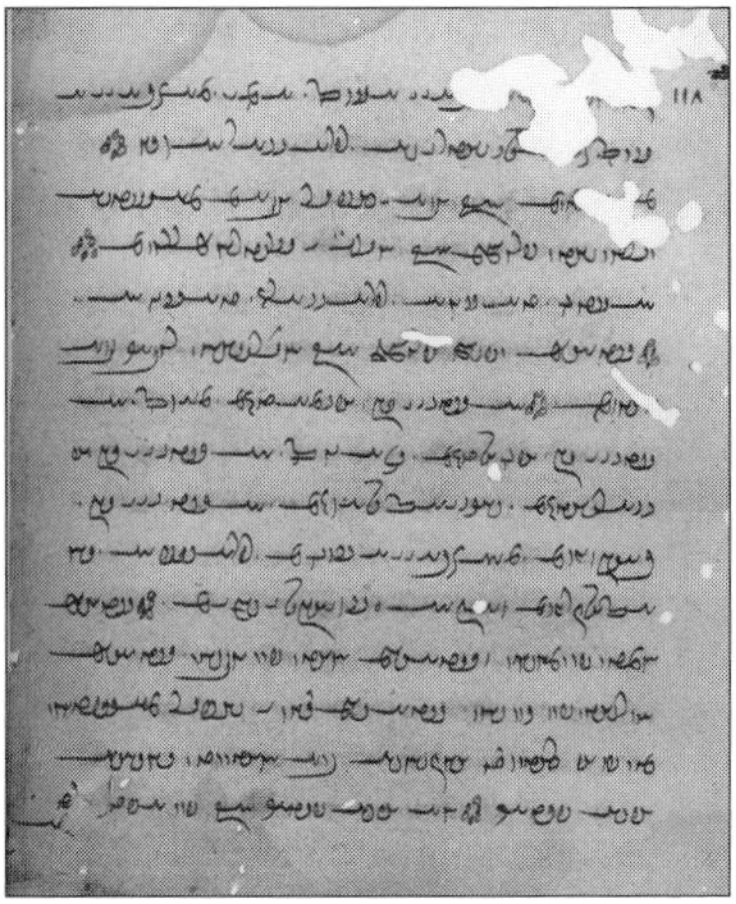

写真15『アベスターグ』写本　サーサーン朝時代に編集された『アベスターグ』の写本。現在する最古の写本は，13世紀にインドで筆写された。アヴェスター語本文とパフラヴィー語訳注が交互に書かれた『アベスターグ・ウド・ザンド』形式の写本ほど，質が高いとされる

伝説では、フスラウ一世の大神官ウェフ・シャーブフルが、神官階級の守護聖火アードゥル・ファッローバイの前に神官団を召集し、日夜気の遠くなるような検討を重ねた結果、ついに『アベスターグ』を完成したとされる。実際には、このころの音声学に厳密なゾロアスター教神官（たち）が、彼ら独自の書物パフラヴィー文字に、東方シリア教会が『詩篇』を書き記すのに用いたキリスト教パフラヴィー文字の要素を加味して、五三文字のアヴェスター文字を発明し、正確に口承アベスターグを書きとめたものである。また、これに加えて、パフラヴィー語で『アベスターグ』の注釈である『ザンド』も作成されている（Kellens 1998）。

このように、教祖没後、推定一五〇〇年以上を経たのちの聖典の書物化は、キリスト教・マーニー教・仏教などと比べても、格段に遅い。しかし、ともかくもゾロアスター教が、単なる「イラン高原のアーリア人の共通伝統＋ザラスシュトラの教え＋帝国と密着した神官団組織」の集合体から、知的な批判に耐えうる書物文化をもった宗教に転換した点で、フスラウ一世時代がもった意義は限りなく大きい。この時点で、ゾロアスター教は、やっと西方の主敵キリスト教に追いついたのである。

ギリシア語文献のシリア語・パフラヴィー語翻訳

フスラウ一世は、ヘレニズム文化受容の面でも、アフラ・マズダーの恩寵に恵まれた皇帝だった。すなわち、五二九年、ビザンティン皇帝ユスティアヌスがプラトン以来の伝統あるアカデメイア学園を異端の廉《かど》で閉鎖し、そこで教鞭を執っていたギリシア人哲学者たちが大挙してサーサーン王朝領内に亡命してきたのである。即位直後のフスラウ一世は彼らを暖かく迎え入れ、アテネに代わる学園をグンデー・シャーブフルに建設して、彼らに提供した。

ダマスキオス、シンプリキオス以下の学者たちは、ここでギリシア哲学の研究活動に従事し、キリスト教に凝ったユスティアヌスに比べれば格段に寛大なフスラウ一世に研究成果を献呈したと伝わる。たとえば、単性論派のセルギオス・セボフトは、アリストテレス注解を執筆する傍ら、インド数字に初めて言及している。また、ペルシアのパウルス（のちにゾロアスター教に改宗したとも伝わる）は、アリストテレス哲学の要約版をシリア語で執筆したし、リュディアのプリスキアノスは、アリストテレスの『霊魂論』の要約を作成し、これはラテン語版で現存している。このほか、アリストテレスの『自然学』からとったと考えられる断片がパフラヴィー語文献の随所に散見されるので、現在に伝わっているものの何倍かのギリシア語学術文献が、哲学の分野に限らず医学・天文学・地理学にいたるまで、シリア語に（はるかに少ない頻度でパフラヴィー語にも）翻訳されたと推定されている。これらはまとまった形では現存していないが、当時のゾロアスター教神官団にとって大きな知的財産となり、ゾロアスター教の正統教義を確立するうえで測りしれない貢献をすることになった。

図表11　現存『アベスターグ』の儀礼用分類

	分　類	内　容
ヤスナ全72章（ゾロアスター教儀礼の中核，ヤスナ犠牲祭で朗唱するテキスト）	第1～8章	諸神格を列挙してヤスナ犠牲祭への集合を呼びかける
	第9～11章	ハオマ草への讃歌
	第12～13章	ゾロアスター教の信仰告白（フラワラーネ）
	第14～18章	諸神格を列挙してヤスナ犠牲祭への集合を呼びかける
	第19～21章	三大聖呪への注釈
	第22～26章	諸神格を列挙してヤスナ犠牲祭への集合を呼びかける
	第27章	三大聖呪
	第28～34章	ガーサー前半（ザラスシュトラ・スピターマが詠んだ韻文）
	第35～42章	七章ヤスナ（ザラスシュトラ没後に直弟子たちが作成した散文）
	第43～53章	ガーサー後半（ザラスシュトラ・スピターマが詠んだ韻文）
	第54～62章	諸神格を列挙してヤスナ犠牲祭への集合を呼びかける
	第63～69章	別系統の儀式の祈禱句
	第70～72章	諸神格を列挙してヤスナ犠牲祭への集合を呼びかける
ヤシュト全21章（個々の神格に捧げる讃歌）	第1章	アフラ・マズダーへの讃歌
	第2章	六大天使への讃歌
	第3章	アシャ・ワヒシュタへの讃歌
	第4章	ハルワタートへの讃歌
	第5章	アルドウィー・スーラー・アナーヒターへの讃歌
	第6章	太陽への讃歌
	第7章	月への讃歌
	第8章	ティシュトリヤへの讃歌
	第9章	ドルワースパーへの讃歌
	第10章	ミスラへの讃歌
	第11章	スラオシャとラシュヌへの讃歌
	第12章	スラオシャとラシュヌへの讃歌
	第13章	物故したゾロアスター教徒の守護天使（フラワシ）たちへの讃歌
	第14章	ウルスラグナへの讃歌
	第15章	ヴァーユへの讃歌
	第16章	チシュターへの讃歌
	第17章	アシ・ワンフイーへの讃歌
	第18章	アーリア民族の栄光への讃歌
	第19章	アーリア民族の支配権の象徴フワルナ（光輪）への讃歌
	第20章	ハオマ草への讃歌
	第21章	星辰の神への讃歌
ウィーデーウダード全22章（悪魔を追い払うウィーデーウダード儀式で朗唱するテキスト）	第1章	原始教団時代のイラン高原の地誌
	第2章	ヤマ（閻魔）伝説
	第3章	大地に関する宗教法
	第4章	人間と接する際の宗教法
	第5～12章	死体に触れた際の不浄とその浄化法
	第13章	犬への讃歌（最も浄化力の強い善なる生き物とされる）
	第14章	カワウソ殺害の罪悪について（浄化力の強い善なる生き物とされる）
	第15章	死に値する5つの大罪について（背教，犬の不当な飼育，妊娠したメス犬の殺害，生理中の女性との性交，妊娠中の女性との性交）
	第16章	生理中の女性の不浄について
	第17章	切ったあとの髪や爪の扱い方について
	第18章	意味のない神官，雄鶏の聖性などについて
	第19章	ザラスシュトラが悪魔に誘惑された伝説
	第20～22章	3種のゾロアスター教医学について（呪文･刃物･薬草による治療）

ウィスペラド 全24章	ヤスナ祭式の各所で差し挟まれる追加的な美文

図表12　欽定『アベスターグ』の内容別分類

巻数	各巻の名称	内　容	儀礼用分類との対応
第1巻	ストート・ヤシュト	ガーサー（ザラスシュトラスピターマが詠んだ韻文）	ヤスナ14-16, 22-27, 28-54, 56（完全に現存）
第2巻	スートカル	ガーサーの注釈	断片
第3巻	ワルシュトマーンサル	ガーサーの注釈	
第4巻	バグ	ガーサーの注釈	ヤスナ19-21
第5巻	ワシュタグ	（未研究）	散逸
第6巻	ハーゾークト	多様	ヤスナ58，ヤシュト11等
第7巻	スパンド	ザラスシュトラ伝説	断片
第8巻	ダームダード	創世記	断片
第9巻	ナーフタル	（未研究）	散逸
第10巻	パージャグ	歳や日の宗教的区分	断片
第11巻	ラスウィシュターティ	犠牲獣の準備方法	断片
第12巻	バリシュ	宗教倫理	断片
第13巻	カシュカイスラウ	誤って処理した犠牲獣の無効化方法	断片
第14巻	ウィシュタースプ・ヤシュト	ウィシュタースプ伝説	断片
第15巻	ニカートゥム	宗教法	断片
第16巻	ドゥズド・サル・ニザド	宗教法	断片
第17巻	フスパーラーム	宗教法	断片
第18巻	サカートゥム	宗教法	断片
第19巻	ウィーデーウダード	宗教法	ウィーデーウダード（全）
第20巻	チフルダード	アーリア民族の神話的歴史	断片
第21巻	バガーン・ヤシュト	各神格への讃歌	ヤスナ9-11, 57, ヤシュト5-19

『アベスターグ』の分類には，以下の２つの方法が用いられている

⑴儀式用の呪文として活用する順番に従って配列した分類方法。大別して，「ヤスナ犠牲祭」用テキスト，「ヤシュト」用テキスト，「ウィーデーウダード儀式」用テキスト，その他「ウィスペラド」などのテキストの４つに分けられる。かつては，（下記の）欽定版の配列の方が先行し，これらは欽定版をランダムに再編集したものと考えられていた。しかし，エアランゲン大学教授だったホフマン（1915年～1996年）以降，ヤスナ＋ウィーデーウダード＋ウィスペラド祭式とヤシュト祭式と云う２系統の儀礼に即して，ある程度意図的に集積されたとの見解が定説化している（Hoffmann und Narten 1989）

⑵６世紀の神官団が，欽定『アベスターグ』を初めて文字化した際に，上記の儀礼用の呪文に加えて，それまでに集積された口承の蓄積を，内容別に全21巻に配列した分類方法。この梗概は，パフラヴィー語文献『デーンカルド』第８巻の中に記載され，現代まで伝わっている。しかし，イスラーム時代初期に欽定『アベスターグ』の70パーセント以上が散逸したので，実際の全体像は不明である。おそらく，儀式用のパッケージがほぼ無傷で伝存していたために，それ以外の部分が散逸したのだろうと思われる

サンスクリット語文献の翻訳

ゾロアスター教神官団がキリスト教教会に比べて異文化受容の面で有利だったのは、インド亜大陸と国境を接していた点である。彼らは久しくこの利点を活用しなかったが、フスラウ一世時代に入ってやっと目覚め、おおいにインド文化を導入しはじめる。

伝説によれば、フスラウ一世は、宰相ウズルグミフル・イー・ボーフタガーン（メルヴ出身の夢占い師で、フスラウ一世に重用されて宰相に抜擢された）をインド亜大陸に派遣して、古代インドの説話集『パンチャ・タントラ』を入手し、これをサンスクリット語からパフラヴィー語に翻訳するように命じた。これが、後世、アラブ世界からヨーロッパにまで広がった『カリーラとディムナ』の原型とされている。また、このころ、「チャトランガ」というゲームもインドからサーサーン王朝に輸入され、おおいに人気を博し、パフラヴィー語でその遊び方の解説書が作成された。これが、ヨーロッパのチェスや東アジアの将棋の祖とされている。

また、ある学説によると、あれだけマーニー教や東方シリア教会の禁欲主義を排撃していたアーリア人であるが、東方のインドからもたらされる修行論や神秘主義には免疫がなく、このころにゾロアスター教神秘主義思想が確立したとされている。たしかに、イスラーム時代にはいると、メソポタミアと並んでイラン高原東部もスーフィズムの一大淵叢として花開くから、先行するゾロアスター教神秘主義思想の存在も一概に否定できない。しかし、ペルシア州に本拠をおくゾロアスター教神官団には受容されなかったのか、パフラヴィー語文献上は確認できない仮説である。

ゾロアスター教パフラヴィー語文献の作成と教義の確定

このような聖典の確立と、ヘレニズム文化・インド文化の受容が、サーサーン王朝時代後期におけるゾロアスター教教義の確定の原動力になった。実に、サーサーン王朝ペルシア帝国によるエーラーン・シャフルの政治的統一に遅れること三〇〇年以上を経ての、神官団によるゾロアスター教教義の統一（の明文化）であった。もちろん、この教義確定の過程で切り捨てたもの――代表例がズルヴァーン主義神学――もまた多かったのであるが。

このころに、現代語で「宗教」にあたるパフラヴィー語「デーン（Dēn）」の概念が確立する。本来この語は、現代ペルシア語の「ディーダン（dīdan、見る）」と同じく、死後に個人が来世で邂逅するドッペルゲンガーのヴィジョン（アヴェスター語でDaēnā、ダエーナー）を指していた（Vahman 1985）。先行してこの語を「宗教」の意味で用いたのはマーニー教であったが（Gardner and Lieu 2004, p. 109）、しだいにゾロアスター教神官団にも浸透したようで、本来アフラ・マズダーとザラスシュトラの会話篇（パフラヴィー語でハム・プルサギーフ）として成立していたゾロアスター教文学の中に、「デーンに以下のように明らかである」、「デーンにこう啓示されている」などの表現が出現するようになる。

以下では、このころに原型が整えられたと思われるパフラヴィー語文献から、サーサーン王朝時代後期の段階のゾロアスター教正統教義「デーン」を復元してみよう。このころのゾロアスター教神学全般に関しては、Hultgård 2004及びKreyenbroek 2013参照。『アベスターグ』の解釈学に関しては、Vevaina 2007参照。

創世記　ザラスシュトラの教えの最初期段階では、アフラ・マズダーは宇宙を秩序化し（どうやら中途半端に失敗したようだが)、その後、高次の次元で高みの見物を決めこんで、スペンタ・マンユとアンラ・マンユがそれぞれ善の軍団と悪の軍団を率いて対峙している乱戦模様を眺めているだけだった(なんとなく無責任でもある)。しかし、サーサーン王朝時代後期のゾロアスター教神学では、アフラ・マズダーの地位が相対的に下落して、彼が直接アンラ・マンユと対決するように設定が変更され、これを詩的なイメージで形象化し、各神格の役割を固定化して統一感のあるストーリーを展開するようになった。

それを要約すると、永劫の昔から、光の神アフラ・マズダーは天上に高く輝き、闇の神アンラ・マンユは奈落の底に沈んでいた。両者の中間には、どっちつかずの空間・風の神格ヴァーユが介在し、善悪の接触を妨げていた。しかし、あるとき、アンラ・マンユは、自分のはるか上方で輝くアフラ・マズダーに気づき、彼の叡智・生命・芳香に激怒して、ヴァーユを突き破って戦争をしかけた。これが、善と悪が混ざり、光と闇が入り乱れての「この世＝混合世界(グメーズィシュン)」の開闢《かいびゃく》である。

アフラ・マズダーは、「全知と善性(ハルウィスプ・アーガーヒーフ、ウド・ウェーヒーフ)」を武器に戦ったが、残念ながら全能ではなかったので、アンラ・マンユの挑戦をすぐには退けることができなかった(若干、頼りない宇宙最高神である)。そこで、無限時間を区切って有限時間とし、そのなかでのこの世の分担統治を提案した。各有限時間については、三〇〇〇年間をアンラ・マンユに与えたとも、三〇〇〇年間を共同統治としたともされ、前後関係を含めて文献によって一定しない。また、有限時間の期間も、九〇〇〇年間から一万二〇〇〇年間までの幅を持って伝えられている。叡智の神アフラ・マズダーは、無限時間の中で闘争が永続化するのを避け、善の最終的勝利を見越して(悪は物質的に存在するだけで無理をしているのである)この提案を行ったのだが、アンラ・マンユは、知恵において劣る(パス・ダーニシュニーフ)がゆえにこれを受諾した。

ゾロアスター教神官団は、教祖の教えを以上のようなストーリーに練りあげて、二元論的な創世記を完成させた。そして、この創世記こそ、セム的一神教に勝る善なる教え（ウェフ・デーン）であると信じた。もし、この世を創った唯一の神が完璧な善であり、その義なる神が単独でこの世を支配しているのならば、この世に蔓延《はびこ》る悪はどう説明できるのであろうか？　善なる神が悪をなすとすれば、彼は善ではない。善なる神以外から悪が到来し、彼がそれを統御できないとすれば、彼は完璧ではない。九世紀のゾロアスター教からの他宗教反駁の書『断疑論』の中では、このようにキリスト教やイスラームに反駁して、彼らの崇める唯一神の欺瞞性を指摘し、この時期のゾロアスター教の正統教義である二元論の優位性を主張している。

なお、ゾロアスター教創世記には、もう一つズルヴァーン主義パターン（本書第二節も参照）がある。それによると、善悪二神が対立する有限時間の前に、両者をさらに超越する無限時間の神ズルヴァーンが存在した。彼は、有限時間を動かしてこの世を生みだすにあたり、その統治者を欲した。彼が一心不乱に犠牲を捧げて祭式儀礼を行ったところ、長男としてアンラ・マンユを、次男としてアフラ・マズダーを授かった（祭式儀礼の効力に絶大な信をおいている点が、実にアーリア人的である）。ズルヴァーンは、アンラ・マンユの邪悪さを見抜いて彼を嫌悪したが、長男なので先にこの世の統治権を与えざるを得ず、有限時間を区切って三〇〇〇年間を彼に任せた。しかし、そのあとでは、次男のアフラ・マズダーに統治権を渡すように命じ、この世の事柄への介入から手を引いたとされる。

メーノーグ界とゲーティーグ界　善と悪の混合（ズルヴァーン主義では「ズルヴァーンによる有限時間の創造」）

が起こったこの世は、霊的世界と物質的世界の二重構造になっているとされる。この発想自体は、ゾロアスター教神学の最初期段階から存在し、世界は「霊的な存在（アヴェスター語でマナフヤ）」と「物質的な存在（ガエースヤー）」で構成されると考えられていた。しかし、これらをパフラヴィー語で「メーノーグ界」と「ゲーティーグ界」と称して、思想的に前面に押しだしてくるのは、サーサーン王朝時代後期のこととされる。

すなわち、微細な霊的世界であるメーノーグ界と、それが物質化する現実世界であるゲーティーグ界である。ゾロアスター教神学では、この世で生起する諸々の現象は、まずはメーノーグ界で発生し、それがゲーティーグ界で具現化するというプロセスをとる。したがって、光と闇が混合した結果生みだされる善なる創造物＝火や水や大地は、まずはメーノーグ界で一層完全な形で発生し、その似像《にすがた》が、我々にも見えるゲーティーグ界に現れているのである。同じことは、悪なる創造物＝蛙、蠍《さそり》、蛇などについてもいえる。

しかし、善なる存在と悪なる存在は、この二つの次元で、同じ存在強度で具現化しているわけではない。霊的次元すなわちメーノーグ界では、両者は同じ存在強度を保っている。だが、物質的状態、換言すれば「生きている状態」というのは、ゾロアスター教的には善の充足を意味するので、悪なる存在にとっては存在し難い次元である。したがって、アフレマンとその眷属《けんぞく》がゲーティーグ界で存在しようとすると、かなりの無理を重ねることになり、結局、ゲーティーグ的に存在している善なる存在を死（アフラ・マズダーに発する善が欠如した状態）に引きずりこむしかなくなる（Schmidt 1996）。いわば、悪とは、霊的に存在するのはやむを得ないが、物質的には、本来存在するべきではないのである。この点で、サーサーン王朝後期のゾロアスター教思想は、同じ二元論を装うとはいえ、「霊的存在＝善、物質的存在＝悪」と考えるマーニー教とは先鋭的に対立する。

このようなコンセプトは、もしかすると、ヘレニズム時代にギリシア哲学の影響を受けて強調された可能性がある。しかし、ギリシア哲学のどの教説に影響されたかの見解は分かれる。ある学説によると、ヘレニズム時代のイラン高原に流入したのはプラトン哲学であり、メーノーグ界＝イデア界、ゲーティーグ界＝現象界にあてはまる（Molé 1963）。また、別の学説によれば、サーサーン王朝時代のゾロアスター教には四元素論などのアリストテレス哲学の影響が顕著なので、メーノーグ界＝形相、ゲーティーグ界＝質料に該当し、この世の現象は潜勢態《せんせい》から現勢態への移行として解釈される。このゾロアスター教的な両世界観の由来については、今のところ結論が出ていない。

人類の始原とザラスシュトラの到来　善と悪が分離状態にあったころ、世界は静謐を保ち、日月星辰は静止していた。しかし、アンラ・マンユの軍団が世界に侵入した時から、アフラ・マズダー率いる恒星天とアンラ・マンユ率いる惑星天が回転し、この世の有限時間が始まった。ちなみに、惑星天の首領は土星と見なされているので、その神格化ケーヴァーン（パフラヴィー語。近世ペルシア語ではカイヴァーン）は、ゾロアスター教的には最凶の悪なる惑星神である（ただし、金星はアナーヒター女神と同一視されて、善の勢力に数えられる。この時期のゾロアスター教神学に、かならずしも統一性がないことの証明である）。こうして、「創造（ブンダヒシュン）」を経て、「善と悪の混合状態の世界（グメーズィシュン）」にいたり、ついに物質的次元での善と悪の戦端が開かれた。両軍はさまざまな創造物を駆使して覇権を争い、この世の七つの州（カルシュワル）は神々と悪魔たちの修羅場と化したのである（ただし、勝敗はあらかじめ定まっており、一生懸命戦っている悪魔たちには気の毒である）。

この悪の勢力は、物質的に存在するにあたって、かなり無理をしている。アフラ・マズダーはアヴェスター語で「創造者（ダーマン）」と呼ばれるのに対し、アンラ・マンユは「模造者（ドゥジュダーマン）」にすぎない。アンラ・マンユは、悪なる存在を創造したのではなく、アフラ・マズダーの真似をして創造しようと試み、結果、造り損ねた（パティヤーラ）のである。この区分はパフラヴィー語にも継承されていて、オフルマズドは「創造する（フラーズ・ブレーヘーニード）」が、アフレマンは「造り損ねる（フレーズ・キッレーニード）」など、使用する動詞からして区別されている。なお、アフレマンの創造物を、パフラヴィー語で「暗黒のゲーティーグ的存在（ゲーティーグ・ターリーギーグ）」と称するが、これはゾロアスター教的には語義矛盾である。

この終末論的な世界大戦の舞台となる地上は、アフラ・マズダーとアンラ・マンユの合作である（もっとも、以下に述べる地理学は、起源的にはインド・イラン共通時代にまでさかのぼり、ヒンドゥー教や仏教にも共通するので、日本の読者にとっては、あまり新味を感じられないかも知れないが）。それによると、世界は七つの州に分かれ、その中央に「アーリア人の住まう土地（アリヤナ・ワエージャフ）」が位置する。そのまた中心には、アルボルズ山という高い山がそびえ（とうぜん、仏教の須弥山に該当する）、その頂上にチンワトの橋が架かって、ここから死者の霊魂が天国に向かうとされる。ちなみに、アーリア人のアルボルズ山愛好癖は相当のもので、民族移動の経路に沿って（現アフガニスタンの）ヒンドゥークシュから（現アルメニアの）コーカサスまでのいたるところの山塊に「アルボルズ山」と命名してまわったものだから、現代の地理学ではとうとうイラン高原上に「アルボルズ山脈」という一連の山脈が成立してしまった（Eilers 1985）。このほか、『アベスターグ』

のヤシュト19－7によると、地上の七州には合計二二四〇の山があることになっているが、これらはアンラ・マンユが地上に侵入し、爪を立てた名残とされる。

　この自然環境の中、とりあえずゾロアスター教的に由緒正しいことには、アフラ・マズダーは大地の女神スプンタ・アールマティ（前出の六大アメシャ・スペンタの一柱）と最近親婚を行い（ということは、両者は父娘関係だったわけだが）、めでたく最初の人類ガヨーマルトをもうける。ただし、この「最初の人間」は、なぜか球体をしていたとされる。球体人間ガヨーマルトは、アンラ・マンユからアストウィハードという死の悪魔（原義からいえば「骨の解体者」）を差し向けられるも、よくこれを撃退し、三〇年間生き続ける。そして、彼の精液が大地の女神スプンタ・アールマティに落ちると、そこから植物の形をとったマシュヤグとマシュヤーナグという兄妹が発生する。この兄妹がまた最近親婚を行って、ようやく現生人類の姿をとった人類が増殖するのである。この古代イラン神話は、

・父と娘の最近親婚――アフラ・マズダー＋スプンタ・アールマティ＝ガヨーマルト
・母と息子の最近親婚――スプンタ・アールマティ＋ガヨーマルト＝マシュヤグとマシュヤーナグ
・兄と妹の最近親婚――マシュヤグ＋マシュヤーナグ＝現生人類

という最近親婚の三パターン（ペルシア語では兄・弟と姉・妹の区別はない）を的確に表現しており（Skjærvø 2011）、最近親婚と人類の発生を上手く結びつけようとした知的営為の成果だと評価されている。

　この原初の人類と並んで、原初には雄牛が存在していた。これは、古代においては牧畜生活を送り、牛が大好きだったアーリア人らしい発想の神話である。パフラヴィー語文献『ブンダヒシュン』によると、この雄牛は登場するなりあっさり死んでしまい、その死体からは五五種類の穀物と一二種類の薬草が生まれ、そ

の精液からは二八二種類の動物が派生したとされる。本人自体は何もしていないようだが、まさに生命の源である。

マシュヤグとマシュヤーナグのあと、人類の系譜はホーシャング、タフムーラス、ジャムシード（古代インド神話のイマ、仏教説話の閻魔大王に該当する）と継承され、人類史はアンラ・マンユの妨害にもかかわらず、ようやく軌道に乗る。その子孫である人間たちは、生まれた時から善悪の宇宙的規模での闘争の渦中にあり、善の陣営か悪の陣営に属する戦士として、おのおの戦列に加わらなくてはならない。ここで、人類が主体的に善と悪を選択し、能動的にどちらかの陣営に加わる自由意志が発揮される（もっとも、アフラ・マズダーの系譜を引く人類の子孫が、悪の陣営に加わるとは想定し難い事態ではあるが）。このように、アフラ・マズダーが全能ではないという神学的弱点が、ここでは人間の自由意志を認めるという神学的強みに反転するのである。

この地上での善と悪の戦いを効果あらしめる「最初の神官」が、ザラスシュトラである。彼の生涯（というか、あらまほしき伝説）については、すでに第一章第一節で解説したので、ここでは繰り返さない。ただ、彼は、精神的な次元で戦われている光と闇の闘争に際して、悪を祓うのに威力絶大の三大聖呪を人類にもたらした。すなわち、「ヤサー・アフー・ワルヨー」、「アシェム・ウォフー」、「イェンへー・ハータームル」である（これを三大聖呪として別格視する発想は、「ウィーデーウダード」18-43に基づく）。

悪魔たちは、地上にこの聖呪が伝えられるのを恐れ、悪辣な策略を弄してザラスシュトラの誕生を妨害しようとしたが、まったく果たさなかった。これらの聖呪は、一度唱えればどのような悪魔も退散すると考えられ、いたる所に悪魔の襲来をみて神々の加護を願うゾロアスター教徒の日常生活には、欠かすことのできない武器となっている——もっとも、今では単なる迷信と見なされないでもない。

このように、ゾロアスター教には、三大聖呪として、最も霊力が高いとされる呪文が下記の三つある。

①ヤサー・アフー・ワルヨー

「教え人として望ましいように」の意味で、ザラスシュトラを讃える句。通称「アフナ・ワルヤ呪」と呼ばれ、三大聖呪の中で最高の威力をもつとされる。

②アシェム・ウォフー

「天則はよきもの」の意味で、この世の正義を信じる句。最も汎用性が高く、三大聖呪以外の聖呪の冒頭や末尾に付け加えられるパターンも多い。現代のゾロアスター教徒の間では、非常に頻繁に唱えられている。

③イェンヘー・ハータームー

「あるものたちのうちでどの男性の」の意味で、ゾロアスター教徒の中の有徳者を讃える句。

それぞれの聖呪の全訳については、伊藤義教、一九六七年、三六八頁参照。

また、ザラスシュトラは、善を増進し悪を撲滅するために、拝火儀式をも宣《の》べ伝えた。このため、サーサーン王朝時代のイラン高原には、

・神官階級の守護聖火＝ペルシアのアードゥル・ファッローバイ聖火
・軍人貴族階級の守護聖火＝旧メディアのアードゥル・グシュナスプ聖火
・農民階級の守護聖火＝ホラーサーンのアードゥル・ブルゼーンミフル聖火

の三大聖火を筆頭とする多数のヴァフラーム聖火*が聖別され、ゾロアスター教徒たちの篤い信仰を受けていた。現在、世界で善と悪の均衡が保たれ、このような姿で維持されているのは、まったくモーベドたちが

図表13　サーサーン王朝時代のゾロアスター教聖火

①　理念的な5種類の火

名　　称	特　　徴
ブルザ・サヴァングの火	アフラ・マズダーの御前の火
フ・フルヤーンの火	人間や家畜の体内の火
ウル・ヴァーズィシュトの火	樹木の中の火
ヴァーズィシュトの火	雲の中の火
スペーニシュトの火	恩恵的な普通の火

②　現実の三大聖火とその他の聖火

名　　称	特徴と伝説
アードゥル・ファッローバイ聖火	三大聖火の第1位で，神官階級の守護聖火。伝説の王ジャムシードがホラズムで聖別し，カウィ・ウィーシュタースパの時代にペルシアへ移動。たぶん，アルダフシール・ファッラフにあった。14世紀以降はヤズド周辺の村へ避難し，現在でもそこで燃えている
アードゥル・グシュナスプ聖火	三大聖火の第2位で，軍人貴族階級の守護聖火。伝説の王カイ・フスラウがアゼルバイジャンで聖別。ガンザクにあった。943年までは燃えていたが，それ以後は消息不明
アードゥル・ブルゼーンミフル聖火	三大聖火の第3位で，農民階級の守護聖火。ザラスシュトラがホラーサーンで聖別。ネーウ・シャーブフルにあった。9世紀以降は消息不明
ヴァルターシュタルの火	神話上の人物フェリードゥーンがピーシャク地方のバフラーンで聖別。しかし，それがどこかは不明
ウザウ・イー・タフマースパーンの火	ウザウ・イー・タフマースパーンがハマダーンで聖別。現在では消息不明
カルコーグの火	アフラースィヤープがサギスターンで聖別。13世紀のモンゴル侵入直前まで，最初の聖別地で燃えていた唯一の聖火。この持続力から，三大聖火に次ぐ「第4の大聖火」とも讃えられる。現在では消息不明
フラムカルの火	燃料を補給しなくても燃えるという伝説の火で，クーミシュにあった。現在では消息不明
アナーヒター女神の火*	サーサーン家の先祖が仕えていたスタフルの拝火神殿の火。14世紀以降はヤズド周辺の村へ避難し，現在でもそこで燃えている
トゥースの火*	フェリードゥーンが聖別
ブハーラーの火*	フェリードゥーンが聖別
ヤルカンドの火*	スィヤーワフシュが聖別
アッラジャーンの火*	—
スタフルの火*	神話上の人物フマーヤが聖別
バイ・シャーブフルの火*	ダレイオス3世が聖別
コンスタンティノープルの海峡の火*	シャーブフル1世がコンスタンティノープル攻略戦の際（このような史実はない）に聖別
サーサーンの門の火*	神話上の人物のドームとして知られる
ダーラーブギルドの火*	不明
カーゼルーンの火*	〃
シーラーズの火*	〃
ジェッレの火*	ミフル・ナルセフが聖別
ハディージャーンの火*	不明

無印は，パフラヴィー語文献『ブンダヒシュン』に所載の火。＊印は，『ブンダヒシュン』には記載がないが，アラビア語文献に所載の火

日々拝火儀礼を行って悪魔たちを浄化しているお陰である。善の戦士である彼らの努力なくしては、世界は暗黒の闇に閉ざされてしまうであろう。これらのサーサーン王朝時代の聖火体系の背後には、相当複雑なイデオロギーやヒエラルキーがあったと考えられるが、聖火の大半が消滅している現在では、きわめて断片的な情報しか伝わっていない。

＊　ヴァフラーム聖火（パフラヴィー語）とは、サーサーン王朝時代のあるレベル以上のゾロアスター教聖火のランク。三大聖火とその次のランクの聖火を含む。直訳すると「勝利の聖火」で、戦いの神ヴァフラームに捧げられた。近世ペルシア語でバフラーム聖火といい、現在ではインド亜大陸に八つ（ボンベイに四、スーラトに二、ウドワーダー、ナヴサーリーに各一）、イラン高原に一つ現存している。

さらに、このザラスシュトラを現実の武力でもって擁護したのは、カウィ・ウィーシュタースパ大王であった。ここから、「宗教（デーン）と王権は双生児」との諺《ことわざ》が生まれ、前者が霊界を支配して人類を導くのに対し、後者は物質界を領導して人類を保護するとの役割分担が明確になった。サーサーン王朝の皇帝たちは、ある意味ではこのイデオロギーを一身に体現し、神官の指導者と軍人貴族の指導者を兼ね備えた存在だった。

ゾロアスター教法の励行　しかし、善と悪を自由意志で選択し、善の側に加担する（ことになっている）人類にしても、単に日常的に聖火の前で聖呪を唱えているだけでは、その使命を果たせない。エーラーン・シャフルに住まうサーサーン王朝下のゾロアスター教徒は、ユダヤ教におけるタルムードや、イスラームにおけるシャリーアのごとく、神が下した宗教法に則して日常生活を送ることが肝要である（サーサーン王朝時代のゾロアスター教法については、何をおいてもMacuch 1993参照)。

ゾロアスター教にも、当然、宗教法(パフラヴィー語でダード)が存在する。前述の欽定『アベスターグ』全二一巻の内容別分類を参照しても明らかなように、第一五巻から第一九巻までが、宗教法を取り扱っている。これらはさらに、①宗教に即して一般社会を律する法(ダード・イー・ザルドシュト)と、②純然たる宗教的内容をもった悪魔祓い法(ダード・イー・ジュド・デーウ)に分けられる。

①第一五巻〜一八巻——ニガートゥム(最初の法)〜サガートゥム(最後の法)のグループ(Kingenschmitt 2000)

②第一九巻——ジュド・デーウ・ダード＝悪魔を追い払う法

つまり、イスラームにおけるイバーダートとムアーマラートに該当するような宗教法上の区分が、すでにサーサーン王朝時代から成立していたのである。五〜六世紀に活躍したと推定される前述のメードヨーマーフ、アバラグ、ソーシャーンスのゾロアスター教三大法学派とは、これらの規定をサーサーン王朝社会にどう適合させるかの方法論の相違によって生まれたものと考えられている。

また、宗教法であってみれば仕方がないのだが、この法の対象となるのは、アーリア人(エール)にして、サーサーン王朝皇帝の臣民(シャーハンシャー・バンダグ)でなくてはならず、非アーリア人(アネール)や非ゾロアスター教徒(アグデーン)は、同等の法的権利を与えられることはなかった。

残念ながら、婚姻法や財産法など一部の法律規定をのぞき、サーサーン王朝時代が崩壊し、九世紀以降のイラン社会は急速にイスラーム化したため、このゾロアスター教法の詳細はよく分かっていない。ただ、イスラーム法のワクフ制度(Macuch 2009)やシーア派のムトア婚(Macuch 2006)に、その痕跡を残していると考えられている。

個人の終焉と審判　いかに聖呪を唱えて拝火儀礼を実行しても、ゾロアスター教を励行して社会生活を営んでいても、善悪の死闘の総合的な決着がつく前であれば、個人の死は避けがたい。死者の肉体は、それが善人であればあるだけ、その善をうち倒した悪の力が大きいと考えられて、汚染の甚だしさが予想される。遺体は、聖なる火や水や大地を汚さないために、すみやかに荒野で狼やハゲタカに食わせたのち、骨だけを磨崖のダフマに収納して葬らなくてはならない。ダフマの周囲は聖火で不浄から守られ、近づくことができるのは厳重な儀式で浄化された死体運搬人（ナサー・サーラール）だけである。

写真16　スィーラーフのダフマ　スィーラーフは，サーサーン王朝時代から10世紀まで，ペルシア州南部の港湾都市として栄えた街。写真はこの街に無数に掘られた磨崖横穴式ダフマの１つで内部には白骨が見える。これがサーサーン王朝時代の一般的なダフマの形式

　死者の霊魂は、死後三日間は死者の枕頭で彷徨《さまよ》うが、四日目の早朝に冥界に旅立つ。このとき、死者の善行が多ければ、可憐な乙女の姿をした二重自己《ドッペルゲンガー》に出会い、優しく導かれてチンワト（選別）の橋に達する。しかし、悪行を重ねていれば、醜怪な魔女の姿の二重自己に遭遇し、嫌々チンワトの橋に赴くことになる。この時点ですでに天国に行くか地獄に堕ちるかの結果は出ているのであるが、死者はここでチンワトの橋を渡ることを求め

られる。「善思・善語・善行」の三徳を全うした義者は、広々としたチンワトの橋を渡って天国へ到達するのに対し、「悪思・悪語・悪行」の三悪を重ねた悪者は、チンワトの橋が狭まって地獄へ墜落する。義者と悪者は、しばらくの間、この世での善悪の報いを楽しむ／苦しむことになる。

最後の審判と世界の浄化　パフラヴィー語文献は、三人の救世主の到来、アンラ・マンユの打倒、世界の建て直し、死者の復活、最後の審判、至福王国の実現などの終末論的事柄が、どのような順序で生起するかについて、非常に混乱している。ある文献に依拠してそれを再現するならば、事態は、終末が始原に回帰し、有限時間が無限時間へ回収される形で進行していくようである。

まず、第一の救世主ウシェーダルが到来する。一応、善と悪の最後の大戦の開始である。彼の一〇〇〇年紀の最初の三〇〇年には、凶暴な狼が登場して善き人々を苦しめるが、ウシェーダルが犠牲祭を行うことで退治される。中盤には、マルコースの冬と呼ばれる恐るべき寒波が襲来するものの、ウシェーダルが唱えるダフマン・アフリーン聖呪によって撃退される。こうして、ウシェーダルの一〇〇〇年紀が終わる（ウシェーダル本人がどうなったのかは、残念ながら不明である）。

つぎに、第二の救世主ウシェーダルマーフが出現する。彼の一〇〇〇年紀には、すべての蛇（悪なる勢力の最悪の創造物）が合体して、一個の巨大な竜と化す。ウシェーダルマーフと人類は協力してヤスナ祭式を実行し、この巨大竜を滅ぼすとともに、すべての悪なる動物も殲滅する。こうして終末が近づくにつれて、人類は食事をやめてただ水だけで生きるようになる（ウシェーダルマーフ本人がどうなったのかは、相変わらず不明である）。

地図9　サーサーン王朝ペルシア帝国の聖火と図書館配置図（6～9世紀）

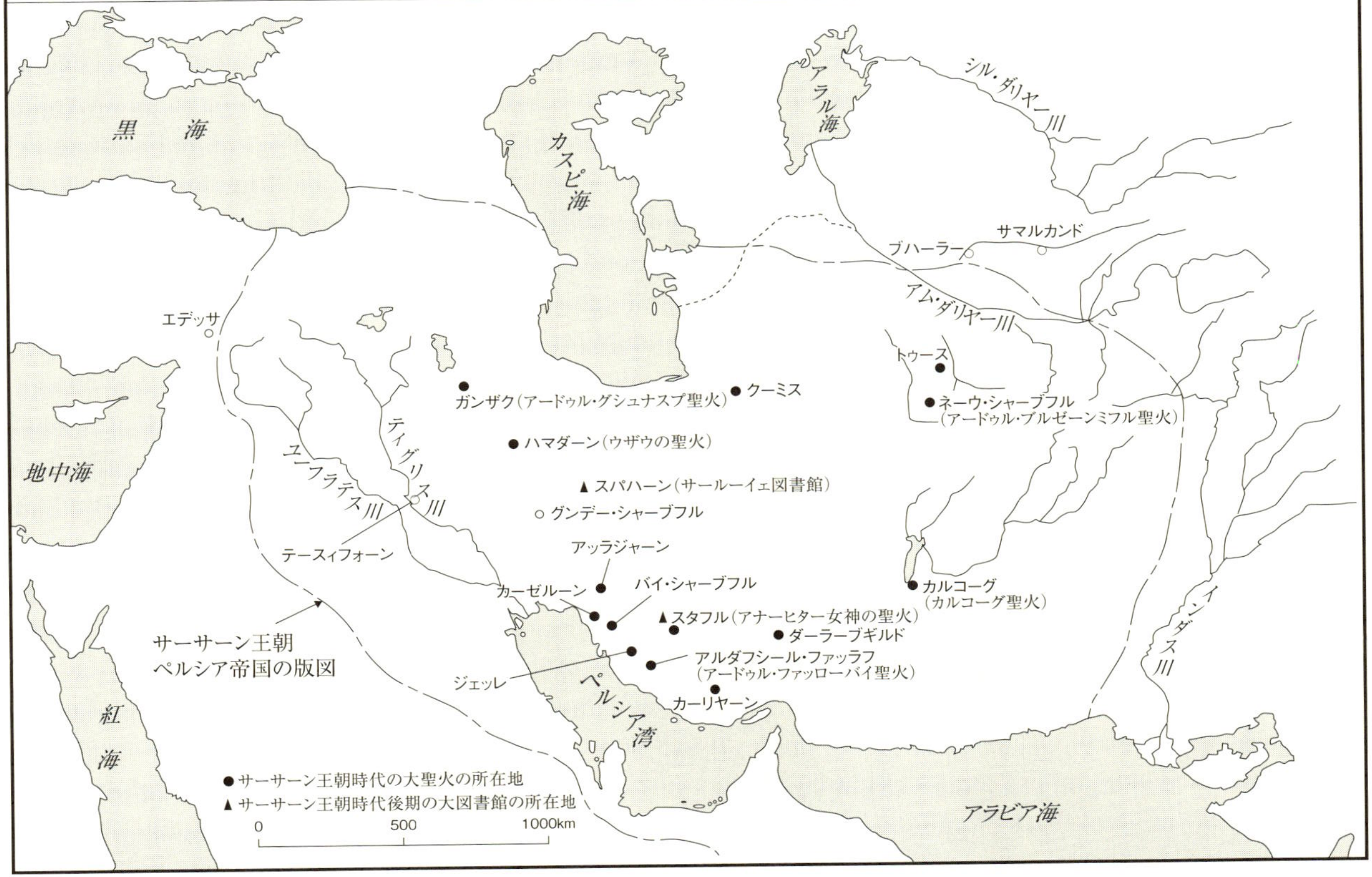

最後に、第三の救世主ソーシャーンスが降臨する。ここで最初に復活するのは、「最初の人間」（というには程遠い姿をしていたが）ガヨーマルトである。彼に続いて、死者たちもつぎつぎに復活し、今までに生を享《う》けた人類が一堂に会する。ハタヨーシュという特別の牛が犠牲に供され、その脂肪とハオマ液を混ぜて摂取した全人類は永遠の不死を得る（ゾロアスター教のヤスナ儀礼は、このシーンを先どり体験している面もある）。このあと、善と悪の闘争はクライマックスを迎え、善なる勢力が悪なる勢力を圧倒して宇宙的闘争に最終決着がつく。

すべての悪が駆逐されると、世界の浄化が始まる。この（キリスト教的には）最後の審判に該当するゾロアスター教的状況を、アヴェスター語でフラショー・ケレティ、パフラヴィー語でフラショギルドと呼ぶ。ゾロアスター教の大聖火が世界の山野に埋もれているすべての金属を溶かし、それが洪水となって全世界を飲みこむ。この金属の熱湯は、一種の神判となっており、善人には快く感じられ、悪人だけを熱傷《やけど》させる。しかし、悪人が苦しむのも三日間が限度で、この浄化を受けたのちには全人類が善に帰一する。ゾロアスター教では、悪人といえども永遠に苦しむような罰を与えられることはない。世界を満たしていた溶鉱は、冷めて固まると、この世と地獄を結ぶ回廊を封印し、無力化したアンラ・マンユを永遠に隔離する。

こうして実現した無限の至福の王国を統治するのは、ソーシャーンスである。ザラスシュトラは、「最高の神官」ではあっても、皇帝であったわけではない。アーリア人の伝説の英雄ジャムシードは、「最高の皇帝」ではあっても、神官であったわけではない。両者とも至福の王国を統べる資格には欠けていた。しかし、ザラスシュトラの息子ソーシャーンスは、両者の資格を兼ね備え、至福の王国を永遠に統治して、復活した人類を無限の喜びに導くことができるのである（しかし、たとえば、イサトワーストラも復活していたとすると、ソーシャーンスの長兄にあたるわけで、話が複雑になりそうな気がするのだが、ゾロアスター教神学上は詳説されていない）。

第五節　聖地の西遷とサーサーン王朝ペルシア帝国の滅亡

王朝の宗教的重心は旧メディアへ

このように、着実に組織を整え、教義を確立したかにみえるゾロアスター教だが、帝権との関係という角度からみると、第一四代皇帝ヴァフラーム五世時代以降、顕著な変化が見いだせる。すなわち、彼以前の歴代皇帝は先祖の故地であるスタフルで戴冠式を挙げたとされるのに対し、彼以降は、帝都テースイフォーンで戴冠したのちに、旧メディア王国の古都ガンザクへ巡礼するのが慣例となるのである。ここガンザクには、前述の帝国第二の聖火アードゥル・グシュナスプを祀った拝火神殿と、サーサーン王朝皇帝の（儀礼的な）玉座を彫りこんだ「タフテ・タクディース」があるとされ、五世紀以降はこちらの方が、ペルシア州を凌いで神官皇帝の信仰を集めたようである。

ペルシア・ビザンティン戦争

アードゥル・グシュナスプ聖火の重要性を認識するためには、サーサーン王朝ペルシア帝国とビザンティン帝国が約三〇年間にわたって攻防を繰り広げたペルシア・ビザンティン戦争（六〇二〜六二八年）の経緯にも注目しなくてはならない。この戦争は、日本における世界史の教科書ではまったく触れられていないが、「古代末期を崩壊させた破滅的世界大戦」と評されるほどのインパクトを——少なくとも西アジア世界と地中海世界に対しては――もたらしたし（Howard-Johnston 2011）、ゾロアスター教対キリスト教という宗教的動機が大きな役割を果たした点では、中世の十字軍の先駆的形態でもある（Stoyanov 2011）。

さて、前述のようにフスラウ一世は、建国以来三〇〇年以上を経たサーサーン王朝の黄金時代を現出し、かなりの国富を遺していた。そして、それを存分に活用する幸運に恵まれた孫フスラウ二世（五七〇〜六二八、在位五九〇〜六二八）は、皇位を巡るビザンティン帝国の混乱に乗じて、六〇二年に宣戦を布告。自らペルシア帝国軍を率いて親征し、はるばるとタウルス山脈を越え、六〇三年にはエデッサを攻略した。この好戦性は、父方の祖母が遊牧民族エフタルの公主だった影響であろうか。あるいは、母親が七大貴族スパーフベド家の出身で、パルティア系の血統を引いている所為であろうか。

戦線はこのあとしばらく膠着状態に入るが、六一一年には、ペルシア帝国軍はカエサリアとアンティオキアを攻略してシリア全土を制圧し、六一四年にエルサレムを攻略。イエス・キリストが磔刑に処せられたとされる「ゴルゴタの聖十字架」を奪取した。こののち、彼の軍隊は二手に分かれる。シャフルバラーズ将軍率いる一軍は南下してビザンティン帝国の穀倉地帯エジプトを制圧する一方、シャーヒーン将軍に率いられた部隊は長駆コンスタンティノープル対岸のカルケドンまで達して、ビザンティン帝国を滅亡の瀬戸際まで追いこんだ。しかし、ペルシア帝国は地中海方面に海軍を保有せず、シャーヒーン将軍が突然解任されてフスラウ二世に処刑されるなどの内紛もあり、コンスタンティノープル攻略はならなかった。

ちなみに、フスラウ二世は、自らの（想定された）空前の大勝利を祝うべく、ペルシア帝国伝統の聖地ビーソトゥーンとナクシェ・ロスタム、おまけに聖地ならざるハルスィーン村とターゲ・ボスターンの四か所に、彫るべき戦勝レリーフまで考案していた。残念なことに、完成したのはターゲ・ボスターンのレリーフだけで、彼がこのとき準備させた残りの三つのレリーフ用壁面は、空欄のまま現存している。

それでも、この赫々たる武勲によって、フスラウ二世は「アパルヴェーズ＝勝利帝」の称号を贈られ、サーサーン王朝ペルシア帝国の最盛期を体現する君主として名を残すことになった。歴史上、「ペルシア的な豪華絢爛」といえば、このフスラウ二世の豪奢のイメージが伝わったものである。彼によって、新たに三五三の拝火神殿が建設され、一万二〇〇〇人のヘールベド神官（祭式神官）が任命されたと（誇大に）宣言されたころが、サーサーン王朝とゾロアスター教の絶頂期だったかもしれない。まさか、この直後にペルシア帝国もゾロアスター教も奈落の底へ突き落とされようとは、彼ら自身も想像だにできなかっただろう。

写真17　ガンザクのアードゥル・グシュナスプ拝火神殿遺跡　ガンザクは，イラン領アゼルバイジャン州にある大規模遺跡。周囲より20mほど高くなった台地上に，泉を囲むようにして北に拝火神殿，東にアナーヒター神殿，西に住居施設と立ち並び，その周囲を円形の城壁で囲っている。こんこんと湧きでる泉に対する聖水崇拝と，サーサーン王朝第2の聖火アードゥル・グシュナスプ崇拝が融合した信仰の一大拠点

フスラウ二世の攻勢に対し、ビザンティン皇帝ヘラクレイオス（在位六一〇〜六四一）は、通常考えられるシリア・メソポタミア沿いの平地からテースィフォーンへ向かう反撃コースを取らなかった。彼は、六二二年にギリシア正教の聖体拝領の儀式を終えると、六二三年、あえてタウルス山脈沿いに反攻して旧メディアのガンザクを急襲し、アードゥル・グシュナスプ聖火の拝火神殿とタフテ・タクディース玉座を破壊しているのである（聖火自体は、フスラウ二世がかろうじて救出し、テースィフォーン近

写真18　ペルシア・ビザンティン戦争を描いた14世紀の北欧の教会絵画　1300年代前半にノルウェーのネドストリンのキリスト教教会で描かれたペルシア・ビザンティン戦争（602～628年）の絵画。戦争は，サーサーン王朝皇帝のフスラウ２世パルヴェーズ（在位591～628）が，エルサレムに攻めこんで聖十字架を略奪し，テースィフォーンに持ち去ったところから始まる（左下→右下）。次いで，ビザンティン皇帝ヘラクレイオスが反撃し，テースィフォーンを攻略してフスラウ２世を討ちとり（史実とは違うのだが），聖十字架をエルサレムに奪還するところで終わる（左上→右上）。おそらく，当時の十字軍運動に触発されて，異教徒との戦いを鼓舞するために描かれたものである

郊の居城ダストギルドに移転させた）。これを宗教戦争とするならば、ビザンティン帝国側からみて、サーサーン王朝にとってのアードゥル・グシュナスプ聖火は、キリスト教徒にとっての「ゴルゴタの聖十字架」に匹敵する宗教的意義があると考えられていたことになる。

このアードゥル・グシュナスプ聖火と聖十字架を巡る一種の宗教戦争は、結局はサーサーン王朝ペルシア帝国とビザンティン帝国の両国の国力を極度に消耗させる結果に終わった。フスラウ二世は、この大戦の前半の六二〇年には、ハカーマニシュ王朝崩壊以降初めてエジプトまでペルシア帝国の版図に収める空前の軍事的成功に輝いたものの、このためにサーサーン王朝の軍事力を極限まで酷使した。彼の無謀な戦線拡大によって戦局は徐々に悪化したうえに、

イラン高原東部のバクトリアではトルコ系遊牧民が蠢動《しゅんどう》し、六二〇年代後半にはティグリス川が大氾濫を起こしてメソポタミアの沃野は泥濘と化す始末で、サーサーン王朝の戦争遂行能力を極端に低下させた。

結局、ペルシア帝国は、六二七年一二月一二日のニネヴェ攻防戦で惨敗すると、六二八年二月には、ビザンティン帝国軍に帝都テースィフォーン近郊まで侵攻を許してしまい、同月二三日深夜に宮廷クーデターが勃発、フスラウ二世は息子のカヴァード二世に逮捕されて帝位を失った。フスラウ二世は、五日間幽閉されたのち、同月二八日に処刑され、近世ペルシア語文学『ホスロウとシーリーン』で名高い悲恋の皇帝は非業の最期を遂げた。伝説では、愛妃シーリーン（シリア教会の単性論派を信仰するシリア人女性だった）も、このときにフスラウ二世のあとを追って自殺したと伝えられている（シーリーン伝説については、Baum 2009参照）。

このあと、カヴァード二世に率いられたサーサーン王朝政府は、「ゴルゴタの聖十字架」に加えて、フスラウ二世時代の占領地をすべて返還するなど、きわめて不利な条件でビザンティン帝国に停戦を求め、アラビソスの講和条約に調印せざるを得なかった。対するヘラクレイオス帝も、かろうじて優位な和議を結ぶことに成功したものの、結局テースィフォーンを陥せず、ビザンティン帝国の穀倉地帯であったエジプトとシリアは荒廃し、教会財産を徴収してやっと遠征軍を維持する始末で、文字どおり辛勝だった。オリエントを代表する両大国が共倒れに近い形で疲弊して、真に利益を得たのは、七世紀中葉に南方の沙漠の中から出現してくるアラブ・イスラーム教徒軍だった。

アラブ・イスラーム教徒軍の侵攻

時代を少しさかのぼって五七〇年ころ、まだフスラウ一世のもとで大神官ウェフ・シャーブフルが欽定

『アベスターグ』の編纂に勤《いそ》しんでいたと思われる時期に、アラビア半島の一隅マッカ（メッカ）において、イスラームの預言者ムハンマド（五七〇ころ〜六三二）が生まれた（ちなみに、預言者の生没年は、ほぼフスラウ二世と一致する）。伝説によると、その夜、フスラウ一世の宮殿は大地震に見舞われて半壊し、一〇〇〇年間燃え続けたと伝わる大聖火は突如として吹き消えた。大神官は、幻視の中で、エーラーン・シャフルの西部国境地帯が、アラブ人の駱駝部隊に蹂躙される様子を見て、驚倒したという。

なお、このころのアラビア半島にゾロアスター教徒がどの程度居住していたかは不明であるが、イエメンのタミーム族の間では一定数が存在したと推定されているし（Friedmann 2003）、バーレーンにはゾロアスター教拝火神殿があった可能性がある（Morony 1986）。さらに、マズダク教に惹かれたアラブ部族もいたらしい（Kister 1968）。これらが、──イラン学者の目から見る限りでは──イスラーム開教の出発点になった。

このムハンマドは、六一〇年ころにアッラーの啓示を受けたと称してイスラームを開教し、紆余曲折の末、六二二年のメディナ移住後にはアラブ人の間に改宗者を得ていった。そして、ムハンマド没後の六三四年、疲弊した両帝国の間隙を縫って、第二代カリフ・ウマルの指導下で、本当にアラブ・イスラーム教徒軍の北上が始まった。最初の標的はビザンティン帝国領シリアで、六三六年、ヘラクレイオス帝はサーサーン王朝から奪還したばかりの穀倉地帯を、再び──そして今度は永遠に──失うことになった。西方シリア教会の最大地盤であるシリアの民は、ビザンティン皇帝が強要する皇帝派（メルキト派）のキリスト教よりも、アラブの蛮族が宣べ伝えるイスラームを歓迎する方を選んだのである。

アラブ・イスラーム教徒軍のつぎの標的は、サーサーン王朝の経済的中枢メソポタミア平原だった。フスラウ二世を暗殺したカヴァード二世も疫病のために在位六か月で没し、あとを継いだ息子アルダフシール三世は七歳の幼沖の君主で、摂政ミフル・アードゥル・グシュナスプが主宰するサーサーン王朝政府はきわめて弱体だった。エジプトから帰還していたペルシア・ビザンティン戦争の英雄シャフルバラーズ将軍は、この機に乗じて幼帝と摂政を殺害し、フスラウ二世の娘にしてカヴァード二世の姉妹妻だったポーラーンと結婚して帝位を僭称したものの、二か月後に暗殺された。そのポーラーンは、六二九年六月から一年間女帝の地位にあったが、六三〇年三月に妹のアードゥルミーグ・ドゥフトによって帝位を追われた。女帝ばかりなのは、クーデターでフスラウ二世を廃したカヴァード二世が即位するにあたり、ことのついでに兄弟と従兄弟を皆殺しにしたからで、このころのサーサーン王朝帝室には男性の帝位継承者が決定的に不足していた。そのうちに、姉を追い出したアードゥルミーグ・ドゥフトも、数か月統治したのち、ホラーサーン州から到来した将軍ロータスタフムに殺害され、シャフルバラーズが遺した軍団はニシビスで叛乱を起こし、それを鎮圧する将軍は誰もいなくなったまま、帝国は政治的に漂流を始めた。

結局、帝位僭称者が乱立する四年あまりの内戦の末、六三二年六月一六日には、傍流のヤザドギルド三世が大混乱のテースィフォーンを避けてサーサーン帝室発祥の地スタフルで戴冠し、ペルシア帝国はやっと小康状態を取り戻した。彼は、フスラウ二世と単性論派キリスト教徒の王妃シーリーンとの間の息子シャフリヤールの息子で、キリスト教徒の血を引いているためにこれまで即位できなかったとされている。この大乱の間、疲弊しきったビザンティン帝国にペルシア帝国へ介入する余力がなかったのが、せめてもの幸いであった。

伝説では、第二代カリフのウマル・イブン・ハッタ―ブ（在位六三四〜六四四）は、この直後にヤザドギルド三世のもとに使者を派遣し、ゾロアスター教を棄てて純粋一神教（イスラーム）に帰依するように勧告した。

しかし、サーサーン王朝の再建に腐心していたヤザドギルド三世は、この勧告を聴くや、「鼠や蛇を食べる沙漠の蛮族が何を血迷ったか。土でも背負って帰れ」と一蹴した。当時、（少なくともペルシア・ビザンティン戦争以前の）サーサーン王朝ペルシア帝国とアラブ部族の実力の差はあまりに大きく、ヤザドギルド三世としては当然の対応だったのだが、使者は「土をくれるということは、ペルシアの国土をくれるということだ」と予言して立ち去ったとされる。

そして、メソポタミア平原とアラビア砂漠の境界の都市ヒーラを巡る数次の攻防戦ののち、六三七年六月、ヒーラ市南西のカーディスィーヤの野で、帝都テースィフォーンを防衛する一二万のペルシア帝国軍と、連戦連勝の勢いに乗る三万五〇〇〇のアラブ・イスラーム教徒軍が大会戦を行った。ビザンティン帝国との空前の長期戦と四年に及ぶ内戦の痛手の癒えぬペルシア帝国軍を率いるのは、スィースターンからはるばると帝国の危機を救うために駆けつけてきた七大貴族の一角を占めるスパーフベド家の将軍ロータスタフム・イー・ファッロフ・オフルマズダーン。このころのサーサーン王朝では、スパーフベド家が代々帝室の配偶者を輩出するなど、大貴族筆頭の位置を占めていたようである。

かつて紀元前五三年に、クラッスス率いるローマ軍がメソポタミア平原に侵入した際も、同じくスィースターンから援軍が駆けつけ、サカ族騎兵隊がアルシャク王朝の窮地を救った。ヤザドギルド三世はこの故事の再現を願っただろうし（そもそもこの故事を知っていたらだが）、もしペルシア帝国軍がアラブ・イスラーム教徒軍をユーフラテス川に追い落としていれば、オリエントは東方のゾロアスター教世界と西方のキリスト教世界に二分され、イスラームはアラビア半島の土俗宗教にとどまった可能性もあっただろうが、戦運はエーラーン・シャフルとゾロアスター教に味方しなかった。四か月に及ぶ対陣の末、フスラウ二世時代の有

地図10　ペルシア・ビザンティン戦争とアラブ・イスラーム教徒軍の侵攻（7世紀）

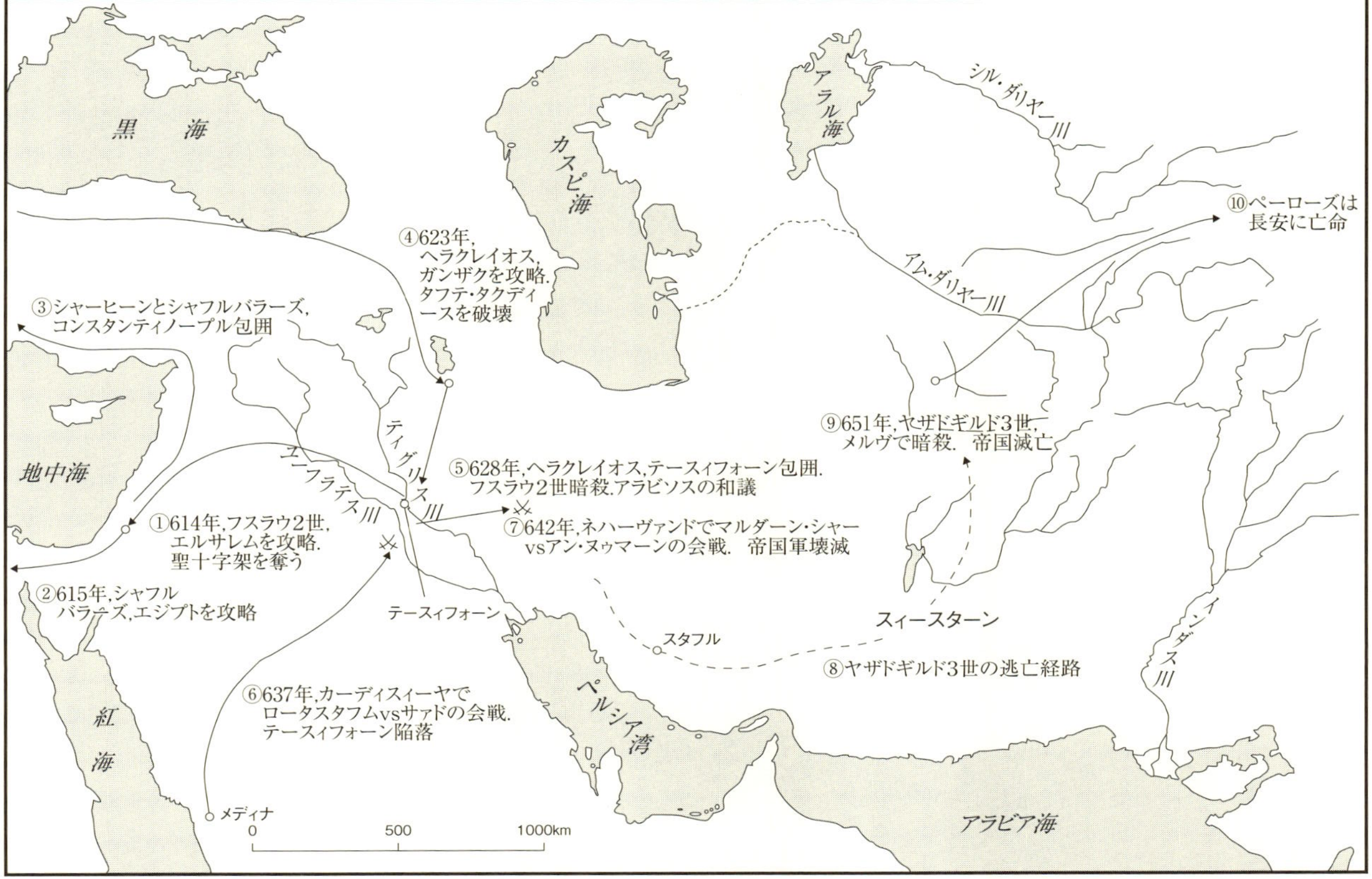

能な将軍のほとんどを内戦で失っていたペルシア帝国軍は、サァド・イブン・アビー・ワッカース率いるアラブ・イスラーム教徒軍に完敗し、ロータスタフム将軍は戦死した。

この敗戦で、サーサーン王朝は、一二一四年にアルダフシール一世が入城して以来、初めて帝都テースィフォーンとメソポタミア平原の支配権を失った。全盛期にはエジプト、イエメン、オマーンを含む全オリエント世界に君臨したサーサーン王朝ペルシア皇帝の「フスラウの帝冠」や帝国戦旗「カーヴェの旗」は、テースィフォーンの宝物庫から略奪され、ウマルの待つメディナに送られて、そこで晒された。

サーサーン王朝ペルシア帝国の崩壊

六三七年、ヤザドギルド三世は、オリエントの富を集積したテースィフォーンの都（今や、イスラーム教徒によってアラビア語名マダーインと改称された）とメソポタミア平原を捨てて、一路イラン高原とメソポタミア平原を結ぶ回廊地帯の都市ペーローズ・カヴァードへと蒙塵した。サーサーン王朝は、帝国の行政機構の中心である首都と、税収の三分の一を賄っていたメソポタミア平原を失ったものの、イラン高原上でよく持ちこたえ、このあとの戦局は、メソポタミア平原を制圧したアラブ・イスラーム教徒軍と、イラン高原本国で態勢を立て直したペルシア帝国軍の間で膠着状態に入った。ただし、アラブ・イスラーム教徒軍は、ペルシア帝国の富を活用して装備を充実させつつあり、時間の経過はペルシア帝国にとって不利に作用していた。

六三八年初頭には、捲土重来を期してヤザドギルド三世が派遣したファッロフザード将軍（ちなみに、戦死したロータスタフム将軍の弟とされる）の軍隊とアラブ・イスラーム教徒軍がペーローズ・カヴァード近郊で遭遇し、またもペルシア帝国軍が敗れた。ついで六四〇年には、ヤザドギルド三世にとって思いも及ばなかったことに、オマーン・バーレーン方面のアラブ・イスラーム教徒遊撃軍が、ペルシア湾を渡って防備が手薄になっていたペルシア州に侵攻し、留守部隊の長官シャフラクを敗死させるなど、残存サーサーン王朝の中枢部を脅かした。フーゼスターン州の防衛軍を指揮していたホルモーザーン将軍にいたっては、いそいそとアラブ・イスラーム教徒軍に降伏して、ウマルの顧問に就任してしまった（Shahbazi 2004）。こうして、ペルシア帝国は各戦線で敗戦を重ね、時間の経過とともに、メソポタミア平原反攻どころか、イラン高原防衛で精一杯の立場に追いつめられていったのである。

そして、六四二年の夏、満を持したアン・ヌゥマーン・イブン・ムカッリン率いる二万のアラブ・イスラーム教徒軍が、ザーグロス山脈を越えてイラン高原のエーラーン・シャフル本国に侵入を開始した。これを、マルダーンシャー・イー・オフルマズダーン将軍（別の伝説ではファイルザーン将軍）率いる再建ペルシア帝国軍一五万が、ハマダーン南方の要衝ネハーヴァンドで迎え撃った。アラブの戦史でも「戦争の中の戦争」といわれるこの大会戦では、ペルシア帝国軍が必死の反撃でアン・ヌゥマーンを討ちとったものの、司令官の戦死も戦局の帰趨を決するにはいたらなかった。最終的に、物量に優るはずのペルシア帝国軍は脆くも壊滅し、勝利の凱歌はアラブ・イスラーム教徒に挙がったのである。

ペルシア帝国とビザンティン帝国の戦争の際には、落馬して捕虜となった重装騎兵の貴族は、助命して身代金引き替え交渉の材料にするという暗黙の了解があった。しかし、アラブ人はこのルールを知らず、サーサーン王朝貴族は落馬して油断しているところをつぎつぎと殺されていった。その結果、封建領主（パフラヴィー語でデフガーン）や自由農民から構成されるペルシア帝国騎士（パフラヴィー語でアスバーラーン）が理不尽なまでに大量殺戮されてしまい、この連敗によって、サーサーン王朝の軍事組織が解体したのみならず、イラン高原上の土地所有システムも大打撃を受けたと推測される。なんとか生きて捕虜になることに成功したペルシア帝国騎士にしても、皇帝の親衛隊である精鋭グンド・イー・シャーハーンシャーの四〇〇〇騎を含めて、カーディスィーヤ戦役のあとであっさりと寝返ってアラブ・イスラーム教徒軍に編入され、そのままの勢いで首都テースィフォーン攻略に加わる始末で、サーサーン王朝の命運は完全に尽きていった（Frye 1993, p. 63）。

このあと、ペルシア帝国は二度と組織的な抵抗を試みることができず、アラブ・イスラーム教徒軍の侵攻の前に、イラン高原上の諸都市はつぎつぎに陥落していった。公式名称エーラーン・シャフルだったサーサーン王朝は、エーラーン人が住む西から東まで、完膚なきまでにアラブ・イスラーム教徒軍によって蹂躙され、アラブ人の進駐軍が駐留するイスラーム共同体（ウンマ・イスラーミーヤ）の一部になった。伝承によると、末代皇帝ヤザドギルド三世は、ひとまずスタフルに逃亡したあと、ケルマーン経由でスィースターンのスーレーン家を頼り、さらに北方の中央アジアをめざしたという。この間、さすがは神官皇帝だけあって、ずっとゾロアスター教の聖火を携えていたらしい。それは、もしかすると、スタフルの拝火神殿から救いだした先祖伝来のアナーヒター聖火だったかもしれない。しかし、ヤザドギルド三世は、逃亡途中の食事の際にバルソムの聖枝（儀式の際に神官がかざす象徴的な枝）を振りかざしてヴァージュの儀式（日常生活で行う浄化儀式）を行ったことから、高位の神官・貴族であることを見破られて、立ち寄った水車小屋で暗殺されたと伝わる。これが正しければ、サーサーン王朝の末代皇帝は、最後までゾロアスター教の儀礼に忠実で、神官皇帝にふさわしい最期を遂げたことになる。時に六五一年のメルヴでの出来事だった（Daryaee 2004）。

のちにヤザドギルド三世の遺体を発見したメルヴの東方シリア教会主教は、彼がシーリーンの孫であるがゆえに、キリスト教徒の葬法に従って埋葬したとされる。これが正しければ、ヤザドギルド三世は、今もメルヴ近郊で人知れず眠っていることになる。からくも逃げのびた次男ペーローズとその子ナルセフは、多数の廷臣たちとともに唐王朝の都・長安へと亡命して捲土重来を期した。しかし、高宗（在位六四九～六八三）の援助で疾陵（場所は不明。中央アジアか？）に設置されたサーサーン王朝臨時政府も、やがてアラブ・イスラーム教徒軍の攻撃によって陥落し、ペルシア帝国再建の望みはまったく絶たれた。亡命ペルシア貴族たちは、「胡人」、「胡姫」と通称されて、いたずらに長安人士の異国情緒を満足させるに終わった。こうしてサーサーン王朝ペルシア帝国は、実質的にはヤザドギルド三世とともにメルヴで滅んだのである。

第六節　国家宗教の残照――パフラヴィー語文学ルネッサンス

神官皇帝は去ったが神官団は残った

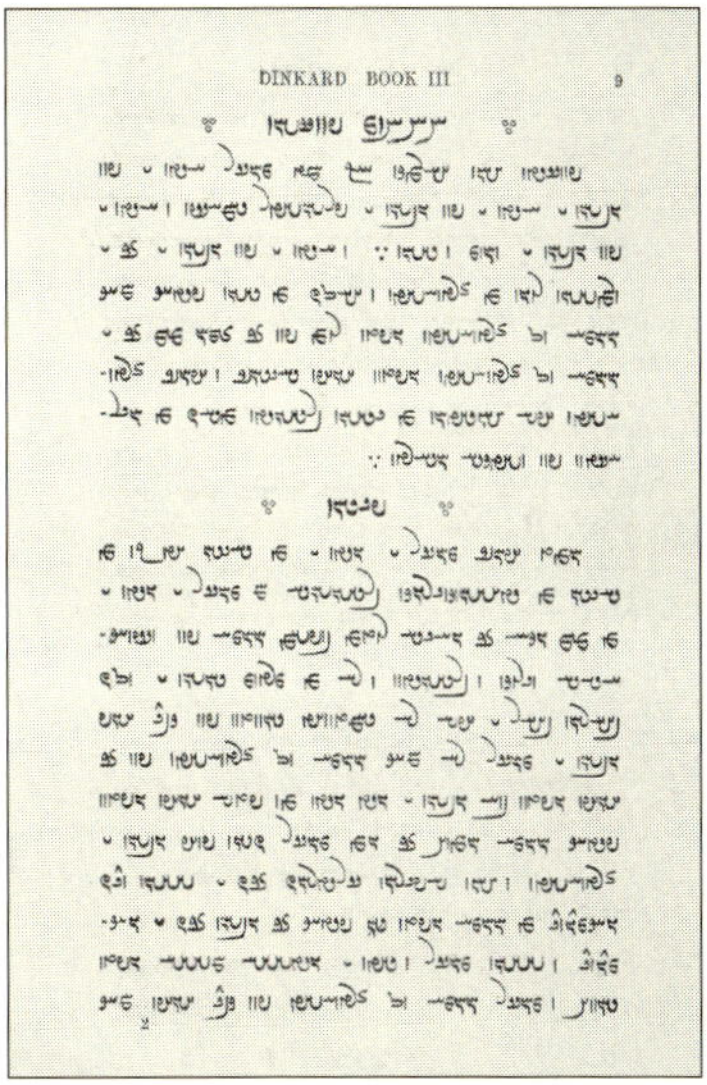
DINKARD BOOK III　9

写真19　『デーンカルド』刊本　9世紀に作成された現存最大のゾロアスター教パフラヴィー語文献。刊本は1911年にボンベイで出版された

サーサーン王朝崩壊から八世紀にいたるまで、ペルシア帝国の遺産に関する記録はほとんど途絶える。わずかに残った資料によれば、帝国の七大貴族の一つカーレーン家の当主は、六五二年にホラーサーン州南部で四万の兵を糾合《きゅうごう》してアラブ・イスラーム教徒軍に対する反乱を起こしたものの、一年も持ちこたえられずに敗亡し、カスピ海南岸地域に亡命していったとされ

る。また、スパーフベド家の当主ファッロフザード（カーディスィーヤで戦死したロータスタフム将軍の弟）にいたっては、ライイでアラブ・イスラーム教徒軍に降伏し、その先鋒を務めてイラン高原征服に貢献したと伝わる。

六世紀以降に完成されたパフラヴィー語を用いる行政官僚たちも、当初はアラブ・イスラーム教徒に奉仕したあと、徐々にアラビア語を用いるイスラーム教徒書記官に取って代わられていったと考えられる。デフガーンと呼ばれたペルシア帝国騎士の封建領主たちは、異教徒人頭税（はなはだ皮肉なことに、語源はパフラヴィー語のガズィーダグだが、いまやアラビア語のジズヤとして我が身に降りかかってきた）を支払うことで、なんとか存立を贖《あがな》った。そして、この混乱の時代に、ゾロアスター教神官団も、これらのペルシア帝国の残滓とともに消え去ったかと思われた。

しかし、神官皇帝は去ったが、神官団は残った。ペルシア州のゾロアスター教神官団はもう一度驚くべき持続力を示し、九世紀に入ると、新たに「フデーナーン・ペーショーバーイ＝善なる教え人たちの導き手」という指導者職を設けて、団結を維持した。そして、歴代フデーナーン・ペーショーバーイは、全イラン高原のゾロアスター教徒に対する指導権を、再びペルシア州（今度は新興都市シーラーズの近辺）から行使した。あたかも、アルダフシール一世によって全イラン高原に広まったペルシア州のゾロアスター教が、かつての本拠地に回帰したかのような現象である。

歴代フデーナーン・ペーショーバーイとパフラヴィー語文学ルネッサンス

歴代フデーナーン・ペーショーバーイの中で最初に事績が明らかになるのは、九世紀のアードゥル・

ファッローバイ・イー・ファッロフザーダーンである。彼の業績は大別して三つある。

第一に、ゾロアスター教神官団のトップとして、全オリエントの政治的支配者となったイスラーム教徒との折衝である。伝承によれば、彼はカリフ・マァムーン（在位八一三〜八三三）の御前で背教者アバーリシュと討論し、見事に論破したといわれている。

第二に、パフラヴィー語の著作活動である。アードゥル・ファッローバイは、現存する最大のパフラヴィー語文献『デーンカルド（宗教の集成）』の最初の著者である。記録に残っているかぎりでは、彼を先駆者として、ゾロアスター教神官によるパフラヴィー語の著作活動が盛んになる。彼以後一〇〇年あまり継続したゾロアスター教神官団の著作活動を、「パフラヴィー語文学ルネッサンス」と呼ぶ。

第三に、全イラン高原のゾロアスター教徒の指導である。彼は、ゾロアスター教の祭式儀礼や宗教法に関して、諸々のパフラヴィー語書簡「リヴァーヤト」を発し、イラン全土の教徒集団を指導している。当時は、このフデーナーン・ペーショーバーイの司牧権は相当強力だったと推定される。

アードゥル・ファッローバイの長男はローシャン・イー・アードゥル・ファッローバーヤーンといい、数冊のパフラヴィー語著作を執筆したとされる。その題名だけは伝わっているものの、残念ながら父親に先だって夭折し、著作も散逸した。その結果、アードゥル・ファッローバイの跡は、次男のザルドシュト・イー・アードゥル・ファッローバーヤーンが継ぐ。しかし、彼は現職フデーナーン・ペーショーバーイとしてはあり得べからざることに、途中で節を曲げてイスラームに改宗し、アブー・ジャァファル・ザルドシュトと名のった。そのうえ、父親が書きためていた『デーンカルド』を廃棄処分している。

こののち、フデーナーン・ペーショーバーイの系譜はしばらく不明になる。アードゥル・ファッローバイの家系から輩出する慣行は途切れたようで、九世紀のゾロアスター教法の権威として有名だったヴァフラームシャード・イー・ザルドシュターンの息子、ジュワーンジャム・イー・ヴァフラームシャードが、間をおいて就任している（「ジュワーンジャム」は、「ゴーシュンジャム」と読んだ可能性もある）。彼には、ズルヴァーンダード、マヌシュチフル、ザードスプラム、アシャワヒシュトの四人の息子があったらしい。

ジュワーンジャムの跡は、次男のマヌシュチフル・イー・ジュワーンジャマーンが継ぎ、「フデーナーン・ペーショーバーイ」の称号とともに、「ペルシア州とケルマーン州の指導者」の称号を取った。それだけ、司牧権の及ぶ範囲が縮小したのかもしれない。また、彼は、弟のザードスプラムの祭祀の簡略化に反対して、パフラヴィー語書簡三通と『宗教問答集』を執筆している。このような動きが表面化してくるということは、フデーナーン・ペーショーバーイの司牧権自体が揺らいできたのだろうか。

マヌシュチフルの跡は、ジュワーンジャムの四男の息子で、マヌシュチフルからみれば甥にあたるエーメード・イー・アシャワヒシュターンが継いだ。彼は、全イランの信徒に宛てた「リヴァーヤト」を多数執筆したが、同時にこれが、フデーナーン・ペーショーバーイが遺した最後の「リヴァーヤト」になってしまった。なお、彼の時代は、パフラヴィー語文献の執筆活動が掉尾《とうび》の輝きをみせた時代である。彼の弟のファッローバイは、『デーンカルド』につぐパフラヴィー語文献の大著『ブンダヒシュン』を執筆した。

エーメードの跡は、アードゥルバード・イー・エーメーダーンが継いだ。彼は、背教者ザルドシュトによっていったん廃棄処分された『デーンカルド』の草稿を集めなおして、『デーンカルド』——特に第三巻——を完成した。

これからのちのフデーナーン・ペーショーバーイの事績は、本人たちがパフラヴィー語文献を執筆しなく

図表14 『デーンカルド』（9世紀成立）全9巻の内容紹介

巻数	内　容
第1巻	散逸
第2巻	散逸
第3巻	本巻は，全420章で，現存する『デーンカルド』の約半分を占める。全章に統一した主題があるわけではなく，各章が独立して1つの主題を扱っている。おおまかに分けると，「邪教徒への反駁」「王権と宗教の関係」「エーラーン・シャフルの社会制度」「医学」などに分類される
第4巻	本巻の原型は，アードゥル・ファッローバイの散逸した著作『エーウェーン・ナーマグ』とされる。『デーンカルド』各巻の中で最も短く，主題も不統一である。ギリシア語文献やサンスクリット文献の影響が強い文献と考えられる
第5巻	本巻は，大きく前半部分と後半部分に分かれる。前半の内容は著しくアーリア民族主義的で，イスラームとアラブ人に対する敵意，マーニー教の普遍主義に対する敵意，ゾロアスター教の復興待望論などである。後半部分の内容は，存在に関する形而上学，悪の原理，啓示，ゾロアスター教の祭式などである
第6巻	本巻は，欽定『アベスターグ』の第12巻「バリシュ」の『ザンド（注釈）』に由来すると考えられる格言集である。内容も文体も平易で，『デーンカルド』の中では例外的に読みやすい。ゾロアスター教神学文献というよりは，知恵文学のジャンルに属する
第7巻	本巻は，ザラスシュトラ・スピターマ伝である。内容的には，単にザラスシュトラ・スピターマの伝記にとどまらず，ガヨーマルトの時代以来のファッラフの変遷から始まり，3人の救世主の到来までを網羅する
第8巻	本巻は，欽定『アベスターグ』全巻の内容要約である。散逸した欽定『アベスターグ』を推定復元する資料として，パフラヴィー語文献の中でも特に貴重である
第9巻	本巻は，第8巻で要約された欽定『アベスターグ』の中でも，第2巻「スートカル」，第3巻「ワルシュマーンサル」，第4巻「バグ」に絞って，さらに詳細な解説を加えた巻である。非常に重要な文献にもかかわらず，これ以降の本格的な研究はない

なったため、イスラーム教徒によるアラビア語文献でしか確かめられず、曖昧模糊としてくる。アードゥルバードの跡は、息子のエスファンディヤール・イブン・アードゥルバード・イブン・エーメード（人名表記からしてアラビア語になる）が継いだらしい。歴史家マスゥーディーによると、バフラインのカルマト派（イスラームの少数派イスマーイール派の分派。一時は、イラーク南部を支配した）指導者との内通の嫌疑で、九三六年にアッバース王朝第二〇代カリフ・ラーディー（在位九三四〜九四〇）によって処刑されている。そして、彼の跡は、孫のエーメード・イブン・アシャワヒシュト・イブン・エスファンディヤールが継いだ。マスゥーディーによると、メソポタミアとイラン高原西部のゾロアスター教大神官だったとされる。彼よりあとについては、もう記録がない。

ペルシア州のキャラヴァン・ルート上の拝火神殿の消滅

以上のようなペルシア州の神官団の活動を経済的に支えていたのは、アルダフシール・ファッラフとスィーラーフをつなぐペルシア州南部のキャラヴァン・ルートを利用する商人たちだったと推測されている。このルート上には、主としてサーサーン王朝崩壊後に建てられたとみられる拝火神殿が点々と立ち並んでいる。そして、スィーラーフの貿易港へ向かうキャラヴァン以外には、これらの利用者かつ維持者は考えられない。また、ペルシア州の村落部には、意外なほどこの時期の拝火神殿遺跡が存在していない。したがって、サーサーン王朝崩壊後のゾロアスター教神官団は、少なくともペルシア州に関しては、もっぱらキャラヴァン商人たちとの協調のもとに維持されていたらしい（家島・上岡、一九八八年）。

さて、サーサーン王朝崩壊後、漸減傾向にあったペルシア州のゾロアスター教徒は、一〇世紀中ごろ、ブワイフ王朝（九三二～一〇六二年）のもとで一時的に小康状態を得た。シーラーズを首都に定めたアドゥドッダウラ（在位九四九～九八三）は、シーア派イスラーム教徒であったにもかかわらず、ヴァフラーム五世の子孫と称し、コインにパフラヴィー語銘を刻み、シャーハンシャーの称号を名のるなど、一時的にサーサーン王朝文化への回帰政策を採った。これは、ゾロアスター教徒にとってはかならずしも悪くはなかった。しかし、彼がアルダフシール・ファッラフの名称をフィールーザーバードと改め、ここスィーラーフを結ぶキャラヴァン・ルートをブワイフ王朝の国家管理のもとにおいたことは、結果的にはこの貿易ルートにとってマイナスにしか働かなかった。そして、このルートを通るキャラヴァンからの寄進に依存していたゾロアスター教神官団にとっては、この貿易ルートの衰退は大打撃となってしまったのである。

　これに加えて、九七六年または九七八年に一週間にわたってスィーラーフを襲った大地震で、この港湾都市は壊滅的な打撃を受けた。そして、この一〇世紀後半におけるスィーラーフの経済力の凋落が、ペルシア州のゾロアスター教神官団への掉尾の一撃となったのである。これによって、フィールーザーバードとスィーラーフをつ

写真20　コナル・スィヤーフの拝火神殿遺跡　サーサーン王朝時代のペルシア州の州都アルダフシール・ファッラフと，サーサーン朝最大の港湾都市スィーラーフをつなぐキャラバン・ルート上に建設された拝火神殿の1つ。チャハール・ターク型の拝火神殿，種火庫，神官団の居住施設，キャラバン・サライなどが複合された現存最大の拝火神殿遺跡だが，文献上のデータはない。おそらく，10世紀に放棄され，それ以後は廃墟となった(著者撮影)

なぐキャラヴァン・ルート上の拝火神殿群は、経済的基盤を失ってつぎつぎに放棄され、廃墟となった。滄海桑田のたとえのとおり、かつてはサーサーン王朝ペルシア帝国の財政を支え、ゾロアスター教神官団の金城湯池だったペルシア州南部は、今ではザーグロス山脈の間を縫って走る砂漠のルート沿いに、行けど進めど拝火神殿の遺跡が点々と佇む荒涼とした姿になり果てている。

財政的に逼迫したため、サーサーン王朝崩壊後もゾロアスター教の中枢であり続けたペルシア州の神官団は、ついに解体した。書物化して四〇〇年にも満たない『アベスターグ』四分の三は散逸し、パフラヴィー語著作の執筆活動も終焉した。アルシャク王朝時代にペルシス地方王朝のもとにゾロアスター教が生き残った故事は二度と再現せず、ここに、アルダフシール一世がイラン高原全土に広めてから八〇〇年間にわたって存続したペルシア州のゾロアスター教は、最終的に滅亡したのである。

第七節　中央アジアのソグド的ゾロアスター教――ソグディアナから西域・華北へ

ザラスシュトラの故地のゾロアスター教

こうして、ゾロアスター教を国教とする神聖帝国は滅び、ペルシアを拠点とするゾロアスター教神官団も消え去った。しかし、サーサーン王朝ペルシア帝国は、「エーラーン・シャフル＝アーリア人の国家」との自称に反し、近代的な意味での「民族国家」ではなく、その版図はアーリア人の分布と完全には一致していなかった。帝国の首都は、政治経済的な理由によって、セム民族の居住地域であるメソポタミア平原に構えられ、逆に中央アジアのアーリア人は、理念的にはエーラーン・シャフルに含まれるにもかかわらず、サーサーン王朝の軍事力がそこまで及ばないので、その領域外にあった。したがって、この時期のアーリア人の宗教としては、ペルシア帝国の文化とは別に、中央アジアのアーリア人、わけてもオアシス定住民であるソグド人の文化を見逃すわけにはいかない。

中央アジアといえば、原始アーリア人の揺籃の地であり、ザラスシュトラ・スピターマが活躍した由緒ある土地（上述のように、今日ではそれはタジキスタン東部と推定されている）。しかし、古代中央アジアで最も開発が進んでいたのはバクトリア（アフガニスタン北部〜ウズベキスタン南部のアム・ダリヤー川流域）だったので、中央アジアのゾロアスター教を主題とする場合、まずはこの地域が問題にされなくてはならない。ただし、バクトリア地域では伝統的に大乗仏教の影響が強く、ゾロアスター教の存在はクシャーナ王朝下の図像や貨幣などから推知されるにすぎない。バクトリア的ゾロアスター教の概説としては、Rosenfield 1967とGrenet 2015を参照。

四世紀〜五世紀に、バクトリア（二世紀以降はトハーリスターンと呼ばれる）がフン族の侵入によって衰退して以降、ソグド人がシルクロードの商業活動の原動力として、初めてクローズアップされる。そして、現在のタジキスタンを旅すると一目瞭然なように、バクトリアと接続する南部ハトロン州は仏教遺跡の世界であるのに対し、ソグディアナと接続する北部ソグド州や東部ゴルノ・バダフシャーン州は、ほぼゾロアスター教遺跡の世界である。つまり、ソグド人はバクトリア人とは違い、それほど仏教信仰を受容せず、先祖伝来のゾロアスター教信仰にとどまっていたと考えられる。このソグド的ゾロアスター教の概説としては、Henning 1965、Humbach 1975、曽布川・吉田、二〇一一年を参照。

ソグド人の歴史①ソグディアナ

原始アーリア人の大移動に際して中央アジアに残留したアーリア人は、生業の違いから、サカ族などの騎馬民族とソグド人などのオアシス定住民に別れた。系譜的にいえば、後者のソグド人の宗教が、原始アーリア人の「拝火と聖呪の宗教」の古式を保っていたと想像されるものの、その実態を示す具体的な手がかりは乏しい。

ソグディアナは、紀元前六世紀には、ハカーマニシュ王朝の一州としてペルシア帝国に組みこまれた時期もあったが、アレクサンダー大王東征によって同王朝が滅ぶと、それ以後は西アジアの雄邦の直接統治を受けることはなかった。そのため、ソグド人は、実在はしていても、資料上からは姿を消してしまい、彼らの歴史や文化を正確にたどることは不可能になっている。アーリア人の常として、ソグド人も文字使用が大変遅れ、最古のソグド語文献 ―― しかも、公文書ではなく商人の手紙 ―― は三一二年に作成されている（おまけに、その手紙はソグディアナではなく、中国で発見されている）。

そこで、推測と外部資料 ―― 漢文文献とイスラーム化以降のアラビア語・近世ペルシア語文献 ―― に頼ることになるのだが、ハカーマニシュ王朝以降のソグディアナは、直接・間接に「セレウコス王朝→グレコ・バクトリア王国→クシャーナ王朝→サーサーン王朝ペルシア帝国→エフタル→突厥《とっけつ》→アラブ人イスラーム教徒」の支配を受けてきたと思われる。オアシス諸都市に分散して住まうという生活形態をとった以上、統一的な国家形成に向かえず、周辺の政治勢力の支配を受けいれざるを得なかったのである。それも、北方に絶えず強力な遊牧民 ―― 最初はアーリア人系のサカ族、時代が下ったあとはトルコ民族系の突厥など ―― を控えていたのだから、なおさらであった。彼らは、これらの北方遊牧民族の経済顧問や文化顧問の

地図11　ソグド人の西域・華北進出と「ソグド的ゾロアスター教」の遺跡（6～8世紀）

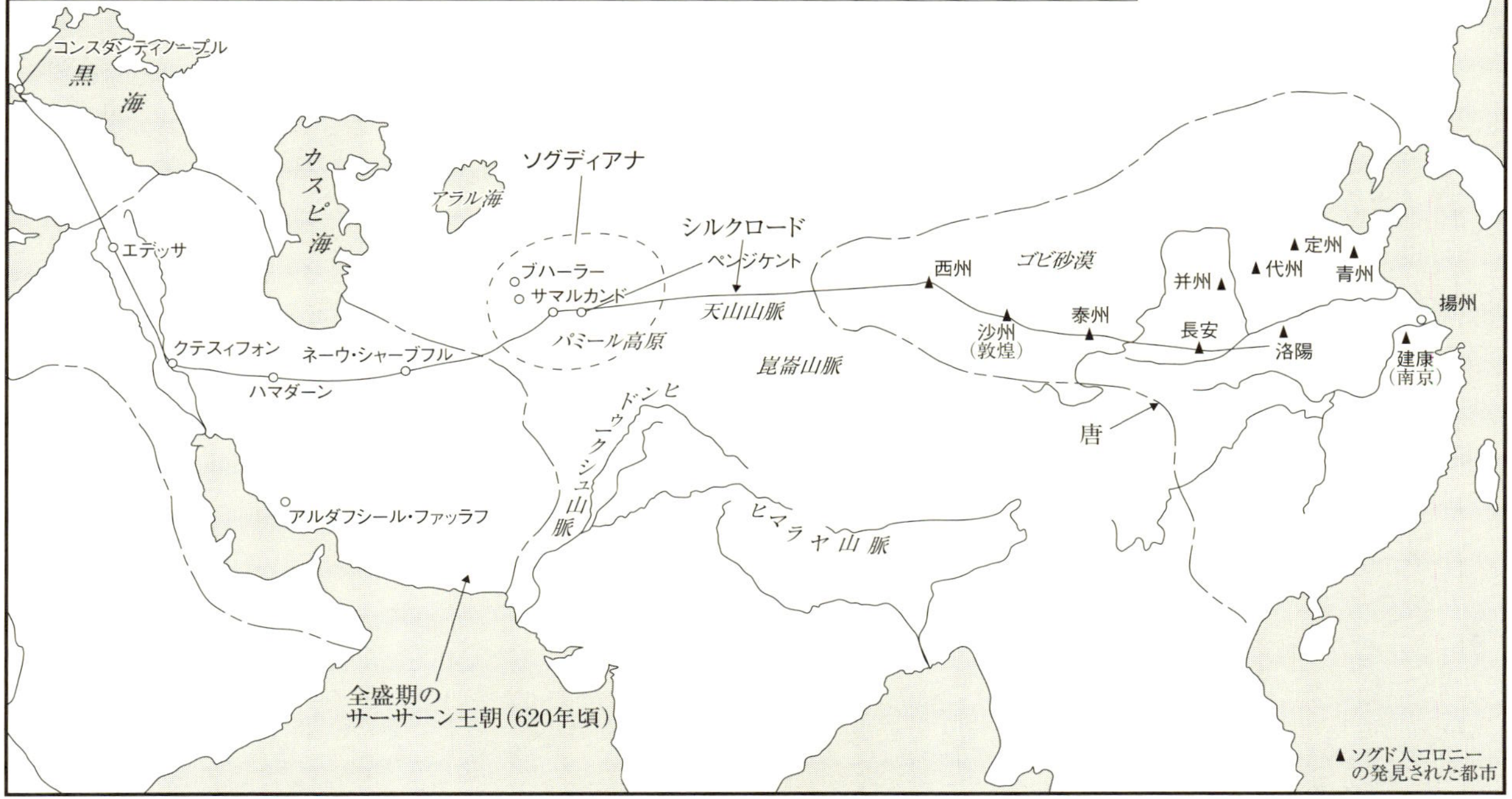

ような立場で生きながらえたらしく、五六八年には、突厥がビザンティン帝国へ派遣した使節団の団長として、「ソグド人マニアック」がコンスタンティノープルを訪れたことが確認されている。もっとも、ソグド人もたまには独立することがあって、六世紀のソグディアナでは九姓昭武*と名のる諸王家が存在したし、八世紀にはオアシス諸国家を束ねるイフシードの称号をもつ王が出現して、独自のコインを発行している。

＊　唐代の中国から見て、中央アジアにあったソグド系の九つの都市国家。『新唐書』に記載されている。サマルカンド（康国）、ブハーラー（安国）、タシケント（石国）、ペンジケント（米国）、キシュ（史国）など。都市国家の王の名字がすべて「昭武」だったので、こう総称される。

ソグディアナの社会システムは、ペルシア帝国とは異なっている。各オアシス都市国家では、農地を所有する地主と、キャラヴァンを編成して交易の利を得る大商人の影響力が増し、政治的な実権は彼らの手中にあった。アーリア人特有の三階級制度はあったようだが、神官階級は組織化されないまま、アーリア人の宗教の原形を再生産していたと考えられる。すなわち、宗教的な統一が図られるような政治状況も社会状況も、ここには現出していなかった。

これに加えて、ソグディアナには外来文化として、シリア系商人が伝えた東方シリア教会、メソポタミア平原から直弟子マール・アンモーが伝道してきたマーニー教、インド系商人がもたらした大乗仏教、ヒンドゥー教などが流入していた。これらが土着のソグド人の間にどの程度まで浸透していたかは不明だが、ソグド語によって各宗教の文献が書き記されているので、オアシス住民の間にも一定数の信者を獲得していたのではないかと思われる。そして、遺憾ながら、大多数のソグド人が信奉していたと推定されるアーリア人の宗教に関する文献の方が欠如している。これまた、文字文化に無関心だったアーリア人固有の弱点の発露である。

ソグド人の歴史②西域〜華北

ソグド人が活躍した歴史の舞台は、ソグディアナ本国だけではない。シリア系商人やインド系商人がはるばると中央アジアまで交易に訪れたのと同様に、ソグド商人もさらに東をめざして、西域（現在の中国新疆ウイグル自治区）から中国華北地方にまで足を伸ばしているのである。

ソグド人は魏晋南北朝時代（二二〇〜五八九年）から、徐々に国際貿易商人として西域に進出するようになっていた。この当時の西域は、定住したサカ族であるホータン・サカ人などのイラン・アーリア人が、インド人や中国人などとともに雑居する土地だった。しかし、宗教的には、アーリア人の宗教ではなく、大乗仏教が篤く信仰されていたらしい。ソグド人が西域の国際貿易に参入する以前は、インド系商人がこの一帯のキャラヴァン貿易を支配していた名残である（シルクロードの「隊商」を指す言語自体、ペルシア語系の「キャラヴァン」ではなく、サンスクリット語の「サールタ」が使用されていた）。

やがて、シルクロード商業の実権は、インド系商人を駆逐したソグド人商人の掌握するところとなった。五世紀以降は、中国内地にもソグド人コロニーが増加し、キャラヴァンのリーダーを意味する「薩宝（サルトポウ）」がそのまま在地ソグド人のリーダーの意味に転じて、王朝の官職名になった。時代が下って唐王朝時代（六一八〜九〇七）になると、これらのソグド人がもたらす西域風——その背後には、中央アジアのソグディアナ文化、さらにはイラン高原のペルシア文化がある——の文化が、「胡風」と名づけられて流行した。また、華北に定住したソグド人の側でも、中国人風の葬法を採りいれ、豪華な副葬品を残す習慣が発達した（これらが、近年になって発掘され、ソグド人の宗教研究上の重要な参考資料になっている）。この「ソグディアナ〜西域〜華北」を貫くソグド人ネットワークは、八世紀にソグディアナ本国がアラブ・イスラーム教徒の侵攻で壊滅するまで維持され、ユーラシア大陸の東西を結ぶ架け橋として有効に機能した。

「ソグド的ゾロアスター教」の特徴

ソグド人の宗教文化は、漢語文献では、「胡人、胡天を祀る、火神を祀る、拝火教、祆《けん》教、祆祠」などのキーワードで言及されている。「胡天を祀る」、「聖火を拝む」などは、アーリア人の宗教一般に通用する特徴であって、かならずしもゾロアスター教に限定される儀礼ではない。しかし、断片的な文献資料や考古学遺跡から推定すれば、拝火儀礼を基調とする彼らの宗教文化の基層は、ペルシア帝国のゾロアスター教とは異なったタイプではあるが、やはり歴としたザラスシュトラの教えであった。

ソグド語聖呪とソグド語版『アベスターグ』　ソグド語文献は、近年にいたるまでマーニー教、東方シリア教会、仏教に関するものが主で、ゾロアスター教関係の資料は発見されていなかった。しかし、敦煌出土のマーニー教ソグド語文書 the British Library（BL Or. 8212/84）の中に、ザラスシュトラがもたらした三大聖呪の一つ、「アシェム・ウォフー」のソグド語訛りが検出されている（Gershevitch 1976, p. 81）。これ自体は九世紀に属する断片だが、この「アシェム・ウォフー」の発音は、紀元前六〜四世紀ころのソグド語発音を反映していると推定される。

現存する『アベスターグ』の中の「アシェム・ウォフー」は、サーサーン王朝時代にペルシアの神官団が書きとめた聖呪であり、六世紀のペルシア風発音である。そして、ペルシア風発音とソグド風発音を比較すると、ソグド風発音の「アシェム・ウォフー」の方が、ザラスシュトラ本人が発音していた聖呪の原型を保っている。ザラスシュトラの教えに特有の聖呪が古形を保って文献資料から確認された以上、ソグディアナの宗教がかなり以前から——たぶん、ペルシアよりもずっと以前から——ある種のゾロアスター教であったことには疑いをいれない。

また、別のソグド語断片では、ザラスシュトラの魂が昇天し、アードヴァグ（オフルマズド）と会話を始める。さらに別の断片では、ザラスシュトラが、天国での家族再会について、アードヴァグに質問している（Grenet and Azarnouche 2007）。これらを総合すると、サーサーン王朝下で制定された欽定『アベスターグ』で散逸した部分が、逆にソグド語で書物の形に編集されていた可能性がある。これを裏書きするように、五世紀前半に造営されたペンジケントの壁画には、神官がなんらかの聖典と解釈される書物を開きながら儀式を執行する姿が描かれている。おそらく、この書物がソグド語版『アベスターグ』にあたる。

ソグドの神々　その「ソグド的ゾロアスター教」は、アフラ・マズダーだけを排他的に信仰する教えではなかった。ソグド図像研究の教えるところによると、ゾロアスター教カレンダーに登場する三〇柱の神々のうち、二三柱が、ペンジケント出土のソグド美術の中で同定されている。特徴的なのは、アフラ・マズダーのほかに、ミスラとバガも盛大な信仰を集めていた点である。さらに、（ソグド語は子音表記だけで示す慣例があるのでローマ字表記するが）火神 nryshnx、ハオマ神 ɣwm、光輪 prn、月神 m'x、閻魔 ymyh など、かなりの数の神格が認められていた。おまけに、ザラスシュトラ Zrwsha も、一種の神格に祀りあげられていた。

また、これらの神々が、ヒンドゥー教の神々と混淆している——なんといっても、ソグド人は交易の民である——状況は、ソグド語仏教文献『ヴェッサンタラ・ジャータカ』から知り得る（Humbach 1975）。そ

こでは、

・ブラフマー＝ズルヴァーン

・インドラ＝アードヴァグ

・マハーデーヴァ＝ウェーシュパルカル（空間・風の神格ヴァーユのソグド語形）

とする三つ組みの対応関係が示されているが、残念ながらブラフマー＝ズルヴァーンの図像表現だけは発見されていない。このように、アーリア人の宗教当時の諸神格を、ゆるやかにゾロアスター教の中に包摂している点が、「ソグド的ゾロアスター教」のパンテオンの特徴である。

これに関連して、「ソグド的ゾロアスター教」と「ペルシア的ゾロアスター教」の顕著な相違点として、偶像崇拝の有無が挙げられる。アラビア語・近世ペルシア語資料によると、ソグディアナには複数の「偶像の家」が存在していた。これを仏教寺院と解釈するかゾロアスター教神殿と解釈するかは、ながらく論争の焦点だったが、ペンジケントで発見された五〜六世紀の壁画には、ゾロアスター教神官が拝火儀礼を執行している図のほかに、ミスラ神、ナナイ女神、光輪などの宗教表現が見いだされている。

すなわち、ソグディアナのゾロアスター教は、国家権力によって偶像崇拝を撲滅して聖火崇拝に一元化するような志向をもたず、「ゾロアスター教の偶像寺院」も充分にあり得た。この点では、「ソグド的ゾロアスター教」は、パルティア時代のアルメニアの宗教とかなり似ており、ヘレニズム時代以前のアーリア人の宗教の古形を保っている。

ゾロアスター教神殿（拝火神殿？　偶像神殿？）　近年、バクトリアでは、ハカーマニシュ王朝時代のゾロアスター教神殿遺跡があいついで発掘されている。もっとも、ペルシアのゾロアスター教神官団が伝える規定どおりに石造の拝火壇を備える遺跡は、チェシュメ・シャファー（アフガニスタン北部、バルフ近郊）の一箇所だけである（Grenet 2008）。ハカーマニシュ王朝時代以後になると、中央アジアでは、アム・ダリヤー川の神格ワフシュに捧げられたタフテ・サンギーン遺跡（バクトリアとソグディアナの接壌地帯）をのぞいて、拝火神殿遺跡はほとんど見られなくなる。ちなみに、このタフテ・サンギーンの拝火神殿（と想定される）遺跡が、前述のペルシア州の拝火神殿（チャハール・ターク）の原型となったという学説がある（Litvinskij und Pičikjan 2002）。

ただ、前述のように、サーサーン王朝時代初期に大規模な偶像破壊運動を経験したイラン高原とは異なり、中央アジアではヘレニズム時代から持ち越した偶像崇拝がかなり後年まで維持されている。このため、ソグディアナのゾロアスター教神殿にしても、ペンジケントの二つの神殿に典型的にみられるように、「偶像の前で聖火を祀る」という折衷的な方策を採っていたものと考えられる（Shkoda 2009）。

埋葬法　中央アジアのゾロアスター教徒の埋葬法は独特である。サマルカンド、ペンジケントなどのソグド人墓地からは、アラビア語でナウスという石室の中に納められた、死者の遺骨を入れる陶製のオスアリ（ロシア人考古学者の造語で「納骨器」）が発掘されている。これによって、彼らが遺骨だけを分離して収容するマゴス神官団的な葬法をとっていたことが確認された。これは、原始教団の土葬よりは、マゴス神官団の曝葬に近い発想である。最古のオスアリは紀元前二世紀と推定されているので、ヘレニズム時代までには、ソグディアナにもマゴス神官団の文化的影響が及んだらしい。

しかし、イラン高原では、遺骨は磨崖の横穴に収容して太陽光線で乾燥させたのに対して、中央アジアでは納骨器オスアリに収納し、それをさらに石室ナウスに収納する。その理由は不明で、単に磨崖の絶壁に横

写真21　虞弘墓（ぐこうぼ）**のソグド的ゾロアスター教レリーフ**　山西省太原で発掘された隋代のソグド人の墓。魏晋南北朝時代の華北では，地方的なゾロアスター教を信仰するソグド人商人たちが，中央アジアから移住して独自のネットワークを形成していた

穴を掘るような自然条件に恵まれていなかっただけかもしれないが、中央アジアに本来的な土葬の形態を残している可能性もある。また、死体から遺骨を分離する方法については、イラン高原のように狼やハゲタカに喰わせたのか、インド亜大陸のように火葬したのか、よく分かっていない。

最近親婚　ソグディアナのゾロアスター教徒たちの間に、マゴス神官団の影響が及んだとみられる事例はもう一つある。紀元前四世紀末には、ナウタカ（現在のシャフレ・サブズ）の総督が、最近親婚を実践していたことが知られている。また、一九六五年には、サマルカンドを訪れた高句麗人使節の壁画が発見されているが、七二六年にここを通りかかった新羅人仏教僧の慧超《けいちょう》（七〇四～七八七）は、著書『往五天竺国伝』（ペリオが敦煌で発見した）の中で、「ソグド人は母親や姉妹を妻にしている」と書き残している（Fuchs 1938）。これが一般のソグド人の間で普遍的な婚姻形態だったのかどうかは定かではないが、生活文化の面では、「ソグド的ゾロアスター教」は、「ペルシア的ゾロアスター教」と同様に、規範を古代のマゴス神官団に仰いでいた可能性が高い。

葬具のレリーフ　偶像を否定しなかったソグド人は、中国華北のソグド人コロニーの葬具にも、さまざまなレリーフを残した。以下では、Grenet, Riboud and Yang 2004を参考に、それらのレリーフから読みとれる内容を概観しよう。

・拝火壇に向かう神官は、下半身が鳥の姿で表現されることが多い。ウルスラグナ神（勝利の神。パフラヴィー語でヴァフラーム）の図像表現と解釈されているが、このような表現技法はイラン高原では確認されていない。
・死者がチンワトの橋を駱駝に乗って渡るイメージが描かれている。ペルシアのゾロアスター教では、美しい乙女／醜悪な魔女の二重自己と連れだって渡ることになっているのと、大きな相違である。日常生活がキャラヴァンと切り離せないソグド人の感性の反映と解釈される。
・葬儀の際には、耳を切る、髪を掻きむしるなどの自傷行為によって、悲しみを表現した様子が描かれている。これは、ゾロアスター教本来の教義では厳禁されている悲嘆表現である。

「ソグド的ゾロアスター教」の影響

この「ソグド的ゾロアスター教」は、ソグド人の文化的影響を受けやすかった周辺の遊牧民の間で、広く受容されたと考えられている。ただ、漢文文献では、「ソグド的ゾロアスター教」やソグド文化を一律に「祆教」、「胡風」（西方異民族を指す語の一つ）と表記し、これらの語をそのまま周辺遊牧民の宗教を描く際に応用しているので、はたしてどこまで実体を伴って伝播していたのか不明である。「祆」（天神という意味）という文字は、唐代に初めて使用されて以来、中国から見て西方にある文物・宗教を指し示す語として、あまりにも愛用されすぎている。

この状況をふまえて、漢文資料の中から「祆教」、「胡風」などの表現を無批判的に抜きだすと、たとえば、北魏（三八六〜五三四年）の拓跋氏（鮮卑族）は五一九年に「胡天神」を祀ったとされ、北周（五五六〜五八一

写真22　南京ゾロアスター教レリーフ　南朝梁普通7（526）年に建立された臨川靖恵王蕭宏の石碑。南京市郊外の栖霞区仙寧郷張庫村にある。ある中国人学者によると，この石碑のレリーフにはゾロアスター教的モチーフが認められ，華北にとどまっていたソグド的ゾロアスター教の影響が江南にも及んでいた物証とされる（著者撮影）

年）の宇文氏（鮮卑族）も「有拝胡天制」とされる。また、ソグド人と関係の深かった突厥も、「突厥事祆神」とゾロアスター教の神に仕えたとされている。この突厥がゾロアスター教的要素を受容したのはかなり確実で、モンゴル高原で発見された六世紀のソグド語突厥碑文には、救世主を 'swshyn'tt と綴ってある。もちろん、サオシュヤントのソグド語転化である（ちなみに、のちのモンゴル人も、天神を Qormusta と称しているが、これは、パフラヴィー語でオフルマズド→ソグド語でフルマズタ→ウイグル語でフルムズタ→モンゴル語でコルムスタとつぎつぎに転訛していった名残で、ゾロアスター教との直接の関係はないようである）。

このように、北方遊牧民の間で流行した「ソグド的ゾロアスター教」は、やがて中国内地の漢民族の間でもある程度の愛好者を獲得した。それには、胡騰舞、安国楽、胡名歌舞（ソグト人が中国にもたらした踊りや音楽）などのエキゾチックなソグド文化の魅力もあっただろうが、中国人の方でもこれを現世利益の宗教と受けとって積極的に受容したらしい。たとえば、宋代（九六〇～一二七九年）になっても、開封と鎮江の二箇所に祆祠があったことが知られている。ただし、『墨庄漫録』に「東京城（開封）北有祆廟、祆神本出西域、蓋胡神也……（中略）……俗以火神祠之」と記録されているとしても、実際には民間信仰に近いものになっていった。これを、「ソグド的ゾロアスター教」が漢化されて「漢民族的ゾロアスター教」を形成したとみるべきか、単に漢民族の民間信仰にゾロアスター教的要素が付着したとみるかは、微妙である。

写真23　揚州波斯庄　揚州近郊の波斯庄の中央広場にある「中波友誼」記念碑。ある中国人学者によると，ここは唐代または元代に移住してきたゾロアスター教徒の子孫の村である。この説を信じたイラン・イスラーム共和国政府が，この記念碑を建てた。しかし，物証がまったく存在せず，村人の伝承だけに依拠した結論なので，さらなる検証が必要と思う（著者撮影）

中国江南〜奈良のソグド人ゾロアスター教徒？

こうして、魏晋南北朝〜唐代の華北までは、ソグド人とともに独特の「ソグド的ゾロアスター教」が来華していたことが確認された。しかし、これより以東へのゾロアスター教の伝播については、現在のところ確定的な結論にいたっていない。

ある美術史的な研究によれば、建康（現・南京）郊外にある南朝梁代（五〇二〜五五七年）の皇族陵墓のレリーフの幾つかには、上記のソグド的ゾロアスター教と同種のモチーフが確認されるという（施、二〇〇四年）。しかし、ソグド人が交易のために華北から建康まで来た可能性はあるものの、彼らのコロニーの遺跡は発見されていないし、ソグド人自身の墓ならともかく、漢民族の皇族の墓のレリーフにまで影響を与えていたかどうかは微妙である。また、実際のレリーフの解釈に関しても、(少なくとも素人である筆者の目には)仏教的な意匠にも見えるので、かならずしもソグド的ゾロアスター教と結びつける必要はない。

また、別の地方史研究によれば、当時は江南最大の貿易港だった揚州の郊外の村には、ゾロアスター教徒の子孫と称する集団が居住している(江都市昌松郷志編集領導小組、一九九五年)。彼らは、たしかに善悪の二元論を伝承しているし、火を拝む儀式を行っていたと主張するのだが、具体的な物的証拠は文化大革命(一九六六〜七六年)ですべて失われたとされるので、それがゾロアスター教起源の教えであるとの明証を欠く(この郷鎮の中央広場には、二〇〇四年現在、すでにイラン・イスラーム共和国の友好記念碑が建てられていた)。

これらの中国でのゾロアスター教研究の進展と関連して、日本で一九八〇年代に伊藤義教氏・井本英一氏・松本清張氏らによって唱えられた「ゾロアスター教徒来日説」にも、新たな検証が必要になりつつある。六世紀ころに華北までソグド人ゾロアスター教徒が来ていたことは確実なので、彼らが中国江南、そして奈良まで達していたかどうか、改めて「ソグド的ゾロアスター教」の研究成果を消化したうえで再検討しなくてはならない(奈良県立大学ユーラシア研究センター、二〇一七、二〇一八年)。

中央アジアのイスラーム化とトルコ化

このように、「ソグド的ゾロアスター教」は、「ペルシア的ゾロアスター教」とは異なった発展を遂げていたが、終焉は同じアラブ・イスラーム教徒によってもたらされた。七世紀中にイラン高原を完全に制圧したアラブ人は、七〇九年にはクタイバ・イブン・ムスリム将軍をメルヴからブハーラーに侵攻させ、七一二年にはソグディアナの中心都市サマルカンドを陥れた。頼みのトルコ系遊牧民の軍事力もあまり支援にならず、ソグディアナのオアシス都市は個別に撃破されてアラブ・イスラーム教徒軍の陣門に降《くだ》ったようである。七二〇年には、ペンジケントのソグド王デーワーシュティーチがムグ山城砦に立て籠もって叛乱を起こしたものの、大勢を覆すにはいたらず、これ以後のソグディアナの主たる宗教は、しだいに「ソグド的ゾロアスター教」からイスラームへと転換していった。

また、イラン高原のアーリア人は、彼らの伝統的な宗教文化こそ失ったにしても、存在自体は維持して、のちに独特の「イラン・イスラーム文化」を形成した。しかし、ソグド人の運命はさらに過酷だった。彼らは、「ソグド・イスラーム文化」を創造する暇《いとま》もなく、九九九年にトルコ系カラ・ハーン族がソグディアナに定住をしはじめたころから、断続的に移住してくるトルコ系民族の波に飲みこまれ、存在自体が融解していったのである。紀元前二五〇〇年の昔から、中央アジアを起点にイラン高原・インド亜大陸に進出して政治的な覇者になるのは、アーリア人であった。しかし、約三五〇〇年の歳月を経て、中央アジアの覇権は老朽のアーリア人から新興のトルコ民族へ移り、言語的にもソグド語・サカ語・バクトリア語などのアーリア系諸語が消滅して、トルコ系言語の世界に生まれ変わった。かつて「ソグド的ゾロアスター教」が栄えた中央アジアの地は、それらとは民族的・言語的・宗教的にまったく無縁な「トルコ・イスラーム文化」の揺籃の地となった。一〇～一一世紀には、ソグディアナはトルキスタンに変貌したのである。

第四章　第二次暗黒時代（一一～一六世紀）——ムスリム支配下での改宗と脱出

第一節　本当の暗黒時代——「ペルシア・イスラーム世界」の形成

アラブ人による占領とイスラームの普及

六五一年にサーサーン王朝ペルシア帝国が滅んで以降のゾロアスター教の歴史は、本当の暗黒時代に突入する。「豊穣な暗黒時代」であったヘレニズム時代には、たとえ資料に残っていなくとも、表層的なギリシア文化の下にはイラン人の基層文化が根強く生き残り、イラン高原のアーリア人の宗教はかえって周辺の文明圏に深い影響を与えていた。しかし、今回は、セム系アラブ人によってエーラーン・シャフル全域を征服され、神官団組織や階級制度などゾロアスター教の社会的基盤が根こそぎ破壊されていった。これに伴って、拝火と聖呪の宗教は、しだいに唯一神アッラーの信仰に代わられたのである。

約六〇〇年間にも及ぶイラン人（エーラーン・シャフルが滅んだ以上、イスラーム時代以降については、「アーリア人」に代えて近世ペルシア語で「イラン人」の名称を用いる）の改宗過程は、一様ではない。アラブ・イスラーム教徒占領軍に対する抵抗運動には、地域的な偏差があった。この時代のゾロアスター教に関する資料は、興隆するイスラーム教徒からみたアラビア語・近世ペルシア語の歴史書・地理書の記述と、滅びゆくゾロアスター教神官団によるパフラヴィー語書簡しかない。一〇世紀までのイラン高原におけるゾロアスター教からイスラームへの改宗状況の研究としては、Choksy 1997を参照。サーサーン王朝の政治的中心地だったメソポタミアでの改宗状況については、Morony 1984を参照。

このうち、メソポタミアやアゼルバイジャンなどでは、めだった抵抗がなく、比較的平穏にイスラーム化が進んでいった。これらの地域では、土地の所有権が早い段階でアラブ軍人に賜与された関係で、八世紀中に、マワーリー身分（アラブ人の被保護民）からの解放と税制上の優遇措置を求めて、イラン人ゾロアスター教徒の改宗が進んだのである。これに対し、土地所有権が容易に移転しなかった（アラブの占領軍の政策はひどく場当たり的だった）ペルシアからケルマーンにいたるイラン高原南部では、九〜一〇世紀まではゾロアスター教神官団の勢力が根強く、容易に改宗が進まなかった。他方、カスピ海南岸や中央アジアでは、土地制度以前に政治的な拒否反応が激しく、旧支配者の武力蜂起とアラブ人占領軍による鎮圧というプロセスが、何回も繰り返された。たとえば、カスピ海南岸では、八世紀後半の段階でホルシェード将軍の叛乱が起こっているし、一一世紀になってさえ、ボルジェ・ラージームでパフラヴィー語とアラビア語の二言語併用碑文――パフラヴィー語版の方が上段にあり、年号も「ヤザドギルド三世暦三八九年」と刻まれている――が造営されている（Godard 1936; Rezā'ī-Baghbīdī 2003）。

「ペルシア・イスラーム世界」の形成

こうして、一〇世紀までには、シカゴ大学のマーシャル・ホジソン（一九二二〜六八）が名づけた「ペルシア・イスラーム世界」が姿を現してきた（Hodgson 1977）。ユーフラテス川からアム・ダリヤー川にいたる地域を、ペルシア語とイラン文化が優勢なイスラーム地域として、ほかの地域のイスラーム共同体と区別する名称である。

サーサーン王朝時代のマーニー教、東方シリア教会、マズダク教の例からも類推できるように、イラン高原のイラン人は、伝統的にメソポタミア平原から伸張してくる宗教を受容する傾向が顕著だった。原因としては、経済的な要因や文化的な背景が伏在していると思われる。そして、これを強力に遮断していたペルシアのゾロアスター教神官団が消滅した時、再びメソポタミアからの宗教がイラン高原上に普及する形勢になった。

メソポタミア平原には、この時期、ユダヤ教、東方シリア教会、西方シリア教会、グノーシス主義諸派、マーニー教、マンダ教、サービア教など、実に多様なセム系宗教が混在していたとされる。ここに、七世紀以降、サーサーン王朝を倒したアラブ部族が大挙して移住し、メソポタミア平原はアラビア語で「イラーク平原」と呼ばれるアラブ文化圏に変質していったのである。そして、上記の多様なセム的宗教をイスラームの中に包括する際に、この新生イラークで起こった政治的な事件が関与することになった。

預言者ムハンマドの従弟で娘婿のアリー・イブン・アビー・ターリブが、六六一年にたまたまイラーク平原のナジャフで暗殺され、彼の次男フサイン・イブン・アリーも、六八〇年にイラーク平原のカルバラーで殺害されたため、イラーク平原一帯の政治運動は、彼らの子孫を預言者の霊的後継者（イマーム）として認める異端運動の様相を帯びるのである。これがシーア派の濫觴であるが、問題は、アリーの子孫は直系・傍系あわせて大勢存在し、旧メソポタミアの異教集団がそれぞれ都合のよいアリー家の子孫を推戴して、シーア派の名のもとにイラーク平原で異教的な教えを説き始めた点である。これが、イスラーム思想史上、「グラート＝過激シーア派」といわれるグループである。もちろん、イスラームの教義の枠の中でアリー家の正統性を主張する穏健なイマーム派シーア派も多く、両者が入り乱れて、イラーク平原からイラン高原まで普及していった。

九世紀末から一〇世紀初頭にかけて、これらのプロト・シーア派の拠点は東方に拡大し、ライイ、ゴム、カーシャーン、トゥースなどのイラン高原北部の諸都市がシーア派教学の中心になった。イラン高原南部のペルシアやケルマーンでゾロアスター教神官団が最後の抵抗を続けていたころ、イラン高原北部はすでにシーア派イスラームの温床に変質していたのである。そして、この宗教的土壌の中から、一〇世紀にはダイラム地域を本拠とするブワイフ王朝がイラン高原全土を統治下におさめ、前述のようにスィーラーフ港貿易の国家管理を推し進めて、ペルシアのゾロアスター教神官団に意図せざる大打撃を与えた（二一九頁参照）。結果的には、イラン高原北部から発生したシーア派イスラーム王朝が、イラン高原南部に残ったゾロアスター教を滅亡に追いこんだことになる。

イラン人のイスラーム化の完了

以上を全体としてみれば、イラン人ゾロアスター教徒のイスラーム改宗は、三〇〇年以上をかけてゆっくりと進行したといえる。ある研究に従えば、イラン高原上の都市住民のイスラーム教徒人口比率は、七五〇年ころには八パーセントにすぎなかったが、八五〇年ころには五〇パーセントに跳ねあがり、九九〇年代までに一〇〇パーセントに達した。このころまでに、ゾロアスター教はイラン高原における勢力を完全に失ったのである。

第二節　イラン系異教の宗教叛乱

「ペルシア・イスラーム世界」の軍事叛乱

しかし、アラブ・イスラーム教徒軍によって軍事的に圧倒されたイラン人も、そのすべてが唯々諾々としてアラブ人駐留軍に従い、イスラーム化の波に飲みこまれていったのではなかった。アッバース王朝カリフ政権時代（七五〇～一二五八）最初期の五〇年間には、イスラーム共同体（ウンマ）の中心地バグダードから遠いホラーサーン州や中央アジアに住まうイラン人が、しばしば軍事的な叛乱を起こしている。また、アッバース王朝カリフ政権が一時的に中央アジアのメルヴに遷都した九世紀前半には、イラン高原西北部のアゼルバイジャン州で大規模な軍事叛乱が勃発した。ゾロアスター教からイスラームへの改宗が頂点に達するのと軌を一にして、軍事叛乱もピークに達しているのである。このイスラーム初期の「イラン民族主義」的な叛乱の全体像については、Sadighi 1996参照。

そして、このような軍事蜂起の際には、指導者は必ず土着イラン人に特有の宗教的主張を繰り返し、彼らがどのような宗教を信奉していたかの一端をかいま見させている。以下では、これらの軍事蜂起の資料を手がかりに、イラン高原南部でもちこたえた正統派（今は亡きサーサーン王朝政府からみての話だが）のゾロアスター教神官団とは違った、ホラーサーン州、中央アジアやアゼルバイジャン州の土着イラン人の宗教的主張を参照しよう。ここには、正統派のゾロアスター教神官団とは趣を異にする各地方のイラン人の宗教が顔をだしている。

ただし、本書では、**図表15**（二四二頁）の軍事蜂起のすべてを詳細に追究するスペースを欠く。イラン高原

地図12　イラン人ゾロアスター教徒のイスラーム改宗（7～10世紀）

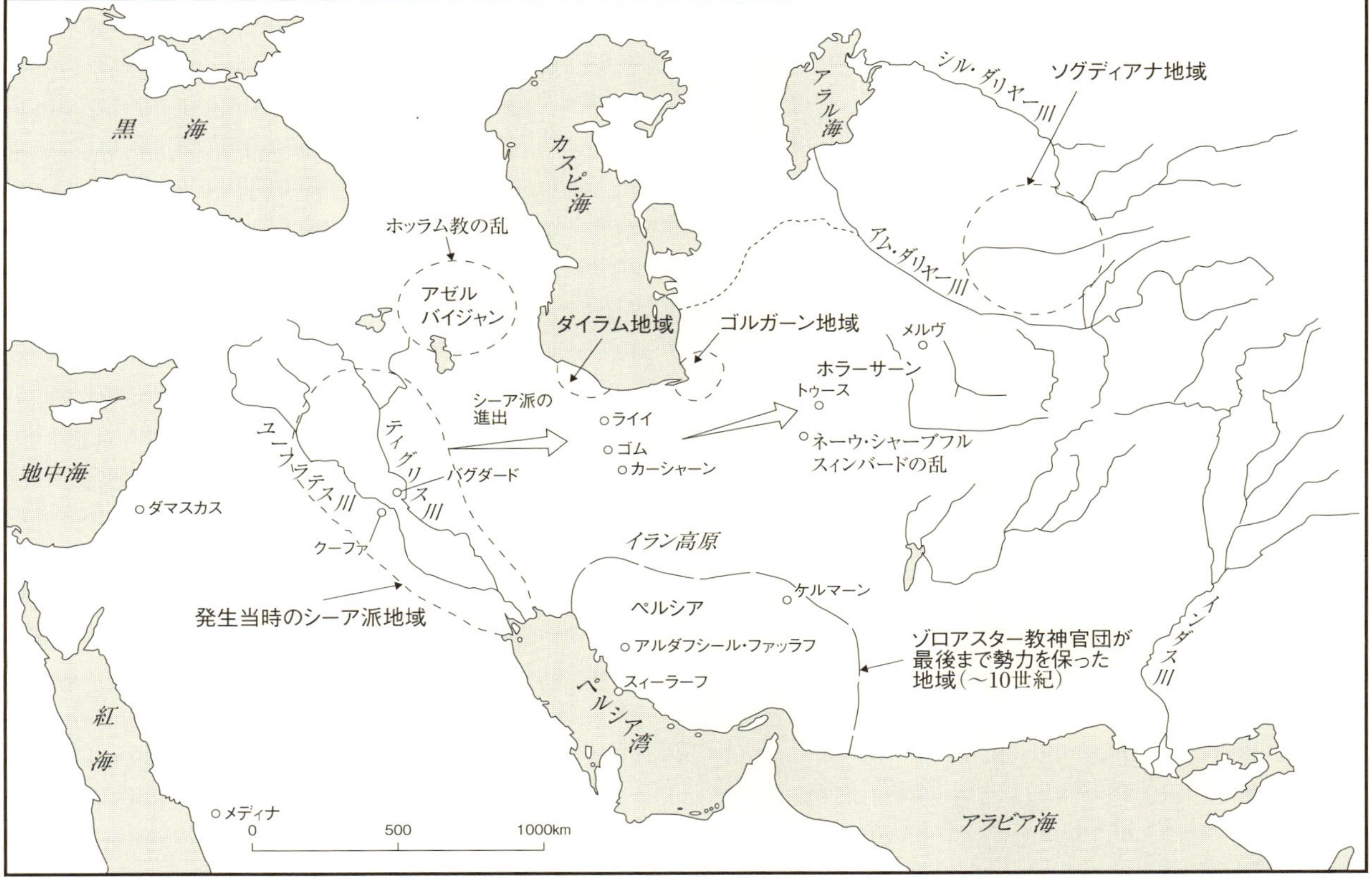

図表15　アラブ軍占領下のアーリア民族の叛乱

叛乱の名称	期　間	地　域	伝えられる叛乱の目的
ベフ・アーフリードの乱	747–749	ホラーサーン州ネーウ・シャーブフル市	原始的ゾロアスター教の宣教
スィンバードの乱	755	ホラーサーン州ネーウ・シャーブフル市	太陽崇拝の布教，マッカの破壊，アラブ人支配からの解放
イスハークの乱	755–757	中央アジア	アッバース王朝への不満
ラーワンディー派運動	758	ホラーサーン州	過激シーア派の乱。カリフの神格化
ウスターズ・スィースの乱	767–768	ホラーサーン州ヘラート市	ベフ・アーフリードの教えの復活
ユースフ・バルムの乱	776–778	スィースターン州フシャンジュ市→中央アジアへ	不明
ムカンナーの乱	776–783	ホラーサーン州メルヴ市→中央アジアへ	預言者と自称
ホッラム教の乱（バーバクの乱）	816–837	アゼルバイジャン州バッズ市	ネオ・マズダク教の復興＋過激シーア派の宣教

の東西の代表例として、ホラーサーン州のスィンバードの乱とアゼルバイジャン州のホッラム教の乱の二つを取りあげたい。

スィンバードの乱――ミスラ崇拝の復興？

七五五年――アッバース革命から五年後――にホラーサーン州ネーウ・シャーブフル市（近世ペルシア語でニーシャープール）で起こった「スィンバードの乱」は、乱の発端とその最終目的についての情報が錯綜していて、かならずしも全体像が明らかになっていない。乱の発端は、ネーウ・シャーブフル市の富裕なゾロアスター教徒スィンバード・ニーシャープーリーが、友人であるアブー・ムスリム・マルワズィー将軍がバグダードで処刑された事件に抗議するために、私財をなげうって起義したものとされる。アブー・ムスリム将軍は、イラン人出身ながらシーア派イスラームに改宗し、アッバース革命を指導した中心人物であり、当時のホラーサーン州ではカリスマ的な人気を誇っていたらしい。

ところが、アブー・ムスリム将軍の復仇を呼号して挙兵したにもかかわらず、スィンバードはライイまで進軍すると、なぜか作戦目的を「打倒アラブ人、マッカの破壊、太陽崇拝の普及、イランの復興」などに変更したと伝わる。これらの伝承は後世のものなので、どこまで信頼してよいか疑問も残るが、仮にこれらのスローガンが正しいとすれば、イラン民族主義的な主張を含んでいる。また、注目すべきは、復興するべきイラン系宗教が「太陽崇拝」に限定されている点で、ここだけを抽出すれば、スィンバードの宗教はゾロアスター教ではなく、ミスラ崇拝（ミスラは太陽の化身である）に近いものだったかもしれない。

イラン高原東部のミスラ信仰の痕跡を残しているようにみえるスィンバードの宗教的主張は興味深いのだが、彼の軍隊はライイまで進軍したところで、アッバース王朝カリフ政権が派遣した追討軍によって粉砕された。四散した軍隊を捨てたスィンバードは、そのままカスピ海沿岸地帯へ逃亡し、最後は現地の土侯によって処刑されたと伝わっている。しかし、この前後にホラーサーン州から中央アジアで挙兵したイラン人の軍事叛乱の多くが、スィンバードと似たような宗教的主張を掲げている点は注目に値する。もしかすると、この一帯では、サーサーン王朝滅亡後、ミスラ教に近いイラン系宗教が台頭していた可能性が残る。単純に、「国家宗教ゾロアスター教の崩壊→イラン人のイスラームへの改宗」では片づけられない事態が、このころのイラン高原東部では起こっていたようである。

ホッラム教の乱 —— マズダク教の復興？

ホッラム教とは、直接的には、九世紀初頭にイラン高原北西部（かつてのメディア地域）で蜂起したイラン人の一派の宗教を指す。彼らは、バーバクという純粋イラン人名（パフラヴィー語ではパーバグで、サーサーン王朝の始祖と同じ名前）を名のる指導者に率いられ、おりから内戦状態にあったアッバース王朝カリフ政権が八一三年にメルヴに遷都したのを期に蜂起し、イラン高原北西部で二〇年以上にわたって独立勢力を築いた。これを、「ホッラム教の乱」という。結局、アッバース王朝カリフ政権は、八二〇年にメルヴからバグダードに再遷都し、ソグド王アフシーン（当然、イスラーム教徒である）を遠征軍の司令官に起用して、八三七年にやっとホッラム教の乱を鎮圧した。

このホッラム教の乱も、単にアラブ・イスラーム教徒の支配に反発した土着イラン人の軍事叛乱としては片づけられない要素をもつ。すなわち、彼らの思想的中核となったホッラム教は、バーバク以前から長い前史をもっていたらしいのである。アラビア語文献によると、同教はマズダク教の亜流として、イラン高原西部全域に幅広く分布していたとされる。もちろん、前述のように、フスラウ一世によってマズダク本人が処刑されて以降は、「マズダク教」という有機体があったわけではない（一七八頁参照）。ただ、メソポタミア平原南部を中心に、マズダクの教えを継いで、正統教義とは異なったタイプのゾロアスター教を奉じる一派が存在し、それらが「ネオ・マズダク教」と呼ばれていたようである。

アラビア語文献によると、この「ネオ・マズダク教」の信者は、他人を害することからは極力身を慎む平和な農民層を主体とし、特に暴力的なことはなかったとされる。しかし、七五〇年のアッバース革命後、反アッバース家感情を抱くシーア派――たとえば、カイサーン派、クーファのグラート派など――が合流すると、にわかに実力行使をいとわない武装集団に変質した。しかも、土着イラン人の駐留アラブ・イスラーム教徒に対する反感がこれに輪をかけ、結果的には、アッバース王朝カリフ政権の内乱を好機として、山間部のアゼルバイジャン州で爆発したようである。

九世紀も半ばを過ぎると、土着イラン人が宗教的アピールを活用して反イスラーム的な軍事叛乱に踏みきるケースは、完全に途絶える。これ以降のイラン史の中では、正統派であれ地方的分派であれ、ゾロアスター教徒は完全にマイナーな存在と化す。この段階で、イラン社会は、サーサーン王朝時代とは完全に異質なものに転じ、「脱ゾロアスター教化、イスラーム化」(Khanbaghi 2009)を遂げたのである。

イラン人の文化的優越の主張――シュウービーヤ運動

上述のように、アッバース王朝時代初期――具体的には、八世紀半ばから九世紀初頭にかけての約一〇〇年間――には、イラン人の宗教的主張を含む軍事叛乱があいつぎ、イスラーム共同体(ウンマ)を震撼させた。これらは、結局は鎮圧されて失敗に終わったが、イラン人の自己主張はこれだけでは終わらなかった。九～一〇世紀の一〇〇年間には、文化的な意味でのイラン人の優越性を説く運動が現れ、これまた初期のイスラーム文化を混乱に陥れた。この運動を「シュウービーヤ運動」と称する。

その発端は、アッバース王朝カリフ政権が、サーサーン王朝ペルシア帝国の伝統を継ぐイラン系の官僚を登用し、彼らに国政の重要な機能を担わせたことにある。再びイラーク平原に姿を現したイラン系の官僚たちは、チャンスとばかりにアラブ人に対するイラン人の優越性を主張して、アッバース王朝カリフ政権をサーサーン王朝ペルシア帝国の後継国家と見なすような運動を展開した。また、シリアのダマスカスに首都をおいたウマイヤ王朝カリフ政権(六六一～七四九)とは異なり、イラークのバグダード(テースィフォーンの近郊)に首都を構えたアッバース王朝カリフ政権には、そうみられなくもない特徴があったのも事実であった。

だが、一〇〇年前の軍事叛乱の場合とは異なって、注意すべきは、このシュウービーヤ運動がイスラームの枠内での民族主義運動だった点である。イラン系官僚の論拠にしてからが、『クルアーン』の中の語句であり、シュウービーヤ運動はイラン人の自己主張であるようにみえて、実際にはイスラームの枠内で争われた民族紛争であった。しかも、かならずしも広範囲にわたって展開された大衆運動とはいえず、バグダード周辺の官僚や知識人の間で交わされた論戦といったニュアンスが強く、イラン人のイスラーム化の流れ自体は、押しとどめようのないところまできていた。

おまけに、イラン人にとっては遺憾ながら、この論争は、結局はアラブ文化の優越性を認める結果に終わってしまい、以後、陸続としてアラビア語の文学作品が執筆されて、イスラーム世界の共通語としてのアラビア語の地位を不動のものとした。イラン人のプライドにとっての救いは、このとき、イラン文化の優越性を主張したのもアラブ文化の優越性を主張したのも、ともにイラン系文化人であり、どちらの言語――アラビア語か近世ペルシア語か――を使うにしても、その主たる担い手の地位にはイラン人が就いた点である。以後、イラン人は、外来語であるアラビア語を駆使しながら、積極的にイスラーム文化の中に参与し、アッバース王朝時代の輝かしいイスラーム文化を創造してゆくことになる。

古代イラン文化への挽歌――近世ペルシア語民族叙事詩の成立

だが、イラン高原がイスラーム化したあとも、イラン人の間にはイスラーム化以前の記憶が残っていた。それは、「アラブ人がアラビア砂漠の中から出てくる一〇〇〇年以上も前から、古代オリエント世界に覇を唱えていた」という栄光の記憶である（イラン人も、紀元前七〜六世紀当時はオリエント世界の新参者だったのだが、

図表16　近世ペルシア語民族叙事詩『王書《シャー・ナーメ》』の内容一覧表

巻数	内　　容
第1巻	ピーシュダード王朝10代の歴史。イラン高原の先住民と思われる悪鬼と戦いながら，神話的な王たちがアーリア人の国家を建国する物語。残念ながら，歴史上のメディア王国やハカーマニシュ王朝とは何の関係もない
第2巻	カイ王朝5代の歴史。しかし，実際の主人公は英雄ロスタムである。彼は，ゴンドファルネス王（本書109頁）をモデルとしたサカ族の英雄と考えられており，ゾロアスター教系の文献には出てこない。スィースターンの地方的伝説がクローズアップされて，アーリア人史に挿入された部分である
第3巻	アルシャク王朝の歴史。きわめて短く，存在しないに等しい巻
第4巻	サーサーン王朝の歴史。『王書』全体の半分近くを占め，歴代皇帝の事跡を扱っている。しかし，文学的な物語の色彩が強く，歴史的な資料としての評価は低い

気がついてみると、イスラーム時代まで存続している古参民族はイラン人とユダヤ人だけになっていた）。そして、この記憶は、近世ペルシア語が文学用語として熟した一〇世紀に民族叙事詩にまとめられ、以後長く、イスラーム化したイラン人のアイデンティティーとして機能してゆく。

近世ペルシア語は、パフラヴィー語の文法を継承しつつ、語彙の七割以上をアラビア語に換骨奪胎し、パフラヴィー文字に代えてアラビア文字を用いることで成立した。その揺籃の地は、一〇世紀のホラーサーン州〜中央アジア一帯である。ペルシア州でゾロアスター教神官団が最後のパフラヴィー語著作活動を展開したのと同時並行で、ホラーサーン州〜中央アジアでは新しくイスラーム時代に即した近世ペルシア語の著作活動が端緒についたことになる。イスラーム以前のオリエントのセム系諸民族——エジプトのコプト人、内陸シリアのシリア人、メソポタミア平原のアラム人など——がつぎつぎにアラブ人に同化していったのに比べると、イラン人は自らの言語を維持した点で特異な例外であった。シュウービーヤ運動ののち、イスラーム世界の共通語としてのアラビア語の優位は揺るがないところまできていたものの、イラン高原上の「ペルシア・イスラーム世界」の域内共通語としては近世ペルシア語が用いられた。

ホラーサーン州〜中央アジアで、イスラーム化した近世ペルシア語が熟成した理由は、実はよく分かっていない。ペルシア州では、保守的なゾロアスター教神官団の影響力が強かったので、イスラームに順応した近世ペルシア語の形成を阻《はば》んだという説もあり、また、ホラーサーン州〜中央アジアはイスラーム世界の中心地から比較的遠いから、独自の言語活動を行いやすかったという説もある。ともかく、ペルシア州ではなく、ホラーサーン州〜中央アジアが、新たな「ペルシア・イスラーム世界」の文化活動を先導する栄誉を担うことになった。

最初期の近世ペルシア語詩人たちは、ホラーサーン州〜中央アジア一帯の地主《デフガーン》階級出身である。彼らは、サーサーン王朝時代の騎士階級の末裔であり、比較的イラン系の文化遺産を継承しやすい立場にあった。また、彼らが仕えた中央アジアの地方政権サーマーン王朝（八七三〜九九九年）は、サーサーン王朝時代の七大貴族の一つミフラーン家の後裔と自称する民族意識の強い一族であった。もちろん、サーマーン王朝はイスラームに改宗したイラン人の政権であり、上位にアッバース王朝カリフ政権の存在を認めてはいたのだが、ブハーラーを中心とする彼らの版図内では、イスラーム化されたイラン民族主義を標榜していた。

そして、この環境から出現した大詩人が、本書冒頭の「まえがき」でその名を挙げたフェルドゥスィー。彼が、この地域で起こった「イスラームの枠内でのイラン文化復興運動」の成果を吸収して書きあげた近世ペルシア語民族叙事詩が、本書冒頭で一節を引用した不朽の名作『王書《シャー・ナーメ》』（九九四年成立）である。彼のこの作品があるがゆえに、イラン人はイスラーム時代に突入してからも、自身の栄光の過去を忘れることから免れ、イラン人としての消せない刻印を残せたのである。それはまた、滅ぼされたゾロアスター教にとっての弁明の書でもあった。

第三節　インド西海岸への脱出 ―― ゾロアスター教徒の出ペルシア記

ゾロアスター教徒の出ペルシア記

ところで、ペルシア地域とインド西海岸は、サーサーン王朝時代から、フスラウ二世とデカンの王が使節を交換するなどの政治的交流があり、また、海上交易による経済的な往来も頻繁だった。当時のペルシア人《びと》は、イラン高原最大の港湾都市スィーラーフを拠点とする海上貿易に従事していたらしく、ペルシア湾からアラビア海一帯の沿岸各都市には、かなりの規模のゾロアスター教徒コロニーの痕跡が残っている。また、『マハーバーラタ』やプラーナ（古代・中世インドの宗教文献群）などのサンスクリット文献では、彼らをペルシア（パールス）出身者の意味でパーラスィーカと表記している（この語は、シリア系の商人を指しているとの異説もある）。

一六〇〇年に集成された近世ペルシア語の伝承『サンジャーン物語』（校訂としては、Williams 2009参照）による

写真24　サンジャーンのパールスィー上陸記念碑

パールスィーの伝承では，彼らの先祖は，ペルシア州を船出した後，936年にインド・グジャラート州のサンジャーン村に上陸したとされる。20世紀初頭，パールスィーの神官団が彼らの「ピルグリム・ファーザーズ」を記念して，上陸記念碑を建てた（著者撮影）

と、イラン高原で迫害に耐えかねたゾロアスター教徒たちは、七一六年から九三六年の間のいずれかの時期にペルシア湾から船出して、インド西海岸をめざした。伝説では、あてもなく出航して偶然にインド西海岸へ漂着したことになっているが、諸般の状況から推測すれば、インド西海岸にはサーサーン王朝時代からゾロアスター教徒コロニーが先在していて、そこへ合流したと考える方が自然である（Nanji and Dhalla 2007）。亡命ゾロアスター教徒の一行は、九三六年にインド西海岸の漁村サンジャーンへたどり着き、現地を支配していたヒンドゥー教徒の王ジャーディ・ラーナーの保護を得て、周辺地域に定住することになった。『サンジャーン物語』では単発のストーリーとしてまとめられているものの、おそらく、この種の移住は一回だけではなく、何回も繰り返されたと考えられている（Cereti 1991）。現地では、彼らは一括して「パールスィー＝ペルシア人」と認識された。

サンジャーンに上陸したゾロアスター教徒たちは、ジャーディ・ラーナー王の庇護を得たのち、イラン高原から聖火を招来することを考えついた。伝説によれば、神官団はサンジャーン定住五年にして、使者を陸路イラン高原のホラーサーン州に派遣し、同地のアータシュ・バフラーム級聖火をサンジャーンに移転させたという。ちなみに、このとき招来されたアータシュ・バフラーム級聖火は、イラン高原では三大聖火につぐ第二ランクの大聖火であるが、インド亜大陸にはこれしか存在しないので、インド・ゾロアスター教最高の聖火として、現代にいたるまで彼らの尊崇を一身に集めている（ちなみに、現在では八つに分祀され、ボンベイ、スーラト、ナヴサーリー、ウドワーダーに安置されている。この中では、ウドワーダーのアータシュ・バフラーム級聖火を特にイーラーン・シャー＝イランの王と称し、八つの中の本流としている。聖火については第三章一九四頁参照）。

地図13　インド・ゾロアスター教神官団の５大管区（14世紀〜）

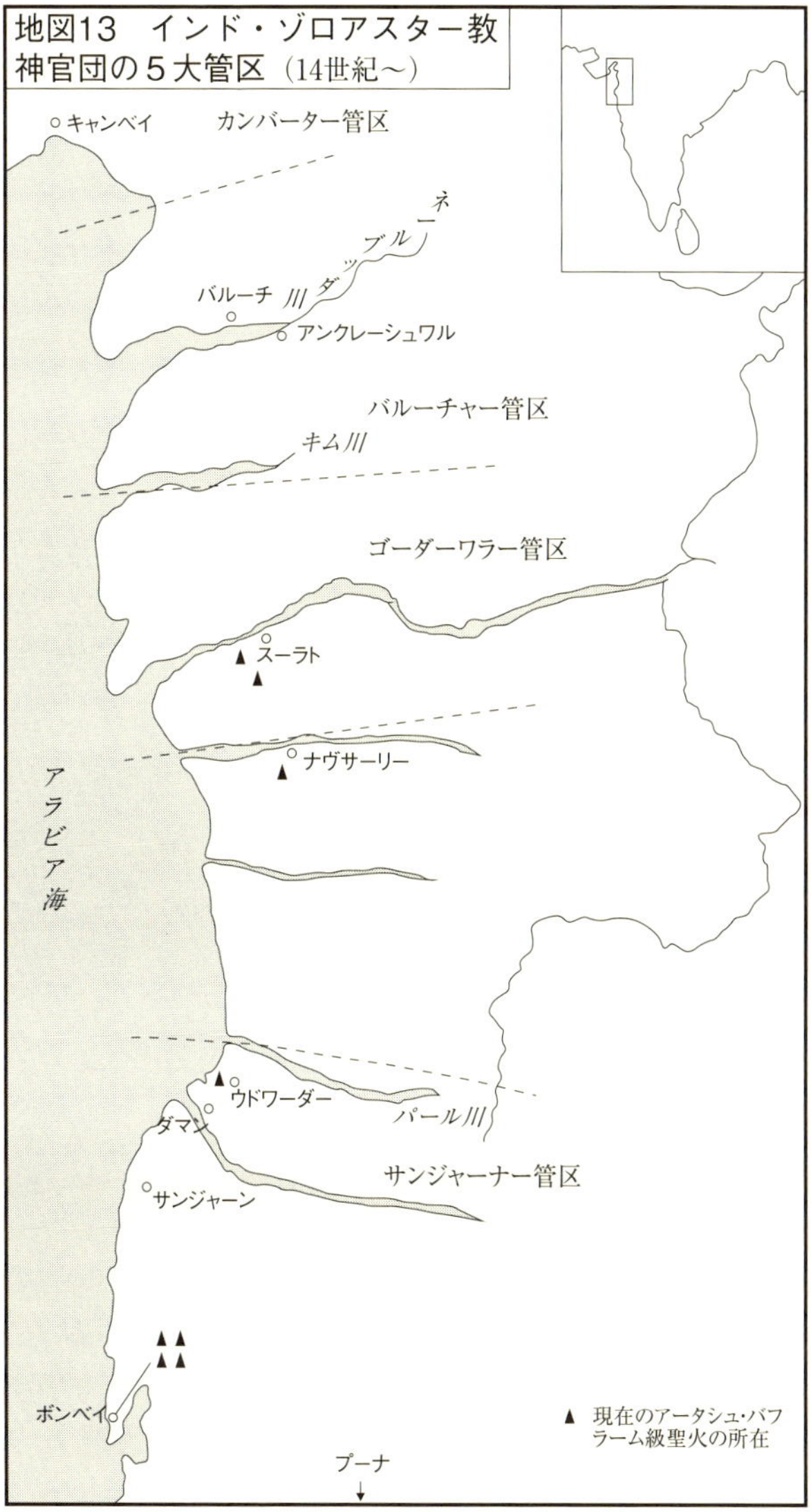

イラン高原の残存ゾロアスター教徒たち

このように、インドへ脱出したゾロアスター教徒たちがいた反面、とうぜん、イラン高原に残ったゾロアスター教徒たちも存在した。彼らの歴史（の推定復元）については、de Jong 2013b 参照。イラン高原上のゾロアスター教徒たちは、エーラーン・シャフルの崩壊後、ただちに政治的・社会的苦難に見舞われたわけではなかった。しばらくの間は、ロスタムの後裔だと主張するターヒル王朝（八二一〜八七三年）、パフラヴィー語の銘文（Xwarrah Abzūd）入り貨幣を鋳造したブワイフ王朝（九三四〜一〇五五年）、ミフラーン家の子孫を名のるサーマーン王朝（二四八頁）など、ゾロアスター教に対してはいざしらず、少なくともイラン文化に対してきわめて好意的な王朝が続いたためである。

ただ、それも、スンナ派イスラームの信仰堅固なスルターン・マフムード・ガズナヴィー（在位一〇〇二〜三〇）が即位するまでだった。トルコ系遊牧民出身のマフムードは、ついぞ古代イラン系文化を尊重する気持ちはなかったようで、ゾロアスター教徒たちはしだいに「ペルシア・イスラーム世界」——ゾロアスター教徒からすると、前半は誇らしいが、後半は皮肉なネーミングである——の中に身の置きどころがなくなり、追いつめられていった。

ひどく鮮やかな対象なのだが、同時期のユダヤ人は、イスラーム教徒支配下のイラン高原でも、医師、哲学者、歴史家、占星術師などの知的職業に就き、けっして大規模な人口減少の痕跡は見うけられない。ネストリウス派キリスト教徒にいたっては、サーサーン王朝時代よりも社会的状況が改善されているかもしれない。もちろん、完全に「経典の民」に分類されるユダヤ教徒、キリスト教徒と、つねに「経典の民」かどうか議論の余地があったゾロアスター教徒では、イスラーム教徒が優勢な社会——一般には、少数宗教にあまり配慮することなく、「イスラーム社会」と呼ばれる——において、宗教上処遇に差があった可能性もある。しかし、ゾロアスター教徒に知的活力が不足していて、自ら没落していった感も否めない。

図表17　14～19世紀のゾロアスター教徒組織図

イラン高原

ヤズドの神官団（本拠はシャリーファーバード村またはトゥルカーバード村。ヤズド市を管轄すると同時に，全ゾロアスター教徒を指導）
- ケルマーンの神官団（ケルマーン市を管轄）
- スィースターンの神官団（スィースターン全域を管轄。16世紀に消滅）
- ホラーサーンの神官団（ホラーサーン全域を管轄。16世紀に消滅）

インド亜大陸（インド西海岸）
- カンバーター神官団（本拠はキャンベイ市）
- バルーチャー神官団（本拠はバルーチ市）
- ゴーダーワラー神官団（本拠はスーラト市）
- バガリアー神官団（本拠はナヴサーリー市）
- サンジャーナー神官団（本拠はサンジャーン市）

五大管区の成立

話をインド・ゾロアスター教徒に戻すと、サンジャーン上陸とアータシュ・バフラーム級聖火の招来後一〇〇年間、彼らの実態は不明である。サンジャーン周辺に農地を得て農民化したともいわれるし、インド西北海岸一帯で商業に従事していたともいわれる。どちらにしても、この時期のインド・ゾロアスター教徒は順調に人口が増えたようで、一一四二年、ある神官がサンジャーンから北方のナヴサーリーに移転すると、徐々に近接地域に居住圏の拡大が始まる。ナヴサーリーのように神官が先行した場合ばかりではなく、バルーチやスーラトのように、平信徒が定住してから神官を招聘したケースもある（最重要拠点であるナヴサーリーのゾロアスター教徒の歴史については、Desai 2008参照）。

考古学上の知見に従えば、パールスィーの存在を立証する最古の資料は、九九九年と一〇二一年にカーンヘーリー（ムンバイの約四〇キロ北方）の洞窟に彫られた二つのパフラヴィー語の碑文である（Paymaster 1954）。また、インド西海岸で最古のダフマ遺跡は、一〇世紀～一一世紀に属するとされる（Nanji and Dhalla 2007）。より確実な年代としては、グジャラート州東南部のブローチに立てられた二基のダフマのうち、一基が一三〇〇年以前、もう一基が一三〇九年の築造と判明している（Palsetia 2001）。このころまでには、インド・ゾロアスター教徒たちも、碑文やダフマの造営ができる程度には富裕化していたのである。

一四世紀初頭には、インド・ゾロアスター教神官団の五大管区制が成立した。これは、インド・ゾロアスター教徒の居住地域を、グジャラートを西流する河川を基準として五つの管区に分け、それぞれの管区の平信徒を担当する神官団を配した組織である。もちろん、各管轄範囲内にインド・ゾロアスター教徒が排他的に定住しているわけではなく、圧倒的に多数のヒンドゥー教徒に混じりながら、インド・ゾロアスター教徒が寄り集まって集居している区域の集合体として、管区が存在している。このころのインド・ゾロアスター教徒は、合計しても数万人規模の少数コミュニティーだったと推測されている（インドにおける初期パールスィー史については、Kamerkar and Dhunjisha 2002参照）。

一〇世紀以降、ゾロアスター教には教義的に大きな変更はなく、基本的にはサーサーン王朝時代後期に確定した欽定『アベスターグ』と二元論的教義を継承していた。しかし、祭式儀礼の執行については、頻繁に問題化し、そのたびにインド・ゾロアスター教神官団は、近世ペルシア語の書簡「リヴァーヤト」をヤズドに送って、イラン高原のゾロアスター教神官団に裁定を依頼していた。インド・ゾロアスター教神官団は、彼らより上位の裁定者として、ヤズドに残留したゾロアスター教神官団の権威を認めていたのである。

第五章　インドでの大財閥としての発展（一六世紀～現代）

第一節　近世ゾロアスター教の文化首都ナヴサーリー――メヘルジー・ラーナー家の発展

大神官メヘルジー・ラーナー

サンジャーンを発祥の地としつつ、五大管区へ散っていったインド・ゾロアスター教徒の各神官団は、それぞれに重要な役割を果たした。しかし、その後の歴史の展開上は、とりわけ、ナヴサーリーを本拠とするバガリアー神官団の働きが目立つ。

その契機は、インド亜大陸の政治的支配者がトルコ・モンゴル系のムガル帝国に交代した一六世紀に端を発する。折しも、西暦一五九三年がヒジュラ暦で記念すべきイスラーム開教一〇〇〇年目にあたり、「ペルシア・イスラーム世界」には黙示録的雰囲気が充満していた（Babayan 2002）。その結果、この時代は、ホルーフィー派、ノクタヴィー派、ムシャゥシャゥ派といった異端宗派の大群生をみた。この雰囲気は、ユダヤ教徒やキリスト教徒、そしてゾロアスター教徒にも感染し、ヨーロッパ人旅行者の観察によれば、イスラーム開教一〇〇〇年を祝して、ゾロアスター教の救世主（不可解にもアラビア語でマフディーと呼ばれる）の出現が待望されていたとされる（Firby 1988）。

このような古い宗教に対する終末観と新しい宗教への待望論を背景として、インド・ゾロアスター教徒た

写真25　ナヴサーリーのメヘルジー・ラーナー家の拝火神殿　インド・グジャラート州ナヴサーリー市にあるメヘルジー・ラーナー家の拝火神殿。同家は，17世紀から急激に勢力を伸ばした神官家系で，ナヴサーリー管区の世襲長老であるのみならず，インドの５大管区の長老会議を招集して議長になる権利をもつ。ちなみに，ターター家はメヘルジー・ラーナー家の分家にあたる（著者撮影）

ちは大きな発展を遂げる。おまけにこのころには、近世ペルシア語がインド亜大陸の文化語として普及したので、古代や中世のペルシア語にも詳しい（と思われていた）ゾロアスター教徒は、一種の古典教養人として通用した。また、一三世紀にイスラームのカリフ制度を打倒したモンゴル人は、オリエントの新たな政治秩序として、古代ペルシア帝国の政治体制に範を求めた。これらの副次的理由もあいまって、エーラーン・シャフル崩壊後一〇〇〇年を経て、久々にゾロアスター教徒にとって有利な政治的・社会的状況が生みだされたのである。

　これらの理由によって、イラン高原に残留していたゾロアスター教徒の一派アーザル・カイヴァーン学派も、このころに北インドをめざし、ラーホールやパトナーで特異なゾロアスター教神秘主義思想を案出している。このアーザル・カイヴァーン学派とは、エスタフル出身のゾロアスター教徒アーザル・カイヴァーン（一五三三〜一六一八）を指導者とし、イスラーム神秘主義の影響を受けてゾロアスター教神秘主義を考案した十数名のゾロアスター教徒グループである。一五九三年以降に救世主待望論が収まったあと（結局、イスラーム開教一〇〇〇年を期した救世主など出現しなかった）、イラン高原では受けいれられず、一六世紀末にインド亜大陸北部に移住した。インド亜大陸では、彼らはイスラーム以前のペルシア語のエキスパートとみられ、彼らの文献は近世ペルシア語辞書編纂に際して活用されている（青木、二〇〇七年）。

伝説によると、このようにゾロアスター教や古代ペルシア文化に興味を抱いたムガル帝国第三代皇帝アクバル（在位一五五六〜一六〇五）は、ナヴサーリーに使者を派遣して、ゾロアスター教の教義に精通した神官を召しだした。これに応じたのが、メヘルジー・ラーナー（一五三六〜九一）である。伝説によると、彼がムガル宮廷でバラモンのジャガト・グルと法術比べを行ったところ、彼のゾロアスター教的聖呪の効果はグルのヒンドゥー教的聖呪を上回り、アクバル皇帝の愛顧を克ち得たとされる。また、彼に同行したゾロアスター教徒医師のメヘル・ヴェイドは、優れたペルシア医術の験《ききめ》によって、アクバル皇帝の姫君の病気をたちどころに完治させた。この一連の効果を目のあたりにしたアクバル皇帝は、深い感銘を受け、宮廷内で拝火儀式とゾロアスター教的服装を採用し、メヘルジー・ラーナーには莫大な荘園を下賜したとされる。

もちろん、これは伝説であって、事実はかなり違っている。実際には、メヘル・ヴェイド医師は、インド・ゾロアスター教徒の民間伝承の中にしか存在しない。また、メヘルジー・ラーナーは、法術よりも世知にたけた神官だったらしく、アクバル皇帝がグジャラート州の港湾都市スーラトを征服した一五七三年一月に、そこまで駆けつけて謁見している。これが、メヘルジー・ラーナーとアクバル皇帝の最初の邂逅である。彼は、この年までにナヴサーリーの平信徒から荘園の寄進を受けていたと推定されるので、謁見の目的は、この荘園領有を承認してもらうためと推測される。また、同年四月には、アクバル皇帝に同行して、当時のムガル帝国の帝都アーグラーまで上京している。このような涙ぐましい努力の甲斐あって、一五七八年には再びアーグラーの宮廷まで招聘してもらい、このころに、所有する荘園の領有を公認する勅令を交付されて

図表18　15世紀以降のゾロアスター教神官団のヒエラルヒー

15世紀以降，ゾロアスター教神官の性格は祭司に転換し，祭式執行能力に応じて新たな３層構造が形成される。特に，モーベドの称号が，かつての行政的神官の意味から中級の祭司の意味に転じて復活する。

ダストゥール：全祭式を執行する能力をもつ最高位の祭司

モーベド：ウィーデーウダード祭式を執行する能力をもつ祭司

ヘールベド：入門祭式など初級祭式を執行する能力をもつ祭司

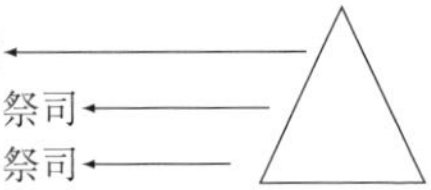

いる。

これで一気に立場を強化したメヘルジー・ラーナーは、翌一五七九年三月の文書では、自らをバガリアー神官団の最高指導者ダストゥールとすると発表し、一五八〇年九月の文書では、ナヴサーリーのモーベドたちに、彼の承認なしには重要な祭儀を執行しないとの誓約書にサインさせた。メヘルジー・ラーナーの権力は他の四大管区にも及び、他管区の長老たちを召集し、五大管区の長老会議を主催して議長を務める権限まで獲得した。アクバル皇帝の御前で宗教討論会が開かれたのはこの年のことなので、あきらかにメヘルジー・ラーナーの躍進とアクバル皇帝のゾロアスター教への興味とは無関係である。

バガリアー神官団とナヴサーリーの興隆

これまで、インド・ゾロアスター教神官団は五大管区内で平等の自治を保ってきたのだが、メヘルジー・ラーナー家の飛躍がこのバランスを崩した。初代のメヘルジー・ラーナー以後も、長老会議を領導し、各モーベドの服務を求める権限は同家の嫡流に世襲されたから、同家が座を構えるナヴサーリーは、他の管区の拠点を圧して、インド・ゾロアスター教神官団の中枢の地位を獲得した。この変動に際しては、最初の上陸地点で長らくインド・ゾロアスター教徒の中心だったサンジャーンが、一五世紀にトルコ人イスラーム教徒の侵入によって焼き払われ、一六世紀にはそれに替わる明確な中心都市が存在していなかった状況も、ナヴサーリーに有利に働いた。

このナヴサーリーとは、ボンベイから北へ二二五キロの地点、プールナ川の河口に形成された農業と漁業の街である。現在の状況から推し量ると、大多数のヒンドゥー教徒に混じって、ゾロアスター教徒、ジャイナ教徒、イスラーム教徒が、それぞれのコミュニティーごとに集住していたらしい。特徴的なのはゾロアスター教徒居住区域で、彼らは神官階級と平信徒階級（インド亡命後、軍人貴族階級と農民・職人階級が一元化したらしい）がはっきりと住み分けている点である。そして、あくまで現在の状況ではあるが、重要な拝火神殿は神官居住区域の方に集中している。

こうしてナヴサーリーに集積されたゾロアスター教徒の文化的活力は、以上のような理由から、主にバガリアー神官団の内部で継承され、次代のゾロアスター教徒の発展を促してゆく。それは、しかし、思いもよらなかった経済的な方面での飛躍となって結実することになる。

第二節　ムガル帝国最大の貿易港スーラト ―― セート家、ワーディアー家の興隆

仲介業者ロスタム・マーネク・セート

一六三三年、ナヴサーリーからムガル帝国最大の貿易港に発展したスーラトに移住したバガリアー神官団のセート家に、ロスタム・マーネクという子供が誕生した。スーラトはゴーダーワラー神官団の管轄区域だから、彼らがここで平信徒のために祭式の執行を執行するのは不可能だった。彼の父親マーネクは、ポルトガル商館で働いていたと伝わるので、経済的な利益を求めてのスーラト移住だったかもしれない（セート家の歴史については、White 1979参照）。

ロスタム本人も、ゾロアスター教神官としてのイニシエーションを受けはしたが、神官として祭式を執行することはなく、英国商館、ポルトガル商館、オランダ商館のために働いた。彼の最初の活躍としては、一六六〇年に、ムガル帝国のスーラト総督と英国商館が対立した際に、英国商館の仲介者としてデリーの宮廷まで赴き、ムガル帝国第六代皇帝アウラングゼーブ（在位一六五八〜一七〇七）に直訴して、英国商館側に有利な裁定を引きだした武勇伝が伝わっている。また、父の後を継いでポルトガル商館へのサービスにも励み、あくまでポルトガル国内の資格であるが、「ポルトガルのための法定代理人」に公認されている。オランダ商館に対しては、ムガル宮廷や総督との間のブローカー業務は伝わっていないものの、銀行業のようなことをして融資していた記録がある。

現在確認される範囲内でも、これだけ手広くブローカー業と金融業を行っているので、ロスタム・マーネクは、実際にはこれ以上の経済活動に従事していたと推定される。彼がスーラトでこれだけの致富に成功した要因は、おそらく、彼個人の交渉能力にあった。たとえば、一六六四年には、スーラトはデカン高原のマラーター族の侵攻を受け、シヴァージー（一六二七〜八〇。マラーター族の指導者で、一六七四年にはムガル帝国に叛乱してマハーラーシュトラ州にマラーター王国を建国した）によって焼き払われるという壊滅的な損害をこうむるのだが、ロスタム・マーネクの邸宅だけは略奪を免れた。それどころか、彼はシヴァージーと交渉して、捕虜たちの釈放にこぎつけたと伝わる。国籍や民族を問わずに信用を勝ち得て、それを自己の経済的な利益に結びつけていく手腕は、突厥を利用して華北に進出し、キャラヴァン貿易によって漢民族相手に多額の富を得たソグド人商人を彷彿とさせるところがある。この方面でのゾロアスター教徒の潜在能力は、ユダヤ人ほどに有名になってはいないが、歴史を顧みればかなりのものを秘めている。

ロスタム・マーネクは、一七二一年に、八八歳で長逝した。セート家の富は、ロスタム個人のブローカー的資質に負っているところが大きかったらしく、彼らはこれ以後も富豪として存続したものの、産業資本家や金融資本家に脱皮して発展することはなかった。彼の富は三人の息子と娘たちによって相続され、インド・ゾロアスター教徒の財閥化は、孫の舅であるロウジー・ワーディアーに受けつがれることになった。

造船業者ロウジー・ワーディアー

ロウジー・ワーディアーの前歴は、スーラトのイギリス東インド会社の造船所で船大工を営むインド・ゾロアスター教徒であったこと以外、不明である。この姓自体が、グジャラート語で「大工」を意味するらしいので、代々船大工を家業としていたのかもしれない。彼が歴史の表舞台に登場するのは、一七三六年に、イギリス東インド会社がボンベイに大規模な造船所を建設しようと計画し、彼にその総指揮を委ねた時からである。当時、スーラトに船大工は大勢いたであろうし、英国本国から招来することも可能だったはずだが、あえてインド・ゾロアスター教徒の船大工を選ぶにあたっては、親戚のセート家の推薦などがあったかもしれない（ワーディアー家については、Wadia 1964参照）。

ロウジーは、イギリス東インド会社の期待にそむかない腕のよい船大工だったようで、一〇人の弟子職人たちを引きつれてボンベイ入りすると、アジア初の乾ドック式の造船所建設に挑み、一七五〇年にそれを完成させた。そして、それ以後は、亡くなる一七七四年まで、マラーバル産のチーク材を用いてイギリス式帆船を建造し続けた。ロウジーの造船技術は息子や孫にも継承され、ワーディアー家はしだいに造船財閥としての地位を確立してゆく。特に、イギリス海軍と結びついてフリゲート艦の発注を受けたメリットは大きく、世界の海を支配した英国海軍の艦船の何割かは、ボンベイ造船所でワーディアー家の手によって竣工したとされる。一族は、一八〇五年にトラファルガー海戦でナポレオンを破って以来、一八四二年にアヘン戦争で清朝を破った際の英国海軍旗艦、一八五三年のクリミア戦争でロシア海軍を破った戦艦など、名艦四〇〇隻以上を建造し、第二次世界大戦にいたるまで英国海軍御用達の造船業者だったことが自慢である。

ワーディアー一族はこのような技術系の職業に秀でていたらしく、二〇世紀にはいると造船業から多角経営に乗りだし、一九三五年にプリンス・エドワード八世がボンベイを訪れた際のインド初の道路舗装工事のほか、ダム建設、橋梁建設、ガス管配管などにも進出している。現在では、ロウジーから数えて七代目が当主であるが、造船財閥というよりも建設財閥・土地財閥に近い。ちなみに、プーナのワーディアー工業大学やヒマラヤ地理学研究所、ワーディアー経営研究所などは、この七代目の出資によって成立した。

第三節　「ゾロアスター教徒の都」ボンベイ──ジージーボーイ家、タータ一家の台頭

貿易商ジャムセートジー・ジージーボーイ

インド・ゾロアスター教徒の経済活動の中心は、ロウジー・ワーディアーが活躍した一八世紀の中葉以降、徐々にスーラトからボンベイにシフトしつつあった。一八〇〇年には、ボンベイの人口のかなりの部分がインド・ゾロアスター教徒だったとされ、市内のあちこちにはキリスト教教会やヒンドゥー寺院以上に、ゾロアスター教拝火神殿が点在していたという。また、一八五五年には、ボンベイ市の不動産の約半分は、インド・ゾロアスター教徒が所有していた。しかし、インド・ゾロアスター教徒の指導的人材の供給源は、依然としてナヴサーリーの神官団であった。

ジャムセートジー・ジージーボーイもそのなかの一人である。彼は、一七八三年に、ナヴサーリーの神官家系に生まれた。彼は神官として生きるよりも貿易業者として生きる道を選び、一六歳でカルカッタに出て、中国に渡航した。ここで、彼は天才的な商売を思いついた。すなわち、インドで生産されたアヘンを中国に輸出し、中国のお茶と絹を英国に輸出し、英国から工業製品をインドに輸入する三角貿易である。以後、これがジャムセートジーの国際貿易の基本スタンスとして確立され、彼は終生この方式で巨万の富を築いた。

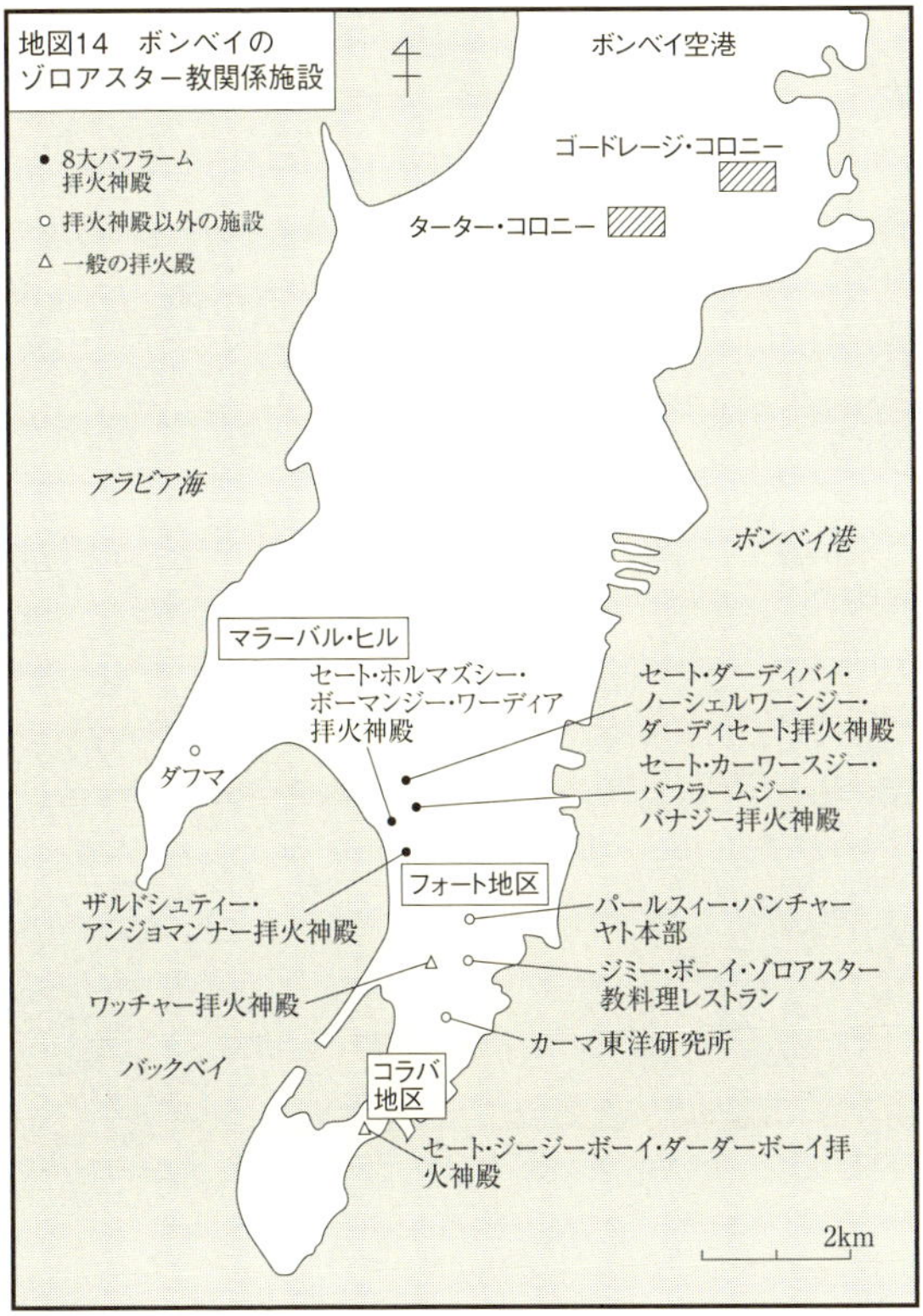

地図14　ボンベイのゾロアスター教関係施設

　一八四二年──象徴的なことだが、アヘン戦争が中国の惨敗に終わり、ワーディアー家製造のイギリス海軍旗艦の甲板上で南京条約が調印された年である──には、彼は英国への多大の貢献を表彰され、インド人として初の男爵に叙爵された。

　彼は一八五九年にボンベイで亡くなったが、今日、彼の評判はインド・ゾロアスター教徒の間で非常に高い。莫大な財産を背景に、ボンベイ、ナウサーリー、スーラト、プーナなどに病院、学校、孤児院などの慈善施設を多数建設した余徳である。

しかし、一九九〇年代以降に中国で発表された諸論文によれば、一九世紀のアヘン貿易で、（中国人民からみれば）「天人ともに許さざる」不正な利益をあげていた麻薬商人の半分以上が、実はインド・ゾロアスター教徒によって占められていたことが分かってきた。これまでの研究では、彼らは英国籍を名のって商業活動を行っていたので、統計上は一括してイギリス人扱いされていた。しかし、一九世紀中葉に作成された清朝の広東官憲の公文書（これ自体、広東方言で難解である）に記された人名（広東方言でゾロアスター教徒名を記すので、いっそう難解である）の分析から、初めてインド・ゾロアスター教徒がアヘン貿易で果たした役割がクローズ・アップされたのである（郭、二〇〇五年）。

これらの研究によって、一九世紀中葉における華南沿岸部でのインド・ゾロアスター教徒の活動の実態があきらかになると、その代表格としてのジャムセートジー・ジージーボーイに対する評価も変動すると思われる。インド・ゾロアスター教徒が対中貿易で極端に富裕化した背景には、彼らの自助努力はもちろんであるが、アヘンの犠牲になった中国人民の苦難もあったことが常識化しつつある（Thampi and Saksena 2009）。

ターター財閥の興隆、初代総帥ジャムセートジー

ジャムセートジー・ターターは、一八三九年にナヴサーリーの神官家系に生まれた（ジャムセートジーの生涯については、Lala 2004参照）。このターター家は、ジャムセートジーから数えて少なくとも二五世代前まで父祖をさかのぼることができ、一四代前にメヘルジー・ラーナー家から分家した家柄である。あのアクバル

皇帝に謁見したメヘルジー・ラーナー一世の再従弟《またいとこ》の息子バフラームが、あまりにも頭に血がのぼりやすい性格だったので、グジャラート語で「短気者＝ターター」と渾名されたところから、正式に「ターター」を家名としたという。ターター家は、メヘルジー・ラーナー家が指導的役割を担う近世以降のバガリアー神官団の中では、概して名門に分類される血筋である。

彼の父のヌッサルワーンジー・ターターは、神官家の一人息子にもかかわらず、ヘールベド級神官の資格を得たあと、貿易業を志してナヴサーリーからボンベイに移住した。その息子のジャムセートジーも、出生地こそナヴサーリーであるものの、一八五八年に大学を卒業するとすぐにボンベイで父の商売に参画している。したがって、正確にいえば、ジャムセートジーは、ナヴサーリーの神官家系から商業に転向した二世であり、神官教育を受けてヘールベド級神官の資格を得たものの、ゾロアスター教神官としての実務経験はまったくない。

一八六〇年代には、ジャムセートジーは父の貿易業から紡績工場の経営に興味を移し、以後、爆発的な勢いで多角的な事業を企画・立案した。すなわち、一八六八年にターター電力を創設して水力発電事業を起業し、一八九三年に来華して対中貿易に携わり、一八九三年に来日してボンベイ・大阪航路を開設し、一九〇三年にタージ・マハル・ホテルを開業してホテル業にも参入し、インド東部の鉱山街を丸ごと買いとって「ジャムシェード・プール市」と改名し、鉄鋼業にも乗りだすなど（死後の一九〇七年にターター・スチール創設）、英領インドのほとんどの経済活動に進出して、おおむね成功を収めたのである。彼の起業家としての才能によって、ターター家は、文字通りインドの基幹産業を支配する財閥としての基礎を築いた。

ジャムセートジーは、ゾロアスター教の近親婚の規定に従って、曾祖父の代に分かれた同族のターター家出身のヒーラーバイ・ターターと結婚した。彼女の兄ダーダーバイ・ターターは、ターター財閥創業当初からの古参幹部で、ターター財閥の中で中国貿易部門を担当していた。ジャムセートジーは、この血縁の妻との間に二人の息子を儲け、どちらにも神官教育を施して、ヘールベド級神官の資格を取得させている（神官の階級については二五八頁の図表18を参照。ちなみに、ターター家には、モーベド級神官やダストゥール級神官まで昇った先祖はおらず、ヘールベド級神官が最高位である。これゆえに、「ターター家は下級神官の家系」と解説されることがあるが、ターター家は、潜在的にはダストゥール級神官まで昇る資格がある。単に、世俗活動にエネルギーを注いで、それ以上の神官イニシエーションを受けなかっただけだと思われる）。

第二代総帥ドーラーブジー

ジャムセートジーが一九〇四年にドイツ帝国ヘッセン州のナウハイムで死去したあと、次男のラータンは早世していたので、長男ドーラーブジーが単独でターター財閥第二代総帥となった。同等の相続権を主張できる直系男子が複数存在していたら、ターター財閥分割の可能性もあったのだが、この時点ではドーラーブジー以外の相続はあり得なかった。ジャムセートジーが死の床で陳《の》べた「ターター家の家名を守れ」との遺言は、①ゾロアスター教神官家系としてのターター家の伝統を守れとも、②ターター財閥をさらに発展させよとも受けとれたが、ドーラーブジーは後者と解釈した。そして、父が志半ばでやり遺したターター電力とターター・スチールの創設に邁進していった。その結果、父にも増して有能だったとされるドーラーブジーは、ターター家の鉄鋼工場を三つに、電力会社を三つにそれぞれ拡大し、さらには、父が考えていなかった保険会社を一つ、インド科学研究所を一つ、セメント会社を一つ、石油会社を一つ、印刷会社を一つ創設して、一九三二年にドイツ・ヴァイマール共和国のバート・キッシンゲンで世を去った。

ちなみに、後述のスザンヌの手紙によると、一九〇二年当時、ドーラーブジーのボンベイの邸宅では五人の使用人が働いており、そのうちの一人は、「ボーイ」と渾名された日本人だった。いくら調べても彼の出身や消息が分からないのだが、同族意識がきわめて強いゾロアスター教神官団の家庭で異邦人が使用人に採用されるとは、よほどの事情があったと推測される。今後の調査課題である。

ターター一門の後継者不在

ドーラーブジーの急逝後、彼には子供も甥もなかったため、ターター財閥は一時的に後継者不足に陥り、初代の妹の息子であるナオロージー・サクラトワーラーが臨時に第三代総帥を引き受けた。ジャムセートジー系統のターター家に直系男子が絶えた以上、ダーダーバイ系統のターター家から養子に入るのが順当だったのだが、ダーダーバイの長男ラータンは、従弟のドーラーブジーと仲違いをしてフランスに移住していた。そのうえ、彼は、最初のゾロアスター教徒妻を亡くしてからは、ゾロアスター教神官団の規定に反してパリでフランス人女性スザンヌと結婚してしまい、保守的なゾロアスター教徒の怒りを買っていた。ジャムセートジーの臨終に間に合った親族は、このラータンとドーラーブジーの二人しかいなかったにもかかわらず、彼の枕頭では従兄弟同士で目さえ合わせなかったと伝わるほどで、ラータンの系統からターター財閥の相続人が選出される可能性は低かった。また、ドーラーブジーも、このような事態を予測していたのか、財産をチャリタブル・トラストに委託する手続きをとっていた。

しかし、六年を経て、代貸しのサクラトワーラーも死去した一九三八年、ターター財閥の後継者問題が再燃した。サクラトワーラーの時代には、ターター財閥は下降線をたどっていた。世界経済全体が世界恐慌で不況だったせいもあるだろうが、強力なリーダーシップを発揮する総帥の不在も響いたと思われる。そして、ここで後継者として浮上したのが、ラータンとフランス人妻の間の息子、ジェハーンギールだったのである。

第四代総帥ジェハーンギール

父のラータンがターター財閥から離脱したので、ジェハーンギールは数奇な育ち方をしている（ジェハーンギールの生涯については、Dadabhoy 2006参照）。少なくとも、ターター財閥の御曹司として教育を受けたわけではなかった。一九〇四年に生まれてから一一歳までは、パリの母（このときには、ゾロアスター教徒風にソーニと改名していた）のもとで裕福な暮らしを続けた。第一次世界大戦が勃発してパリに戦火が迫った一九一五年には、父の故郷ボンベイに移住した。ボンベイでは、ターター一族としてタージマハル・ホテルのスウィート・ルームを借りきって住んでいたが、ソーニにとってインドの熱帯性気候は耐え難かったらしく、一九一七年には横浜に移住した。幸いにもソーニは日本の気候が気に入り、横浜市内に豪邸を借りて住み着いて、第一次世界大戦が終わる一九一八年まで日本国中を旅行して回ったという。息子のジェハーンギールは、一四歳から一五歳までの多感な二年間を、横浜のアメリカ系イエズス会中学校ですごした。まったく個人的なことだが、ジェハーンギールは、ここでフランス人の女の子に初恋をして、七〇年後まで彼女の横浜での電話番号を日本語で覚えていた（当時の電話は交換手制であった）。

一九一九年に第一次世界大戦が終わると、ジェハーンギールはフランスに帰国し、パリで高校に進学した。「パリ→ボンベイ→横浜→パリ」と続いたジェハーンギールの一所不在の遍歴生活の仕上げは、ケンブリッジだった。当時のインドの公用語は英語だったので、あえてイギリスの大学に進学したのである。この在学中、彼はフランスの騎兵大隊で一年間の兵役をこなし、一九二五年には、六か月間勤務を延長してフランス軍人への道を模索したものの、ラータンから強硬に反対されて断念している。数か月後に、彼が志望した騎兵大隊はモロッコの叛乱鎮圧に動員されて現地で全滅したので、父の薦めに従って正解だった。一九二六年にそのラータンが死去すると、ジェハーンギールは、ケンブリッジ大学に復学することを諦め、そのままタータ・スチールに就職した。

ドーラーブジーは、ラータンとの因縁があったにせよ、ジェハーンギールをそれなりに処遇して、入社直後からタータ財閥取締役に抜擢した。ドーラーブジーが一九三二年に死去すると、三代目のサクラトワー

図表19　神官財閥タータ一家の系譜

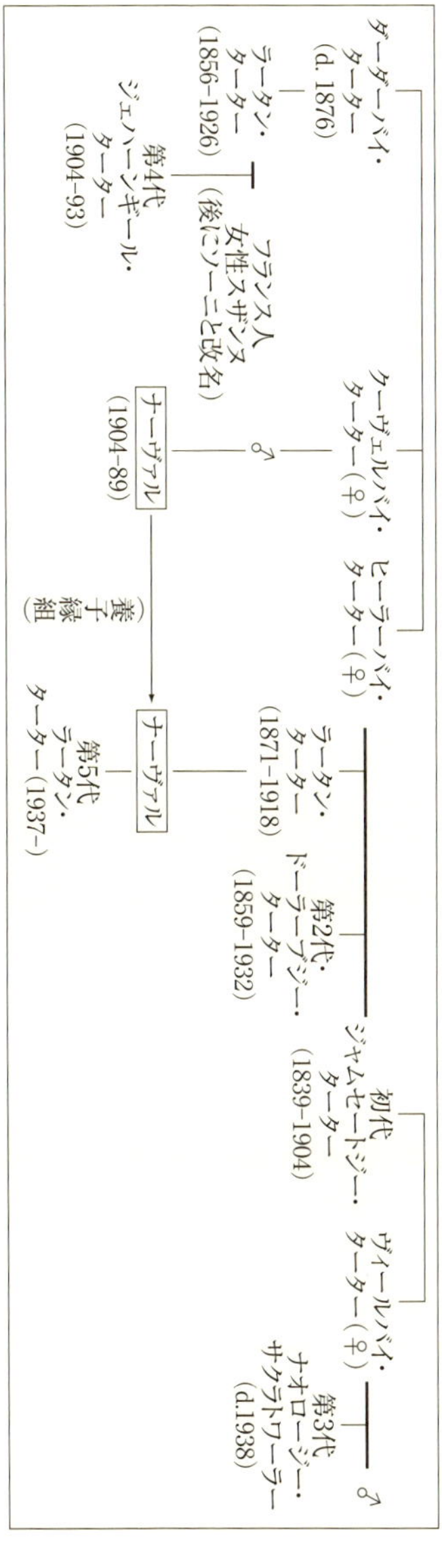

ラーの手厚い保護を受けて、ジェハーンギールはさらに出世した。そして、三代目の死後、ターター財閥最高会議で、ひとえに血縁関係のゆえに、三四歳でインド最大の財閥の第四代総帥に就任することになったのである。この最高会議では、彼の祖父がターター家一門の出身で、かつ初代の義兄だった点が重視され、彼の母がフランス人で、神官団の血統どころかゾロアスター教徒ですらない事実は看過された。「ターター」の家名を名のる数少ない男系親族である点は何者にも代え難く、彼の父ラータンがドーラーブジーと大喧嘩の末にフランスに去った一件は、なかったことにされた。ターター家の当主は代々ヘールベド級神官の資格を所持していたのに対し、ジェハーンギールは「神官教育を受けていない平信徒並み」でしかなかったが、周囲はこの事実もみなかったことにした。こうして、ターター家は存続し、ターター財閥は維持されたのである。

しかし、このジェハーンギールは、単に血脈を継承した飾り物ではなく（周囲の期待ではそれだけで充分だったのだが）、予想以上の経営手

写真26　ターター財閥の歴代総帥　インドに多くあるゾロアスター教徒財閥の中でも，20世紀以降最も成功しているのがターター家である。左から順に，初代ジャムセートジー，第2代ドーラーブジー，第4代ジェハーンギール

腕を発揮した。彼は、英領インドの分離独立前後の政治的危機の時代を、インド国民会議派を財政支援して無事に乗りきった。そのうえで、ネルーと良好な関係を築きつつ、新たに航空産業から重化学工業、銀行業から絵画取引まで手を広げて、一九三九年のターター財閥の保有資産（この時点でもインド最大だった）を、

引退前年の一九九〇年には約一六〇倍に拡大していた。インフレ率の換算などの統計上の問題はおくとしても、彼がタータ財閥をさらに巨大化したことは間違いない。ジェハーンギール自身は、「自分が本当にやった仕事はエア・インディアの創設だけで、ほかはことごとく重役陣の功績である」と陳べている。たしかに、彼は航空関係の仕事に並外れた情熱を傾けたようで、後年、とうとう「インド空軍名誉准将」の称号まで獲得した。しかし、彼の仕事は決してそれだけではなかった。有能な取締役を抜擢して仕事を任せ、約三〇〇社に及ぶ傘下企業の社長を逐一自分で人選し、時代の潮流とニューデリー政府の動向を読み誤らずにタータ財閥の舵取りを行ってきた業績は、誰もが認めるところである。『ライフ』誌から「インド経済界の大君《タイクーン》」と呼ばれ、半世紀以上にわたってボンベイからインド経済を支配したジェハーンギール――ちなみに、この名前はムガル帝国第四代皇帝の即位名と同じく、近世ペルシア語で「世界を掌握する者」を意味している――は、一九九一年に引退してスイスに隠居し、一九九三年にジュネーヴで没した。

第五代総帥ラータン

ジェハーンギールは、一九三〇年にゾロアスター教徒の娘テルマと結婚したが、子供には恵まれなかった。彼は、フランス系の血を引く自分の子孫は、タータ家の当主にふさわしくないと判断したのかもしれない。あるいは、後年、「タータ家の後継者の座を狙う息子がいたら、私にとんでもないトラブルを巻き起こしただろう。でも、娘なら欲しかった」と言っているように、単にネポティズム（身内尊重主義）を嫌ったのかもしれない。このころに台頭してきたヒンドゥー教徒財閥グループが、後継者候補が多すぎて分裂していったのに比べると、後継者候補が少なすぎて、逆の意味で紆余曲折を経るのが、タータ財閥の相続の特徴である。

ラータン・ターターは、ダーダーバイ・ターターのもう一人の妹が他家に嫁いで生まれた人物の孫である。彼の父親ナーヴァルは、ジェハーンギールの再従弟にあたり、第二代目のドーラーブジーの弟ラータンの死後養子となって以降は、ターター姓を名のっていた。ゾロアスター教神官団の規定では、ある家系の男系子孫が絶えた場合、その死後に一門の男性が養子に入って祭祀を継ぐことが認められているので、これを最大限に活用したのである。また、このナーヴァル・ターターは、一九四一年にターター財閥の取締役に抜擢されてからは、つねにジェハーンギールの側近として活動してきた。したがって、ナーヴァルの長男であるラータンには、最初からかなりの好条件が揃っていたことになる。名義上は初代の曾孫にあたるし、純粋なターター家の血統だし、信頼する側近の嫡男である。ジェハーンギールは、このラータンを早くから後継者として嘱望したらしく、彼が一九六二年にコーネル大学を卒業すると、ＩＢＭからのリクルートを断らせて、ターター財閥の中核企業の一つであるターター・スチールのポストに就けた。ラータンは、その後もジェハーンギールの庇護のもとに順調に幹部として出世を続け、一九九一年に五四歳でジェハーンギールから総帥の座を譲られ、二〇一八年現在では第五代目としてグループとファミリーに君臨している。

ジェハーンギールの時代には、インドは国家統制経済政策をとっていたので、基本的にはニューデリー政府の意向と国内の状況を考慮してターター財閥を運営していけばよかった（ちなみに、ジェハーンギールは終始これが不満で、「インド政府は規制が多すぎる。我々経済人に自由に腕を振るわせてくれたら、どんなによかったか」と嘆いていた）。しかし、インドが改革開放経済に突入した現在では、ターター財閥も国際競争の舞台に立たされて、経営方針の見直しを迫られている。

そんななかで、ラータンの経営戦略の重点は自動車産業とIT産業にあるとされる。前者の自動車産業については、二〇〇四年に、ターター財閥傘下の自動車メーカーであるターター・モータースが韓国大宇《テウ》グループのトラック部門を買収して、商用車部門で世界第六位のシェアを占めるにいたった。また、二〇〇六年度後半からは、ターター・スチールが世界第九位のシェアを誇る英国・オランダの鉄鋼会社コーラス・グループの企業買収に乗りだし、二〇〇七年一月にはこれを一〇〇パーセント傘下におさめた。これによって、世界第六位の巨大鉄鋼会社が誕生するとともに、インドで加工した鉄鋼をヨーロッパで製品化して、インド国内、中東、東南アジアなどで販売するターター財閥の世界戦略がみえてきたとされる。これに加えて、後者のIT産業については、二〇〇四年にボンベイ（一九九五年以降ムンバイと改称）株式市場にターター・コンサルタンシー・サーヴィス（TCS）を上場し、インドだけでなく、アジア最大のIT企業として認知されるにいたった。インド経済の拡大と軌を一にして、ターター財閥も、グローバル規模の巨大財閥となりつつある。

第四節　経済的成功と国際的分散

経済的成功の要因

インド・ゾロアスター教徒の財閥は、これだけにとどまらない。ほかにも、家電製品のゴードレージュ財閥、運送業のジーナ財閥、外食産業のドーラーブジー財閥などが知られ、これらの活発な経済活動のために、彼らは「インド亜大陸のユダヤ人」の異名をとっている。ただし、ゾロアスター教徒の適応能力のゆえか、インド人の寛容さのゆえか、ヨーロッパ、ロシア、中東のユダヤ人のように迫害されたり忌避されたりした形跡がまったくない。

インド・ゾロアスター教徒の突出した経済的成功の原因については、さまざまな議論がある。インド・ゾロアスター教徒自身は、ヨーロッパ勢力が来航した当時のインドの諸宗教の中で、ゾロアスター教が資本主義経済に最も適合した教義をもっていたためと分析している。プロテスタンティズムと資本主義に関する議論のゾロアスター教版である。たしかに、セート家、ジージーボーイ家、ターター家、ゴードレージュ家など、財閥一族の多くは、ナヴサーリーの神官家系の出身者がボンベイへ出てきて成功するパターンを踏襲しており、ゾロアスター教の教義的な背景に重きをおくこの説は、一定の説得力をもつ。しかし、彼らは、当時のインド・ゾロアスター教文化の中心地ナヴサーリーに居住し、平信徒に比べて文化的に有利な条件を備えていただけとも解釈できる。他方、宗教的要因以外に、インドの中では孤立したマイノリティーゆえの親英主義、イギリス側から「純粋アーリア人の末裔」であるゾロアスター教徒への民族的な親近感などの要因も考えられている。

インド・ゾロアスター教徒の著名人

この経済的成功を足がかりにして、インド・ゾロアスター教徒は、各界で活躍している。たとえば、インド独立運動に携わった政治家フェーローズ・ガーンディー（一九一二〜六〇）も、インド・ゾロアスター教徒だった。彼は、後年、ジャワーハルラール・ネルーと親しくなって、ネルーの一人娘でのちにインド首相になったインディラと結婚している。残念ながら心臓発作で夭折したので、義父や妻や息子の陰に隠れて、現代インド政治史上でそれほど目立った存在ではない。

また、裕福なヴァイオリン奏者でボンベイ・シンフォニー・オーケストラの初代指揮者の息子に生まれたズービン・メーフター（メータ―）（一九三六〜）は、ウィーンで音楽を勉強したあと、プロの指揮者になった。今日では、ロサンゼルス、ニューヨーク、イスラエル、ミュンヒェンなどで活躍している。

さらに、音楽家といえば、フレディー・マーキュリーこと本名ファッロフ・ブルサーラー（一九四六〜九一）も見逃せない。彼は、イギリス植民地官僚になったインド・ゾロアスター教徒の息子としてザンジバルに生まれ、イギリスに渡ってからはロック・バンド、クイーンのヴォーカリストとして活動し、その世界では非常にポピュラーだった。彼は、アフリカ生まれのインド出身者であることを生涯隠しとおし、「ペルシア人《びと》」としか名のらなかったことでも有名である。

国際的な分散

二一世紀初頭現在で、ゾロアスター教徒の総数は世界で約一三万人と推定されている。そのうち、七万五〇〇〇人が、ナヴサーリーなどのインド西海岸の伝統的居住地域と、ボンベイ市内に住んでいる。また、分離独立の際にパキスタンに編入されたゾロアスター教徒も、二五〇〇〜六〇〇〇人いる。さらに、イラン高原のゾロアスター教徒の子孫たちが、イラン・イスラーム共和国に三〜六万人いるとされる。このほか、英国に五〇〇〇人、アメリカ合衆国とカナダに一万人、オーストラリアに二五〇〇人、シンガポール、香港、日本、ドイツなどに若干名が住んでいる（Hinnells 2005, Ringer 2011）。

パキスタンのゾロアスター教徒は、英領インド時代にカラーチーで活躍していたインド・ゾロアスター教徒が、インド・パキスタンの分離独立によってパキスタン側に取り残された人々である。彼らも、基本的にはナヴサーリー出身の神官家系で、ボンベイにおいてインド・ゾロアスター教徒が果たしたのとほぼ同様の役割を、カラーチーで果たしている。経済的に成功したカラーチーのゾロアスター教徒の中で最も有名なのは、ディーンシャージー・アヴァリーによって一九四四年に創設されたアヴァリー財閥である。彼らの中核はホテル業で、カラーチー、ラーホールといったパキスタン国内のほか、ドバイ（アラブ首長国連邦）やトロント（カナダ）にもチェーン店を進出させている。また、インドではネルーの娘婿がゾロアスター教徒だったのに対し、パキスタンでは建国の父ムハンマド・アリー・ジンナーの妻がゾロアスター教徒で、奇妙な対称をみせている。

イラン高原のゾロアスター教徒は、アーリア人のイスラーム化以降も本国に残留した人々で、インド亜大陸へ亡命したゾロアスター教徒に比べて、本家意識が強い。しかし、経済力の差はいかんともしがたく、一九世紀以降はインド・ゾロアスター教徒の政治的・経済的な支援を受けて細々と生存を維持する窮境に追いこまれていた。残念ながら、状況は現在でも大して好転していない（Amighi 1990）。

インド、パキスタン、イラン以外に在住のゾロアスター教徒は、英語圏に移住したインド・ゾロアスター教徒の子孫と、主としてドイツに移住したイラン・ゾロアスター教徒の子孫に分かれる（政治的迫害を受けて移住したわけではないので、一部の研究者のようにこの現象を「ゾロアスター教徒のディアスポラ」と命名するには抵抗がある）。前者のインド・ゾロアスター教徒は、英語を母語とする人々が大部分なので、大別して以下の三通りのパターンで移住している。

①ボンベイ在住のインド・ゾロアスター教徒の中でも裕福な層が、高学歴やキャリア・アップを求めて、一九六〇年代まではイギリスに、それ以降はアメリカ合衆国、カナダ、オーストラリアに移住したパターン。

図表20　ゾロアスター教徒の国際的分散

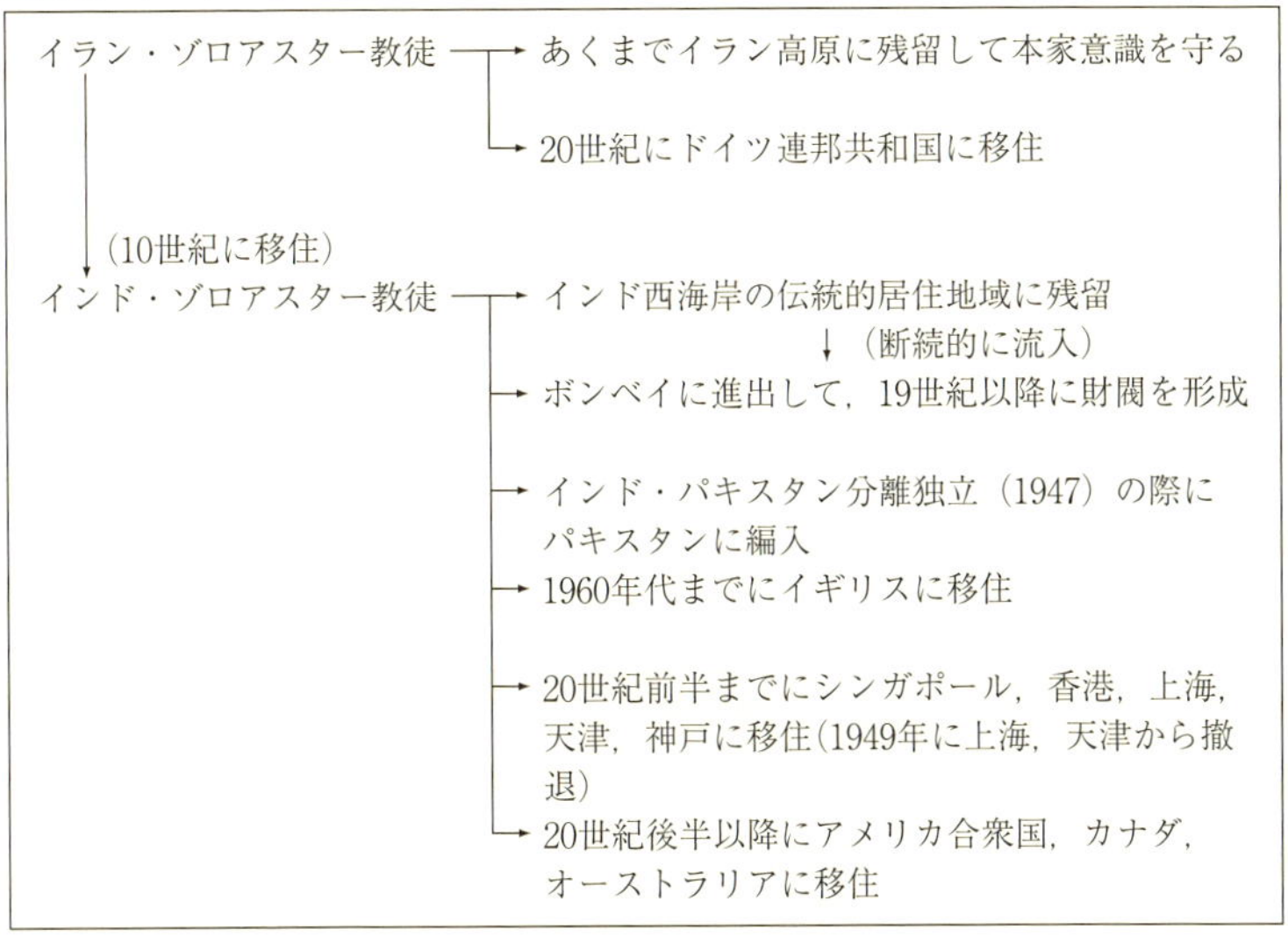

②大英帝国の植民地官僚として、インド洋沿岸のイエメンのアデンや東アフリカの諸都市で活動していたインド・ゾロアスター教徒が、それら諸国の独立後に、インドではなくイギリスを選択して「帰国」したパターン。

③商業目的でシンガポール、香港、上海、天津、神戸と進出していたインド・ゾロアスター教徒が、そのまま定住したパターン。このうち、上海と天津のコミュニティーは、一九四九年の中華人民共和国成立後、すべて香港に撤退した。

これに対して、後者のイラン・ゾロアスター教徒は、母語は近世ペルシア語であり、あえて英語圏に固執する必要がない。そこで、トルコ人のガストアルバイター（移民労働者）に混じって、陸続きで直近に位置にある西側先進国ドイツ連邦共和国への移住が目立った。彼らは、一九七九年のイスラーム革命後に帰国する意思を失い、ハンブルク、ボン、フランクフルトなどにイラン・ゾロアスター教徒コミュニティーを形成して定着している。同じゾロアスター教徒にもかかわらず、イギリス在住のインド・ゾロアスター教徒とはほとんど交渉がなく、彼らの実状は、現代ゾロアスター教徒研究の検討課題の一つとなっている。

写真27　現代のゾロアスター教大神官カイ・ホスロウ・ジャーマースプ・アーサー　19世紀から続く学者神官一族ジャーマースプ・アーサー家の第6代当主カイ・ホスロウ氏。先祖は，ヨーロッパの学者がインドに来航した際に，貴重な写本を提供したことで，学者神官の位置を不動のものにした。本人も，ドイツで博士号を取得し，アヴェスター語やパフラヴィー語文献の校訂・翻訳に尽力している

組織上の問題

二〇世紀後半からは、イランとインドの二分化に加えて、国際的な分散も発生し、独立国家をもたないゾロアスター教徒を束ねる組織上の問題も浮上した。一八世紀まではゾロアスター教徒の権威の中心だったイラン高原のヤズドの大神官の権威は、イランの神官団とインドの神官団の力関係が逆転した一九世紀には通用しなくなった。これにとって代わったかに思われたインド西海岸の五大管区制も、五大管区の外にあるボンベイの比重が圧倒的に強まったので、現在では有効に機能していない。「五大管区の長老会議の議長」とされるメヘルジー・ラーナー家の権威も、多分に名目的なものである。

これらに代わって現在でも機能しているゾロアスター教徒の組織や権威は、大別すれば以下の三つである。

①ボンベイのゾロアスター教徒で構成する「ボンベイ・パンチャーヤト」委員会組織。これは、大英帝国時代にボンベイのゾロアスター教徒たちによって造られた自治組織で、法的な拘束力はないし、ボンベイ以

外に在住のゾロアスター教徒への公式の発言権もない。しかし、世界のゾロアスター教徒の中ではボンベイ在住者が圧倒的に多数であり、ゾロアスター教徒財閥の本部もボンベイに集中しているので、ここでの決定は、自動的に全世界のゾロアスター教徒に影響を及ぼす。

②ボンベイのゾロアスター教神官の中で、大学教授などを兼ねてゾロアスター教研究を職業とする「学者神官」。一九世紀にヨーロッパで近代的なゾロアスター教研究が成立すると、それらの方法論を吸収して、自分たちで自分たちの教えを研究する学者神官が出現した。この「学者神官」は個々の神官の自発的意志と能力によって成立するものだが、なかには代々学者を家業とする家柄も現れる。代表的なのは、一八世紀から写本を蒐集してきたジャーマースプ・アーサー家で、現在の当主カイ・ホスロウ・ジャーマースプ・アーサー博士の教義問題に関する発言力はきわめて大きい。また、研鑽を積んだ個人として、フェーローズ・コートワール博士も大きな権威をもっている。現在のメヘルジー・ラーナー家の当主も、学者ではないが祭式儀礼の伝承を受けつぐ存在として、これに近い立場にある。

写真28　インド・グジャラート州ウドワーダーのイーラーン・シャー拝火神殿
インド・ゾロアスター教徒の間で最高の格式を有するイーラーン・シャーのアータシュ・バフラーム級聖火を祀っている拝火神殿。この聖火は，5大管区の中心都市のいずれかに安置すると，各神官団の間で紛争のもとになるので，あえていずれの管区中心にも属さないウドワーダーで祀られている。有名なリゾート都市ダマンからタクシーで40分以上かかる漁村の中心にある。村の中では，この一角だけ，インド・ゾロアスター教徒の寄付で舗装されていた（著者撮影）

③その他の海外組織。

二〇世紀半ば以降、世界に分散したゾロアスター教徒の連帯を強めようとの企画は、新たな組織の立ち上げとして何回も試みられている。代表例は、全世界に拡散したゾロアスター教徒を会員として、一九八〇年にロンドンで成立した「世界ゾロアスター教徒機構（WZO）」である。また、アメリカ合衆国とカナダ在住のゾロアスター教徒に会員を絞った組織として、一九八七年にはイリノイ州で「北米ゾロアスター教徒協会連盟（FEZANA）」が発足した。しかし、これらの組織が有効に機能して全世界のゾロアスター教徒を統一しているとは言い難く、特に、英語を母語として経済的に優勢なインド・ゾロアスター教徒と、近世ペルシア語を母語として正統意識の強いイラン・ゾロアスター教徒の間の溝は、埋まっていない。これらの組織をどう運用してゾロアスター教徒の団結を維持していくかは、彼ら自身の今後の課題である。

エピローグ　日本におけるゾロアスター教徒とゾロアスター教研究

第一節　近現代におけるインド・ゾロアスター教徒の来日

来日インド・ゾロアスター教徒の資料

エピローグとして、日本におけるゾロアスター教徒の歴史をまとめよう。といっても、飛鳥・天平時代のゾロアスター教徒来日ではなく、近現代のインド・ゾロアスター教徒来日がテーマである。基本的な資料は、下記の二つである。

①来日インド・ゾロアスター教徒の子孫の証言（読売新聞夕刊　二〇一七年六月一九日、筆者による二〇一八年七月の聞き取り調査）

②神戸外国人墓地、横浜外国人墓地に残されたインド・ゾロアスター教徒の墓石（Aoki 2009、青木、二〇一〇年b）

これらを総合すると、以下のような見取り図が描ける。

ジャムセートジー・タータの来日

一九世紀以降、インド・ゾロアスター教徒は、大英帝国の臣民として、経済的利益を求めてインドから東方へ進出していた（資料上は、英領インドの市民としてイギリス国籍で現れるので、注意が必要である）。その原動力となったのは、英語に堪能という特徴を生かしたブローカー的資質である。大英帝国が経済的に進出しているカルカッタ、シンガポール、香港、上海、神戸、横浜といった港湾都市には、現地住民とイギリス企業を結ぶ紐帯として、いたるところに彼らの姿が見られた（ちなみに、若干のタイムラグをおいて、ユダヤ教徒もすぐあとを追う形で東方に進出している）。

一八九二年に、ジャムセートジー・ターターが、シカゴへ行く途中で横浜に立ち寄ったのが、記録に残るインド・ゾロアスター教徒の日本初上陸である。このときは、渋沢栄一（一八四〇～一九三一）との会談で、グジャラート産綿花を日本郵船の船で日本へ輸出する内容で合意している。これ以降、インド・ゾロアスター教徒の来日が活発化し、紡績業や海外商人と日本の商社を結ぶブローカーとして、東京・横浜・大阪・神戸などで活動していた。神戸外国人墓地で確認される最古のインド・ゾロアスター教徒の被葬者は一九〇五年、横浜外国人墓地の場合は一九一五年で、いずれも男性である。一九一九年以降は、乳幼児の墓石が増えるので、このころから家族ぐるみの来日が増加したと考えられる。

神戸でのコミュニティー形成

首都圏と関西圏に展開していたインド・ゾロアスター教徒たちにとっての転換点は、一九二三年の関東大震災だった。東京や横浜が被災して以降、首都圏のインド・ゾロアスター教徒はあいついで神戸へ移住し、彼らの在日コミュニティーは関西に一本化される。横浜外国人墓地のインド・ゾロアスター教徒被葬者は一名にとどまっているのに対し、神戸外国人墓地の方は三〇名以上（現在も増加中）を数えている。

口承によると、関東大震災から太平洋戦争までの時期の神戸には、ゾロアスター教の拝火神殿は存在していなかった。各家庭で聖火を灯していただけと伝わる。折にふれて必要な宗教行事の際は、（理由は不明ながら）戦前に長期間にわたって滞日していた当時のサンジャーン大神官の弟が取り仕切ったそうである。

この高位聖職者の滞日と関係すると思われるのが、神戸外国人墓地のインド・ゾロアスター教徒の墓石の墓碑銘である。一般にゾロアスター教徒は墓石を作らないので、「ゾロアスター教徒の墓碑銘」のサンプル例はわずかしかない。筆者がテヘラン、ヤズド、澳門《マカオ》、香港、神戸、横浜のゾロアスター教土葬墓地を調べたかぎりでは、墓碑銘としてアヴェスター文字を用いているのは、神戸だけである。しかも、そのうちの一つは、アヴェスター文字でパフラヴィー語を表すというアクロバティックな表記法をとっている（これをパーザンド版という）。おまけに、もう一つは、グジャラート語訛りのアヴェスター語発音をアヴェスター文字で彫りこんでいる（こういうことを実践した例はないので、研究上の命名方法はない）。このような碑文の作成は、よほど専門的な知識がないと無理である（また、アヴェスター文字碑文という無茶な要求に応えた当時の日本人の石工の技術水準も相当高度だと思われる）。イラン系文字の表記という観点からみると、神戸外国人墓地のインド・ゾロアスター教徒墓碑銘は、実に興味深い資料を提供してくれる。

インド・ゾロアスター教徒の神戸コミュニティーの衰退

インド・ゾロアスター教徒の神戸コミュニティーは、一九六〇年ころから衰退に転じる。日本の紡績業が頭打ちになったのに加え、日本人の間に英語が浸透し、海外との商取引の際に英語に堪能なブローカーを必要としなくなったためである。インド・ゾロアスター教徒の側でも、英語を母語とするインターナショナルな人々なので、日本に固執する必然性はなく、よりよい職を求めて英語圏（この時代は主としてアメリカ）へ移住していった。二〇一八年現在では、往年のインド・ゾロアスター教徒の神戸コミュニティーの末裔は、宝塚市在住のボーミー・ナーナーボーイ・シュロフ氏だけになっている。

第二節　日本ゾロアスター教研究小史

以下では、本書をお読みになってゾロアスター教研究に興味をもたれた読者のために、日本におけるゾロアスター教研究小史を兼ねて、日本語参考文献を掲げよう。

先駆者　荒木茂氏

日本におけるゾロアスター教研究の先駆者は、今では知る人もない存在としてうずもれている荒木茂氏（一八八四～一九三二）である。氏は、一八八四年に現在の福井市の村田家に生まれ、摂津の戦国大名・荒木村重（一五三五～八六）の子孫と伝わる荒木家の養子に入り、福井市内の小中学校を卒業。その後、青雲の志を抱いて一九〇五年に渡米し、コロンビア大学に入学して古代イラン学を専攻した。明治時代の日本人が自発的にこのような奇特な学問を志すにあたっては、さまざまな事情や内面的葛藤があったと思われるものの、それを明らかにする資料はない。

当時のコロンビア大学における古代イラン学教授A・V・W・ジャクソン（一八六二～一九三七）は、荒木氏を暖かく迎えいれたようで、彼はここで文学修士号を取得して帰朝した。その後は女子学習院で英語教授を務める傍ら、東京帝国大学文学部で古代イラン学を講じた。また、一九二二年からは、財団法人啓明會の援助を受けて、当時欧米で隆盛期を迎えていた古代イラン学研究書の請来に鞠躬尽瘁《きっきゅうじんすい》している。

また、荒木氏は、留学中の一九一九年に、同じ日本人留学生である中條ユリ（一八九九〜一九五一）と結婚した。しかし、この結婚生活は順調ではなく、一九二四年には離婚にいたっている。中條ユリは、この結婚生活を自伝的長編小説『伸子』に描いて出版し、文壇で名声を博した。荒木氏は、この作中で佃一郎として登場する甲斐性のない夫のモデルとして、日本文学史上に微かに名を残している。ちなみに、中條ユリは、のちに九歳年下の共産党書記長宮本顕治と再婚し、宮本百合子と改名した。

離婚後、宿痾の肺結核のために四八歳で夭折した荒木氏の著書は、一冊しかない。荒木茂、『ペルシヤ文学史考』（岩波書店、一九二三年）がそれである。また、病魔に冒された荒木氏が最後の情熱を傾けて蒐集した古代イラン学研究書群は、現在、東京大学東洋文化研究所に所蔵されている。カタログとしては、田中於菟彌（編）、『荒木茂氏蒐集波斯關係圖書目録』（啓明會紀要第十五號、一九三四年）が出版され、その改訂版として、『東京大学東洋文化研究所所蔵　荒木茂文庫目録』（東京大学東洋文化研究所附属東洋学研究情報センター叢刊七、二〇〇七年）が出されている。

鎌倉公方の末裔

荒木氏の逝去ののち、東京方面では、彼を直接継承する研究者は得られなかった。しかし、荒木氏とはまったく別に、京都方面に足利惇氏氏（一九〇一〜八三）が現れた。足利氏は、姓からも分かるように、足利将軍家→鎌倉公方→古河公方→小弓公方→喜連川氏と分家した喜連川足利家の嫡男である。足利将軍家が絶えたあとは、喜連川足利家が足利家の嫡流となっており、江戸時代には喜連川藩主、明治時代以降は代々子爵に受爵されて惇氏氏にいたった。

足利氏は、同志社大学英文科在学中に、叔父で京都帝国大学梵文科教授だった榊亮三郎氏（一八七二〜一九四六）の弟子となり、京都帝国大学梵文科講師に採用されてからは、榊氏の命で古代イラン学を専攻した。当時は、主任教授の一存で弟子の研究対象が決定されていたらしい。その後は、京都大学教授、東海大学教授を歴任し、多くの弟子たちを育てた。二〇世紀後半の日本で活躍したゾロアスター教研究者の多くは、足利氏の系統を引いている。

足利氏のゾロアスター教関係の著作としては、『ペルシア宗教思想』（弘文堂、一九四一年／一九七二年に国書刊行会から復刊）と『ペルシア帝国』（講談社、一九七七年）がある。それ以外の古代イラン学関係の著作は、『足利惇氏著作集　第一巻　イラン学』（東海大学出版会、一九八八年）に収録されている。また、足利氏のイラン学関係の蔵書は、東海大学に寄贈された。カタログとしては、東海大学付属図書館（編）、『足利惇氏文庫目録』（一九八三年）参照。

イラン言語学者・伊藤義教氏

足利氏のいる京大からは、伊藤義教氏（一九〇九〜九六）が出現した。山口県の浄土真宗本願寺派の由緒ある仏門出身である伊藤氏は、京都帝国大学梵文科在学中にゾロアスター教研究を志し、研究環境の整わぬ当時の日本で、パールスィーが書いたグジャラート語文献を手がかりに研究を始めた。学部卒業後は京都帝国大学大学院に進み、ゾロアスター教研究で文学博士号を取得。そのまま京大に残った。

ただ、ゾロアスター教研究ではポストがなく、六〇歳近くまで専任講師にとどめられて、長く不遇だった。

また、耳が不自由だったので、伊藤氏の外面的活動はなおさら制限された。しかし、その間、黙々と書いた著作が、現在の日本のゾロアスター教研究の基礎をなしている。(翻訳)「アヴェスター」『ヴェーダ　アヴェスター』(辻直四郎編、筑摩書房、一九六七年)、『古代ペルシア——碑文と文学』(岩波書店、一九七四年)、『ゾロアスター研究』(岩波書店、一九七九年)、『ペルシア文化渡来考——シルクロードから飛鳥へ』(岩波書店、一九八〇年)、『ゾロアスター教論集』(平河出版社、二〇〇一年)の五冊である。

ゾロアスター教研究の中でも、伊藤氏が最も得意としたのが、パフラヴィー語文献の翻訳だった。一九九六年に亡くなったあと、書斎を整理すると、氏が六〇年以上を費やした未公開の翻訳ノートが出現した。それらは、現在、『伊藤義教氏転写・翻訳『デーンカルド』第三巻(一)』(東京大学東洋文化研究所附属東洋学研究情報センター叢刊八、二〇〇七年)として整理出版中である。また、同時に発見された氏の蔵書は、東京大学東洋文化研究所に所蔵されている。カタログとしては、『東京大学東洋文化研究所所蔵　伊藤義教文庫目録』(東京大学東洋文化研究所附属東洋学研究情報センター叢刊三、二〇〇三年)を参照。

イラン民話学者　井本英一氏

京大における足利氏の門下からは、伊藤氏に続いて、井本英一氏(一九三〇～二〇一四)が現れた。筆者にまちがいがなければ、井本氏が一九六五年に発表した論文が、一九七三年に松本清張が小説『火の路』で取りあげて一世を風靡した古代ペルシア文化の日本影響説の先駆である。この所説の影響は大きく、のちに伊藤氏も追随した著書を出したほか、日本各地の遺跡を古代ペルシアの影響として解明する学問潮流を生みだした。井本氏の古代ペルシア文化の日本影響説については、『古代の日本とイラン』(学生社、一九八〇年)、

『飛鳥とペルシア』（小学館、一九八四年）、『神話と民俗のかたち』（東洋書林、二〇〇七年）を参照。また、翻訳として、ジョン・R・ヒネルズ、井本英一・奥西峻介（訳）『ペルシア神話』（青土社、一九九三年）がある。

戦後世代の活躍

これ以降は、太平洋戦争以降に育った世代になる。東海大に異動したのちの足利氏の門下からは、岡田明憲氏（一九四七～二〇一六）が現れた。『アヴェスター』の抄訳として、『ゾロアスター教　神々への讃歌』（平河出版社、一九八二年）と『ゾロアスター教の悪魔払い』（平河出版社、一九八四年）があるほか、神秘思想に焦点をあてた概説として、『ゾロアスターの神秘思想』（講談社現代新書、一九八八年）がある。

この前後の年代からは、共時的に何人かのゾロアスター教研究者を輩出している。東大東洋史学科には山本由美子氏（一九四六～）が現れ、ロンドン大学のゾロアスター教研究者メアリー・ボイスの元で研鑽を積んで帰国した。当時の最高水準であるボイスの概説の日本語訳として、メアリー・ボイス『ゾロアスター教――三五〇〇年の歴史』（筑摩書房、一九八三年）があり、単著としては『世界史リブレット4　マニ教とゾロアスター教』（山川出版社、一九九八年）がある。

また、北九州市立大学からは、中別府温和氏（一九四七～）が現れ、宗教人類学の手法を用いてパールスィー社会の研究を継続している。公刊された単著はないが、幾つかの論文からパールスィーの宗教儀礼の特質を知ることができる。代表論文としては、「インドにおけるゾロアスター教の変容と存続」『宗教観の協調と葛藤』（佼成出版社、一九八九年）を参照。

＊　＊

本書は、荒木氏から数えて、日本のゾロアスター教研究約八〇年の蓄積のもとに成立している。学説の多くは学界の共有財産であり、筆者はそれらを適宜まとめたにすぎない。言及できなかった内外の研究論文は膨大である。解読されていない原典資料はさらに多い。そのなかで、上記の書籍は、大規模な公共図書館や大学図書館には所蔵されているし、まれには古書店にも出回っている。ゾロアスター教研究に興味のある方は、それらを手にとって日本国内の研究史を学ばれ、理解をさらに深めていただきたいと思う。

あとがき

旧版の上梓以来、すでに一〇年の歳月が流れた。この間、旧版の執筆を勧めて下さった井本英一先生が二〇一四年に亡くなられ、その原稿を出版して下さった刀水書房の前社長・桑原迪也氏も同年他界された。生前のご面識はなかったものの、日本におけるゾロアスター教研究の先達である岡田明憲氏も、二〇一六年に鬼籍に入られた。日本のゾロアスター教研究の環境は光から闇に転じつつある。この状況が、筆者もその研究者の末班に列するをもって、新版の執筆を決意させた。もとより、未熟な旧版をいかに改訂したところで、いたずらに愧悚《きしょう》を増すのみである。

この一〇年間で、筆者のゾロアスター教研究のスタンスも変わった。二〇一三年に奈良県の荒井正吾知事の発議によって、奈良県と中央アジアを結ぶシルクロード研究に着手したのが、その契機である。爾来、奈良県立橿原考古学研究所や奈良県立大学ユーラシア研究センターとの共同研究により、毎年中央アジアのゾロアスター教遺跡を訪問する機会を得、また、隔年で奈良県立大学において国際ゾロアスター教フォーラムを開催する機会を得た。奈良県のご厚誼は、ゾロアスター教研究上の新たな曙光であった。もとよりこれらは個人的な事柄であるが、新版が旧版に比して中央アジアに目配りできているとしたら、それはこのような事情による。

また、筆者の研究環境も変わった。二〇一七年に静岡文化芸術大学文化・芸術研究センターに着任以降、横山俊夫学長以下の先輩・同輩諸氏の雅量幸いにして、専門分野のゾロアスター教研究に多くの時間を投入できている。お蔭で、昨今の大学教員の流弊たる専門研究の不可能を嘆くに陥るを、――少なくとも今のところは――免れている。志高く襟度を持す大学への奉職は、アフラ・マズダーの配剤であった。

本書出版にあたっては、旧版と同様に、刀水書房の中村文江・代表取締役のご高配を忝《かたじけな》くした。現今の厳しい出版界の消息に鑑みて、本書のような書物の新版の出版を快諾下さったご英断は、大いに欽仰するほかはない。また、出版に当たっては、静岡文化芸術大学の出版助成を頂戴した。

二〇一八年九月一日

青木　健

刀水歴史全書 ―歴史・民族・文明―

四六上製　平均300頁　随時刊　（価格は税別）

樺山紘一
1 **カタロニアへの眼**（新装版）
歴史・社会・文化
1979,2005(新装版)　000-X　四六上製　289頁＋口絵12頁　￥2300
西洋の辺境，文明の十字路カタロニアはいかに内戦を闘い，なぜピカソら美の巨人を輩出したか。カタロニア語を習い，バルセロナに住んで調査研究した歴史家によるカタロニア文明論

R.C.リチャードソン／今井　宏訳
2 **イギリス革命論争史**
1979　001-8　四六上製　353頁　￥2200
市民革命とは何であったか？　同時代人の主張から左翼の論客，現代の冷静な視線まで，革命研究はそれぞれの時代，立場を反映する。論者の心情をも汲んで著された類書のない学説史

山崎元一
3 **インド社会と新仏教**
アンベードカルの人と思想〔付〕カースト制度と不可触民制
1979　＊002-7　四六上製　275頁　￥2200
ガンディーに対立してヒンドゥーの差別と闘い，インドに仏教を復興した不可触民出身の政治家の生涯。日本のアンベードカル研究の原典であり，インドの差別研究のほとんど最初の一冊

G.バラクロウ編／木村尚三郎解説・宮島直機訳
4 **新しいヨーロッパ像の試み**
中世における東欧と西欧
1979　003-4　四六上製　258頁　￥2330
最新の中世史・東欧史の研究成果を背景に，ヨーロッパの直面する文明的危機に警鐘を鳴らした文明史家の広ヨーロッパ論。現代のヨーロッパの統一的傾向を最も早く洞察した名著。図版127点

W.ルイス，村上直次郎編／富田虎男訳訂
5 **マクドナルド「日本回想記」**
[再訂版]　インディアンの見た幕末の日本
1979　＊005-8　四六上製　313頁　￥2200
日本をインディアンの母国と信じて密航した青年の日本観察記。混血青年を優しくあたたかく遇した幕末の日本と日本人の美質を評価。また幕末最初の英語教師として評価されて，高校英語教科書にものっている

J.スペイン／勝藤　猛・中川　弘訳
6 **シルクロードの謎の民**
パターン民族誌
1980　006-9　四六上製　306頁　￥2200
文明を拒否して部族の掟に生き，中央アジア国境地帯を自由に往来するアフガン・ゲリラの主体パターン人，かつてはイギリスを，近くはロシアを退けた反文明の遊牧民。その唯一のドキュメンタルな記録

B.A.トゥゴルコフ／加藤九祚解説・斎藤晨二訳
7 **トナカイに乗った狩人たち**
北方ツングース民族誌
1981　024-7　四六上製　253頁　￥2233
広大なシベリアのタイガを漂泊するエベンキ族の生態。衣食住，狩猟・遊牧生活から家族，氏族，原始文字，暦，シャーマン，宇宙観まで。ロシア少数民族の運命

G.サルガードー／松村　赳訳
8 **エリザベス朝の裏社会**
1985　060-3　四六上製　338頁　￥2500
シェイクスピアの戯曲や当時のパンフレット“イカサマ読物”“浮浪者文学”による華麗な宮廷文化の時代の裏面。スリ・盗賊・ペテン師などの活躍する新興の大都会の猥雑な現実

P.F.シュガー,I.J.レデラー 編／東欧史研究会訳

9 **東欧のナショナリズム**

歴史と現在

1981　025-5　四六上製　578頁　￥4800

東欧諸民族と諸国家の成立と現在を，19世紀の反トルコ・反ドイツ・反ロシアの具体的な史実と意識のうえに捉え，東欧紛争の現在の根源と今後の世界のナショナリズム研究に指針を与える大著

R.H.C.デーヴィス／柴田忠作訳

10 **ノルマン人**　[品切]

その文明学的考察

1981　027-1　四六上製　199頁　￥2233

ヨーロッパ中世に大きな足跡をのこしたヴァイキングの実像を文明史的に再評価し，ヨーロッパの新しい中世史を構築する第一人者の論究。ノルマン人史の概説として最適。図版70余点

中村寅一

11 **村の生活の記録**　（下）[品切]

(上)上伊那の江戸時代 (下)上伊那の明治・大正・昭和

1981　028-X　029-8　四六上製　195頁,310頁　￥1845 ￥1800

村の中から村を描く。柳田・折口体験をへて有賀喜左衛門らとともに，民俗・歴史・社会学を総合した地域史をめざした信州伊那谷の先覚者の業績。中央に追従することなく，地域史として独立し得た数少ない例の一つ

岩本由輝

12 ききき書き **六万石の職人衆**

相馬の社会史

1980　010-7　四六上製　252頁　￥1800

相馬に生き残った100種の職人の聞き書き。歴史家と職人の心の交流から生れた明治・大正・昭和の社会史。旅職人から産婆，ほとんど他に見られない諸職が特に貴重

13　（欠番）

田中圭一

14 **天領佐渡**　（1）[品切]

(1)(2)村の江戸時代史 上・下 (3)島の幕末

1985　061-1,062-X,063-8 四六上製 (1)275頁 (2) 277頁 (3) 280頁 (1)(2) ￥2000 (3)￥2330

戦国末～維新のムラと村ビトを一次史料で具体的に追求し,天領の政治と村の構造に迫り,江戸～明治の村社会と日本を発展的にとらえる。民衆の活躍する江戸時代史として評価され，新しい歴史学の方向を示す

岩本由輝

15 **もう一つの遠野物語**　[追補版]

（付）柳田國男南洋委任統治資料六点

1994　＊130-7　四六上製　275頁　￥2200

水野葉舟・佐々木喜善によって書かれたもう一つの「遠野物語」の発見。柳田をめぐる人間関係,「遠野物語」執筆前後の事情から山人～常民の柳田学の変容を探る。その後の柳田学批判の先端として功績は大きい

森田安一

16 **スイス**　[三補版]

歴史から現代へ

1995　159-6　四六上製　304頁　￥2200

13世紀スイス盟約者団の成立から流血の歴史をたどり，理想の平和郷スイスの現実を分析して新しい歴史学の先駆と評価され，中世史家の現代史として，中世から現代スイスまでを一望のもとにとらえる

樺山紘一・賀集セリーナ・富永茂樹・鳴海邦碩

17 **アンデス高地都市**　[品切]

ラ・パスの肖像

1981　020-4　四六上製　図版多数　257頁　￥2800

ボリビアの首都ラ・パスに展開するスペイン，インディオ両文明の相克。歴史・建築・文化人類・社会学者の学際協力による報告。図版多数。若く多才な学者たちの協力の成功例の一つといわれる

A．ノーヴ／和田春樹・中井和夫訳　［品切］

18 **スターリンからブレジネフまで**

ソヴェト現代史

1983　043-3　四六上製　315頁　¥2427

スターリン主義はいかに出現し，いかなる性格のものだったか？　冷静で大胆な大局観をもつ第一人者による現代ソ連研究の基礎文献。ソ連崩壊よりはるか前に書かれていた先覚者の業績

19 （缺番）

増井經夫

20 **中国の歴史書**

中国史学史

1984　052-2　四六上製　298頁　¥2500

内藤湖南以後誰も書かなかった中国史学史。尚書・左伝から梁啓超，清朝野史大観まで，古典と現代史学の蘊蓄を傾けて，中国の歴史意識に迫る。自由で闊達な理解で中国学の世界に新風を吹きこむ。ようやく評価が高い

G．P．ローウィック／西川　進訳

21 **日没から夜明けまで**

アメリカ黒人奴隷制の社会史

1986　064-6　四六上製　299頁　¥2400

アメリカの黒人奴隷は，夜の秘密集会を持ち，祈り，歌い，逃亡を助け，人間の誇りを失わなかった。奴隷と奴隷制の常識をくつがえす新しい社会史。人間としての彼らを再評価するとともに，社会の構造自体を見なおすべき衝撃の書

山本　新著／神川正彦・吉澤五郎編

22 **周 辺 文 明 論**

欧化と土着

1985　066-2　四六上製　305頁　¥2200

文明の伝播における様式論・価値論を根底に，ロシア・日本・インド・トルコなど非西洋の近代化＝欧化と反西洋＝土着の相克から現代の文明情況まで。日本文明学の先駆者の業績として忘れ得ない名著

小林多加士

23 **中国の文明と革命**

現代化の構造

1985　067-0　四六上製　274頁　¥2200

万元戸，多国籍企業に象徴される中国現代の意味を文化大革命をへた中国の歴史意識の変革とマルキシズムの新展開に求める新中国史論

R．タカキ／富田虎男・白井洋子訳

24 **パ ウ ・ ハ ナ**

ハワイ移民の社会史

1986　071-9　四六上製　293頁　¥2400

ハワイ王朝末期に，全世界から集められたプランテーション労働者が，人種差別を克服して，ハワイ文化形成にいたる道程。著者は日系３世で，少数民族・多文化主義研究の歴史家として評価が高い

原田淑人

25 **古代人の化粧と装身具**

1987　076-X　四六上製　図版180余点　227頁　¥2200

東洋考古学の創始者，中国服飾史の開拓者による古代人の人間美の集成。エジプト・地中海，インド，中央アジアから中国・日本まで，正倉院御物に及ぶ美の伝播，唯一の概説書

E．ル・ロワ・ラデュリ／井上幸治・渡邊昌美・波木居純一訳

26 **モンタイユー**（上）（下）

ピレネーの村　1294～1324

(上)1990 (下)1991　＊086-7 ＊125-3　四六上製　367頁 425頁　¥2800 ¥3301

中世南仏の一寒村の異端審問文書から，当時の農村生活を人類学的手法で描き，75年発刊以来，社会史ブームをまきおこしたアナール派第３世代の代表作。ピレネー山中寒村の，50戸，200人の村人の生活と心性の精細な描写

ダヴ・ローネン／浦野起央・信夫隆司訳

27 **自決とは何か** ［品切］

ナショナリズムからエスニック紛争へ

1988 095-6 四六上製 318頁 ¥2800

自殺ではない。みずからを決定する自決。革命・反植民地・エスニック紛争など，近現代の激動を“自決 Self-determination への希求”で解く新たなる視角。人文・社会科学者の必読書

メアリ・プライア編著／三好洋子編訳

28 **結婚・受胎・労働** ［品切］

イギリス女性史1500～1800

1989 099-9 四六上製 270頁 ¥2500

イギリス女性史の画期的成果。結婚・再婚・出産・授乳，職業生活・日常生活，日記・著作。実証的な掘り起こし作業によって現れる普通の女性たちの生活の歴史

M.I.フィンレイ／柴田平三郎訳

29 **民主主義―古代と現代** ［品切］

1991 118-9 四六上製 199頁 ¥2816

古代ギリシア史の専門家が思想史として対比考察した古代・現代の民主主義。現代の形骸化した制度への正統なアカデミズムからの警鐘であり，民主主義の本質に迫る一書

木崎良平

30 **光太夫とラクスマン**

幕末日露交渉史の一側面

1992 134-0 四六上製 266頁 ¥2524

ひろく史料を探索して見出した光太夫とラクスマンの実像。「鎖国三百年史観」をうち破る新しい事実の発見が，日本の夜明けを告げる。実証史学によってはじめて可能な歴史の本当の姿の発見

青木　豊

31 **和鏡の文化史**

水鑑から魔鏡まで

1992 139-1 四六上製 図版300余点 305頁 ¥2500

水に顔を映す鏡の始まりから，その発達・変遷，鏡にまつわる信仰・民俗，十数年の蓄積による和鏡に関する知識体系化の試み。鏡に寄せた信仰と美の追求に人間の実像が現れる

Y.イチオカ／富田虎男・粂井輝子・篠田左多江訳

32 **一　世**

黎明期アメリカ移民の物語り

1992 141-3 四六上製 283頁 ¥3301

人種差別と排日運動の嵐の中で，日本人留学生，労働者，売春婦はいかに生きたか。日系アメリカ人一世に関する初の本格的研究の始まり，その差別と苦悩と忍耐を見よ（著者は日系二世）

鄧　搏鵬／後藤均平訳

33 **越 南 義 烈 史**

抗仏独立運動の死の記録

1993 143-X 四六上製 230頁 ¥3301

19世紀後半，抗仏独立闘争に殉じたベトナムの志士たちの略伝・追悼文集。反植民地・民族独立思想の原点（1918年上海で秘密出版）。東遊運動で日本に渡った留学生200人は，やがて日本を追われ，各地で母国の独立運動を展開して敗れ，つぎつぎと斃れるその記録

D.ジョルジェヴィチ, S.フィシャー・ガラティ／佐原徹哉訳

34 **バルカン近代史**

ナショナリズムと革命

1994 153-7 四六上製 262頁 ¥2800

かつて世界の火薬庫といわれ，現在もエスニック紛争に明け暮れるバルカンを，異民族支配への抵抗と失敗する農民蜂起の連続ととらえる。現代は，過去の紛争の延長としてあり，一朝にして解決するようなものではない

C.メクゼーパー, E.シュラウト共編／瀬原義生監訳, 赤阪俊一・佐藤専次共訳

35 **ドイツ中世の日常生活**

騎士・農民・都市民

1995 ＊179-6 四六上製 205頁 ¥2800

ドイツ中世史家たちのたしかな目が多くの史料から読みとる新しい日常史。普通の“中世人”の日常と心性を描くが，おのずと重厚なドイツ史学の学風を見せて興味深い

神山四郎　［比較文明学叢書１］

36 **比較文明と歴史哲学**

1995　182-0　四六上製　257頁　¥2800

歴史哲学者による比較文明案内。歴史をタテに発展とみる旧来の見方に対し，ヨコに比較する多系文明の立場を推奨。ボシュエ，ヴィコ，イブン・ハルドゥーン，トインビーと文明学の流れを簡明に

神川正彦　［比較文明学叢書２］

37 **比較文明の方法**

新しい知のパラダイムを求めて

1995　184-7　四六上製　275頁　¥2800

地球規模の歴史的大変動の中で，トインビー以降ようやく高まる歴史と現代へのパースペクティヴ，新しい知の枠組み，学の体系化の試み。ニーチェ，ヴェーバー，シュペングラーを超えてトインビー，山本新にいたり，原理と方法を論じる

B．A．トゥゴルコフ／斎藤晨二訳

38 **オーロラの民**

ユカギール民族誌

1995　183-9　四六上製　220頁　¥2800

北東シベリアの少数民族人口1000人のユカギール人の歴史と文化。多数の資料と現地調査が明らかにするトナカイと犬ぞりの生活・信仰・言語。巻末に調査報告「ユカギール人の現在」

D．W．ローマックス／林　邦夫訳

39 **レコンキスタ**

中世スペインの国土回復運動

1996　180-4　四六上製　314頁　¥3300

克明に史実を追って，800年間にわたるイスラム教徒の支配からのイベリア半島奪還とばかりはいいきれない，レコンキスタの本格的通史。ユダヤ教徒をふくめ，三者の対立あるいは協力，複雑な800年の情勢に迫る

A．R．マイヤーズ／宮島直機訳

40 **中世ヨーロッパの身分制議会**

新しいヨーロッパ像の試み（２）

1996　186-3　四六上製　214頁　¥2800

各国の総合的・比較史的研究に基づき，身分制議会をカトリック圏固有のシステムととらえ，近代の人権思想もここから導かれるとする文化史的な画期的発見，その影響に注目が集まる。図写79点

M.ローランソン，J．E．シーヴァー／白井洋子訳

41 **インディアンに囚われた白人女性の物語**

1996　195-2　四六上製　274頁　¥2800

植民地時代アメリカの実話。捕虜となり生き残った２女性の見たインディアンの心と生活。牧師夫人の手記とインディアンの養女となった少女の生涯。しばしば不幸であった両者の関係を見なおすために

木崎良平

42 **仙台漂民とレザノフ**

幕末日露交渉史の一側面No.２

1997　198-7　四六上製　261頁　¥2800

日本人最初の世界一周と日露交渉。『環海異聞』などに現れる若宮丸の遭難と漂民16人の数奇な運命。彼らを伴って通商を迫ったロシア使節レザノフ。幕末日本の実相を歴史家が初めて追求した

U．イム・ホーフ／森田安一監訳，岩井隆夫・米原小百合・佐藤るみ子・黒澤隆文・踊共二共訳

43 **スイスの歴史**

1997　207-X　四六上製　308頁　¥2800

日本初の本格的スイス通史。ドイツ語圏でベストセラーを続ける好著の完訳。独・仏・伊のことばの壁をこえてバランスよくスイス社会と文化を追求，現在の政治情況に及ぶ

E．フリート／柴嵜雅子訳

44 **ナチスの陰の子ども時代**

あるユダヤ系ドイツ詩人の回想

1998　203-7　四六上製　215頁　¥2800

ナチスの迫害を逃れ，17歳の少年が単身ウィーンからロンドンに亡命する前後の数奇な体験を中心にした回想録。著者は戦後のドイツで著名なユダヤ系詩人で，本書が本邦初訳

今谷明・大濱徹也・尾形勇・樺山紘一・木畑洋一編

45 20世紀の歴史家たち

(1)日本編(上) (2)日本編(下) (5)日本編(続) (3)世界編(上) (4)世界編(下)

1997〜2006　四六上製　平均300頁　各￥2800

歴史家は20世紀をどう生きたか，歴史学はいかに展開したか。科学としての歴史学と人間としての歴史家，その生と知とを生々しく見つめようとする。書かれる歴史家と書く歴史家，それを読む読者と三者の生きた時代

日本編（上）　1997 211-8

1 徳富蘇峰（大濱徹也）
2 白鳥庫吉（窪添慶文）
3 鳥居龍蔵（中薗英助）
4 原　勝郎（樺山紘一）
5 喜田貞吉（今谷　明）
6 三浦周行（今谷　明）
7 幸田成友（西垣晴次）
8 柳田國男（西垣晴次）
9 伊波普猷（高良倉吉）
10 今井登志喜（樺山紘一）
11 本庄栄治郎（今谷　明）
12 高群逸枝（栗原　弘）
13 平泉　澄（今谷　明）
14 上原専祿（三木　亘）
15 野呂栄太郎（神田文人）
16 宮崎市定（礪波　護）
17 仁井田陞（尾形　勇）
18 大塚久雄（近藤和彦）
19 高橋幸八郎（遅塚忠躬）
20 石母田正（今谷　明）

日本編（下）　1999 212-6

1 久米邦武（田中　彰）
2 内藤湖南（礪波　護）
3 山路愛山（大濱徹也）
4 津田左右吉（大室幹雄）
5 朝河貫一（甚野尚志）
6 黒板勝美（石井　進）
7 福田徳三（今谷　明）
8 辻善之助（圭室文雄）
9 池内　宏（武田幸男）
10 羽田　亨（羽田　正）
11 村岡典嗣（玉懸博之）
12 田村栄太郎（芳賀　登）
13 山田盛太郎（伊藤　晃）
14 大久保利謙（由井正臣）
15 濱口重國（菊池英夫）
16 村川堅太郎（長谷川博隆）
17 宮本常一（西垣晴次）
18 丸山眞男（坂本多加雄）
19 和歌森太郎（宮田　登）
20 井上光貞（笹山晴生）

日本編（続）　2006 232-0

1 狩野直喜（戸川芳郎）
2 桑原隲蔵（礪波　護）
3 矢野仁一（挾間直樹）
4 加藤　繁（尾形　勇）
5 中村孝也（中田易直）
6 宮地直一（西垣晴次）
7 和辻哲郎（樺山紘一）
8 一志茂樹（古川貞雄）
9 田中惣五郎（本間恂一）
10 西岡虎之助（西垣晴次）
11 岡　正雄（大林太良）
12 羽仁五郎（斉藤　孝）
13 服部之總（大濱徹也）
14 坂本太郎（笹山晴生）
15 前嶋信次（窪寺紘一）
16 中村吉治（岩本由輝）
17 竹内理三（樋口州男）
18 清水三男（網野善彦）
19 江口朴郎（木畑洋一）
20 林屋辰三郎（今谷　明）

世界編（上）　1999 213-4

1 ピレンヌ（河原　温）
2 マイネッケ（坂井榮八郎）
3 ゾンバルト（金森誠也）
4 メネンデス・ピダール（小林一宏）
5 梁　啓超（佐藤慎一）
6 トーニー（越智武臣）
7 アレクセーエフ（加藤九祚）
8 マスペロ（池田　温）
9 トインビー（芝井敬司）
10 ウィーラー（小西正捷）
11 カー（木畑洋一）
12 ウィットフォーゲル（鶴間和幸）
13 エリアス（木村靖二）
14 侯　外廬（多田狷介）
15 ブローデル（浜名優美）
16 エーバーハルト（大林太良）
17 ウィリアムズ（川北　稔）
18 アリエス（杉山光信）
19 楊　寛（高木智見）
20 クラーク（ドン・ベイカー 藤川隆男訳）
21 ホブズボーム（水田　洋）
22 マクニール（高橋　均）
23 ジャンセン（三谷　博）
24 ダニーロフ（奥田　央）
25 フーコー（福井憲彦）
26 デイヴィス（近藤和彦）
27 サイード（杉田英明）
28 タカキ，R.（富田虎男）

世界編（下）　2001 214-2

1 スタイン（池田　温）
2 ヴェーバー（伊藤貞夫）
3 バルトリド（小松久男）
4 ホイジンガ（樺山紘一）
5 ルフェーヴル（松浦義弘）
6 フェーヴル（長谷川輝夫）
7 グラネ（桐本東太）
8 ブロック（二宮宏之）
9 陳　寅恪（尾形　勇）
10 顧　頡剛（小倉芳彦）
11 カントロヴィッチ（藤田朋久）
12 ギブ（湯川　武）
13 ゴイテイン（湯川　武）
14 ニーダム（草光俊雄）
15 コーサンビー（山崎利男）
16 フェアバンク（平野健一郎）
17 モミリアーノ（本村凌二）
18 ライシャワー（W.スティール）
19 陳　夢家（松丸道雄）
20 フィンリー（桜井万里子）
21 イナルジク（永田雄三）
22 トムスン（近藤和彦）
23 グレーヴィチ（石井規衛）
24 ル・ロワ・ラデュリ（阿河雄二郎）
25 ヴェーラー（木村靖二）
26 イレート（池端雪浦）

戸上 一

46 **千 利 休**

ヒト・モノ・カネ

1998 ＊210-6 四六上製 212頁 ￥2000

高価な茶道具にまつわる美と醜の世界を視野に入れぬ従来の利休論にあきたらぬ筆者が，書き下ろした利休の実像。モノの美とそれにまつわるカネの醜に対決する筆者の気迫に注目

大濱徹也

47 **日本人と戦争**

歴史としての戦争体験

2002 220-7 四六上製 280頁 ￥2400

幕末，尊皇攘夷以来，日本は10年ごとの戦争で大国への道をひた走った。やがて敗戦。大東亜戦争は正義か不正義かは鏡の表と裏にすぎないかもしれない。日本人の“戦争体験”が民族共有の記憶に到達するのはいつか？

K. B. ウルフ／林 邦夫訳

48 **コルドバの殉教者たち**

イスラム・スペインのキリスト教徒

1998 226-6 四六上製 214頁 ￥2800

9世紀，イスラム時代のコルドバで，49人のキリスト教徒がイスラム教を批難して首をはねられた。かれらは極刑となって殉教者となることを企図したのである。三つの宗教の混在するスペインの不思議な事件である

U. ブレーカー／阪口修平・鈴木直志訳

49 **スイス傭兵ブレーカーの自伝**

2000 240-1 四六上製 263頁 ￥2800

18世紀スイス傭兵の自伝。貧農に生まれ，20歳で騙されてプロイセン軍に売られ，軍隊生活の後，七年戦争中に逃亡。彼の生涯で最も劇的なこの時期の記述は，近代以前の軍隊生活を知る類例のない史料として注目

田中圭一

50 **日本の江戸時代**

舞台に上がった百姓たち

1999 ＊233-5 四六上製 259頁 ￥2400

日本の古い体質のシンボルである江戸時代封建論に真向から挑戦する江戸近代論。「検地は百姓の土地私有の確認である」ことを実証し，一揆は幕府の約束違反に対するムラの抗議だとして，日本史全体像の変革を迫る

平松幸三編 2001年度 沖縄タイムス出版文化賞受賞

51 **沖縄の反戦ばあちゃん**

松田カメ口述生活史

2001 242-8 四六上製 199頁 ￥2000

沖縄に生まれ，内地で女工，結婚後サイパンへ出稼いで，戦争に巻込まれる。帰郷して米軍から返却された土地は騒音下。嘉手納基地爆音訴訟など反戦平和運動の先頭に立ったカメさんの原動力は理屈ではなく，生活体験だ

52 **（缺番）**

原田勝正

53 **日 本 鉄 道 史**

技術と人間

2001 275-4 四六上製 488頁 ￥3300

幕末維新から現代まで，日本の鉄道130年の発展を，技術の進歩がもつ意味を社会との関わりの中に確かめながら，改めて見直したユニークな技術文化史

J. キーガン／井上堯裕訳

54 **戦争と人間の歴史**

人間はなぜ戦争をするのか？

2000 264-9 四六上製 205頁 ￥2000

人間はなぜ戦争をするのか？ 人間本性にその起源を探り，国家や個人と戦争の関わりを考え，現実を見つめながら「戦争はなくなる」と結論づける。原本は豊かな内容で知られるＢＢＣ放送の連続講演（1998年）

M.シェーファー／大津留厚監訳・永島とも子訳

55 **エリザベート—栄光と悲劇**

2000　265-7　四六上製　183頁　￥2000

ハプスブルク朝の皇后“シシー”の生涯を内面から描く。美貌で頭が良く，自信にあふれ，決断力を持ちながらも孤独に苦しんでいた。従来の映画や小説では得られない“変革の時代”に生きた高貴な人間像

地中海学会編

56 **地中海の暦と祭り**

2002　230-4　四六上製　285頁　￥2500

季節の巡行や人生・社会の成長・転変に対応する祭は暦や時間と深く連関する。その暦と祭を地中海世界の歴史と地域の広がりの中でとらえ，かつ現在の祭慣行や暦制度をも描いた，歴史から現代までの「地中海世界案内」

堀　敏一

57 **曹　　操**

三国志の真の主人公

2001　＊283-0　四六上製　220頁　￥2800

諸葛孔明や劉備の活躍する『三国志演義』はおもしろいが，小説であって事実ではない。中国史の第一人者が慎重に選んだ“事実は小説よりも奇”で，人間曹操と三国時代が描かれる

P.ブラウン／宮島直機訳

58 **古代末期の世界**　［改訂新版］

ローマ帝国はなぜキリスト教化したか

2002　＊354-7　四六上製　233頁　￥2800

古代末期を中世への移行期とするのではなく独自の文化的世界と見なす画期的な書。鬼才P.ブラウンによる「この数十年の間で最も影響力をもつ歴史書！」(書評から)

宮脇淳子

59 **モンゴルの歴史**　［増補新版］

遊牧民の誕生からモンゴル国まで

2018　＊446-9　四六上製　320頁　￥2800

紀元前1000年に中央ユーラシア草原に遊牧騎馬民が誕生してから，現在21世紀のモンゴル系民族の最新情報までを1冊におさめた，世界初の通史。2017年には，モンゴルでも訳書完成

永井三明

60 **ヴェネツィアの歴史**

共和国の残照

2004　285-1　四六上製　270頁　￥2800

1797年「唐突に」姿を消した共和国。ヴェネツィアの1000年を越える歴史を草創期より説き起こす。貴族から貧困層まで，人々の心の襞までわけ入り描き出される日々の生活，etc. ヴェネツィア史の第一人者による書き下ろし

H.バイアス／内山秀夫・増田修代訳

61 **敵　国　日　本**

太平洋戦争時，アメリカは日本をどう見たか？

2001　286-X　四六上製　215頁　￥2000

パールハーバーからたった70日で執筆・出版され，アメリカで大ベストセラーとなったニューヨークタイムズ記者の日本論。天皇制・政治経済・軍隊から日本人の心理まで，アメリカは日本人以上に日本を知っていた……

伊東俊太郎　　［比較文明学叢書 3］

62 **文明と自然**

対立から統合へ

2002　293-2　四六上製　256頁　￥2400

かつて西洋の近代科学は，文明が利用する対象として自然を破壊し，自然は利用すべき資源でしかなかった。いま「自から然る」自然が，生々発展して新しい地球文明が成る。自然と文明の統合の時代である

P.V.グロブ／荒川明久・牧野正憲訳

63 **甦る古代人**

デンマークの湿地埋葬

2002　298-3　四六上製　191頁　￥2500

デンマーク，北ドイツなど北欧の寒冷な湿地帯から出土した，生々しい古代人の遺体（約700例）をめぐる“謎”の解明。原著の写真全77点を収録した，北欧先史・古代史研究の基本図書

大濱徹也
64 **庶民のみた日清・日露戦争**
帝国への歩み
2003　316-5　四六上製　265頁　¥2200

明治維新以後10年ごとの戦争に明けくれた日本人の戦争観・時代観を根底に，著者は日本の現代を描こうとする。庶民の皮膚感覚に支えられた生々しい日本の現代史像に注目が集まる。『明治の墓標』改題

喜安　朗
65 **天皇の影をめぐるある少年の物語**
戦中戦後私史
2003　312-2　四六上製　251頁　¥2200

第二次大戦の前後を少年から青年へ成長した多くの日本人の誰もが見た敗戦から復興の光景を，今あらためて注視する少年の感性と歴史家の視線。変転する社会状況をくぐりぬけて今現われた日本論

スーザン·W.ハル／佐藤清隆・滝口晴生・菅原秀二訳
66 **女は男に従うもの？**
近世イギリス女性の日常生活
2003　315-7　四六上製　285頁　¥2800

16～17世紀，女性向けに出版されていた多くの結婚生活の手引書や宗教書など（著者は男性）を材料に，あらゆる面で制約の下に生きていた女性達の日常を描く（図版多数集録）

G.スピーニ／森田義之・松本典昭訳
67 **ミケランジェロと政治**
メディチに抵抗した《市民＝芸術家》
2003　318-1　四六上製　181頁　¥2500

フィレンツェの政治的激動期，この天才芸術家が否応なく権力交替劇に巻き込まれながらも，いかに生き抜いたか？　ルネサンス美術史研究における社会史的分析の先駆的議論。ミケランジェロとその時代の理解のために

金七紀男
68 **エンリケ航海王子**
大航海時代の先駆者とその時代
2004　322-X　四六上製　232頁　¥2500

初期大航海時代を導いたポルトガルの王子エンリケは，死後理想化されて「エンリケ伝説」が生れる。本書は，生身で等身大の王子とその時代を描く。付録に「エンリケ伝説の創出」「エンリケの肖像画をめぐる謎」の２論文も

H.バイアス／内山秀夫・増田修代訳
69 **昭和帝国の暗殺政治**
テロとクーデタの時代
2004　314-9　四六上製　341頁　¥2500

戦前，『ニューヨーク・タイムズ』の日本特派員による，日本のテロリズムとクーデタ論。記者の遭遇した5.15事件や2.26事件を，日本人独特の前近代的心象と見て，独自の日本論を展開する。『敵国日本』の姉妹篇

E.L.ミューラー／飯野正子監訳
70 **祖国のために死ぬ自由**
徴兵拒否の日系アメリカ人たち
2004　331-9　四六上製　343頁　¥3000

第二次大戦中，強制収容所に囚われた日系２世は，市民権と自由を奪われながら徴兵された。その中に，法廷で闘って自由を回復しアメリカ人として戦う道を選んだ人々がいた。60年も知られなかった日系人の闘いの記録

松浦高嶺・速水敏彦・高橋 秀
71 **学 生 反 乱**
—1969—　立教大学文学部
2005　335-1　四六上製　281頁　¥2800

1960年代末，世界中を巻きこんだ大学紛争。学生たちの要求に真摯に向合い，かつ果敢に闘った立教大学文学部の教師たち。35年後の今，闘いの歴史はいかに継承されているか？

神川正彦　　[比較文明学叢書 5]
72 **比較文明文化への道**
日本文明の多元性
2005　343-2　四六上製　311頁　¥2800

日本文明は中国のみならずアイヌや琉球を含め，多くの文化的要素を吸収して成立している。その文化的要素を重視して“文明文化”を一語として日本を考える新しい視角

藤川隆男編
73 **白人とは何か？**
ホワイトネス・スタディーズ入門
2005 ＊346-2 四六上製 257頁 ￥2200
近年欧米で急速に拡大している「白人性研究」を日本で初めて本格的に紹介。差別の根源「白人」を人類学者が未開の民族を見るように研究の俎上に載せ，社会的・歴史的な存在である事を解明する多分野17人が協力

W. フライシャー／内山秀夫訳
74 **太平洋戦争にいたる道**
あるアメリカ人記者の見た日本
2006 349-1 四六上製 273頁 ￥2800
昭和初・中期の日本が世界の動乱に巻込まれていくさまを，アメリカ人記者の眼で冷静に見つめる。世界の動きを背景に，日本政府の情勢分析の幼稚とテロリズムを描いて，小社既刊『敵国日本』と対をなす必読日本論

白井洋子
75 **ベトナム戦争のアメリカ**
もう一つのアメリカ史
2006 352-1 四六上製 258頁 ￥2500
「インディアン虐殺」の延長線上にベトナム戦争を位置づけ，さらに，ベトナム戦没者記念碑「黒い壁」とそれを訪れる人々の姿の中にアメリカの歴史の新しい可能性を見る。「植民地時代の先住民研究」専門の著者だからこその視点

L. カッソン／新海邦治訳
76 **図書館の誕生**
古代オリエントからローマへ
2007 ＊356-1 四六上製 222頁 ￥2300
古代の図書館についての最初の包括的研究。紀元前３千年紀の古代オリエントの図書館の誕生から，図書館史の流れを根本的に変えた初期ビザンツ時代まで。碑文，遺跡の中の図書館の遺構，墓碑銘など多様な資料は語る

英国王立国際問題研究所／坂井達朗訳
77 **敗北しつつある大日本帝国**
日本敗戦７ヵ月前の英国王立研究所報告
2007 ＊361-5 四六上製 253頁 ￥2700
対日戦略の一環として準備された日本分析。極東の後進国日本が世界経済・政治の中に進出，ファシズムの波にのって戦争を遂行する様を冷静に判断。日本文化社会の理解は，戦中にも拘わらず的確で大英帝国の底力を見る

史学会編
78 **歴史の風**
2007 ＊369-1 四六上製 295頁 ￥2800
『史学雑誌』連載の歴史研究者によるエッセー「コラム 歴史の風」を１巻に編集。1996年の第１回「歴史学雑誌に未来から風が吹く」（樺山紘一）から昨2006年末の「日本の歴史学はどこに向かうのか」（三谷 博）まで11年間55篇を収載

青木 健→99巻『新ゾロアスター教史』
79 **ゾロアスター教史**［絶版］
古代アーリア・中世ペルシア・現代インド
2008 ＊374-5 四六上製 308頁 ￥2800
本邦初の書下ろし。謎の多い古代アーリア人の宗教，サーサーン朝国教としての全盛期，ムスリム支配後のインドで復活，現代まで。世界諸宗教への影響，ペルシア語文献の解読，ソグドや中国の最新研究成果が注目される

城戸 毅
80 **百 年 戦 争**
中世末期の英仏関係
2010 ＊379-0 四六上製 373頁 ￥3000
今まで我が国にまとまった研究もなく，欧米における理解からずれていたこのテーマ。英仏関係及びフランスの領邦君主諸侯間の関係を通して，戦争の前史から結末までを描いた，本邦初の本格的百年戦争の全体像

R. オズボン／佐藤 昇訳
81 **ギリシアの古代**
歴史はどのように創られるか？
2011 ＊396-7 四六上製 261頁 ￥2800
最新の研究成果から古代ギリシア史研究の重要トピックに新しい光を当て，歴史学的な思考の方法，「歴史の創り方」を入門的に，そして刺戟的に紹介する。まずは「おなじみ」のスポーツ競技，円盤投げの一場面への疑問から始める

82	藤川隆男 **人種差別の世界史** 白人性とは何か？ 2011 ＊398-1 四六上製 274頁 ￥2300	差別と平等が同居する近代世界の特徴を，身近な問題（ファッション他）を取り上げながら，前近代との比較を通じて検討。人種主義と啓蒙主義の問題，白人性とジェンダーや階級の問題などを，世界史的な枠組で解明かす
83	Ch. ビュヒ／片山淳子訳 **もう一つのスイス史** 独語圏・仏語圏の間の深い溝 2012 ＊395-0 四六上製 246頁 ￥2500	スイスは，なぜそしていかに，多民族国家・多言語国家・多文化国家になったのか，そのため生じた問題にいかに対処してきたか等々。独仏両言語圏の間の隔たりから語る，今までに無い「いわば言語から覗くスイスの歴史」
84	坂井榮八郎 **ドイツの歴史百話** 2012 ＊407-0 四六上製 330頁 ￥3000	「ドイツ史の語り部」を自任する著者が，半世紀を超える歴史家人生で出会った人，出会った事，出会った本，そして様ざまな歴史のエピソードなどを，百のエッセイに紡いで時代順に語ったユニークなドイツ史
85	田中圭一 **良寛の実像** 歴史家からのメッセージ 2013 ＊411-7 四六上製 239頁 ￥2400	捏造された「家譜」・「自筆過去帳」や無責任な小説や教訓の類いが，いかに良寛像を過らせたか！　良寛を愛し，良寛の眞実を求め，人間良寛の苦悩を追って，その実像に到達した，唯一，歴史としての良寛伝が本書である
86	A. ジョティシュキー／森田安一訳 **十字軍の歴史** 2013 ＊388-2 四六上製 480頁 ￥3800	カトリック対ギリシア東方正教対イスラームの抗争という，従来の東方十字軍の視点だけではなく，レコンキスタ・アルビショワ十字軍・ヴェンデ十字軍なども叙述，中世社会を壮大な絵巻として描いた十字軍の全体史
87	W. ベーリンガー／長谷川直子訳 **魔女と魔女狩り** 2014 ＊413-1 四六上製 480頁 ￥3500	ヨーロッパ魔女狩りの時代の総合的な概説から，現代の魔女狩りに関する最新の情報まで，初めての魔女の世界史。魔女狩りの歴史の考察から現代世界を照射する問題提起が鋭い。110頁を超える索引・文献・年表も好評
88	J.＝C. シュミット／小池寿子訳 **中世の聖なるイメージと身体** キリスト教における信仰と実践 2015 ＊380-6 四六上製 430頁 ￥3800	中世キリスト教文明の中心テーマ！　目に見えない「神性」にどのように「身体」が与えられたか，豊富な具体例で解き明かす。民衆の心性を見つめて歴史人類学という新しい地平を開拓したシュミットの，更なる到達点
89	W. D. エアハート／白井洋子訳 **ある反戦ベトナム帰還兵の回想** 2015 ＊420-9 四六上製 480頁 ￥3500	詩人で元米国海兵隊員の著者が，ベトナム戦争の従軍体験と，帰還後に反戦平和を訴える闘士となるまでを綴った自伝的回想の記録三部作第二作目 *Passing Time* の全訳。「小説ではないがそのようにも読める」(著者まえがき)
90	岩崎 賢 **アステカ王国の生贄の祭祀** 血・花・笑・戦 2015 ＊423-0 四六上製 202頁 ￥2200	古代メキシコに偉大な文明を打ち立てたアステカ人の宗教的伝統の中心＝生贄の祭りのリアリティに，古代語文献，考古学・人類学史料及び厳選した図像史料を駆使して肉迫する。本邦ではほとんど他に例のない大胆な挑戦

藤川隆男

91 **妖獣バニヤップの歴史**

オーストラリア先住民と白人侵略者のあいだで

2016 ＊431-5 四六上製 300頁＋カラー口絵８頁 ￥2300

バニヤップはオーストラリア先住民に伝わる水陸両生の幻の生き物。イギリスの侵略が進むなか，白人入植者の民話としても取り入れられ，著名な童話のキャラクターとなる。この動物の記録を通して語るオーストラリア史

ジョー・グルディ＆D.アーミテイジ／平田雅博・細川道久訳

92 **これが歴史だ！**

21世紀の歴史学宣言

2017 ＊429-2 四六上製 250頁 ￥2500

気候変動を始め現代の難問を長期的に捉えるのが歴史家本来の仕事。短期の視点が台頭する今，長期の視点の重要性の再認識を主張。歴史学研究の流れから，膨大な史料データ対応の最新デジタル歴史学の成果までを本書に

杉山博久

93 **直良信夫の世界**

20世紀最後の博物学者

2016 ＊430-8 四六上製 300頁 ￥2500

考古学，古人類学，古生物学，現生動物学，先史地理学，古代農業……。最後の博物学者と評されたその研究領域を可能な限り辿り，没後30年に顕彰。「明石原人」に関わる諸見解も紹介し，今後の再評価が期待される

永田陽一

94 **日系人戦時収容所のベースボール**

ハーブ栗間の輝いた日々

2018 ＊439-1 四六上製 210頁 ￥2000

「やる者も見る者もベースボールが本気だった」カリフォルニアから強制立ち退きでアメリカ南部の収容所に送られた若者たち。屈辱の鉄条網のなかで生き延びるための野球に熱中，数千の観衆を前に強豪チームを迎え撃つ

三佐川亮宏

95 **紀元千年の皇帝**

オットー三世とその時代

2018 ＊437-7 四六上製 430頁＋カラー口絵２頁 ￥3700

その並外れた教養と知性の故に，「世界の奇跡」と呼ばれた若き皇帝。彼の孤高にして大胆な冒険に満ちた儚い生涯と，「紀元千年」の終末論の高揚する中世ローマ帝国の世界に，今日のヨーロッパ統合の原点を探る旅

山﨑耕一

96 **フランス革命**

「共和国」の誕生

2018 ＊443-8 四六上製 370頁 ￥3000

「革命前夜のフランスの状況」から説かれる本書。１冊で，「革命」とは何か，複雑なフランス革命の諸々の動きと人々の生き方，共和国の成立からナポレオンの登場，帝政の開始までの，すべてを理解できる革命史が完成

ヒュー・ボーデン／佐藤昇訳

97 **アレクサンドロス大王**

2019 ＊442-1 四六上製 234頁 ￥2300

歴史の中に浮び上る真の姿。「西アジアで発見の重要文書から，アレクサンドロスは基本的に「西洋的な人物」であると考えなくなる」と，著者。最新の研究成果を踏まえ旧来のアレクサンドロス像に異議を唱えた入門書

トーマス・W.アルフォード／中田佳昭・村田信行訳

98 **インディアンの「文明化」**

ショーニー族の物語

2018 ＊438-4 四六上製 300頁 ￥3000

小さな部族のエリートが「白人的価値」と「インディアンの価値」の中で苦悩し翻弄されながら，両者の懸け橋を目指して懸命に生きた姿。アメリカ白人社会への強制的同化を受け入れ生き残る ⇒ 現代社会への問いかけ？

青木 健

99 **新ゾロアスター教史**

古代中央アジアのアーリア人・中世ペルシアの神聖帝国・現代インドの神官財閥

2019 ＊450-6 四六上製 370頁 ￥3000

10年前の本邦初の書下ろし（本全書79巻）が既に品切れて，全面改稿！ 最新の研究成果と巻末に詳細な日本におけるゾロアスター教研究の現状を記録。旧版の良さを生かしながら，本来の諸言語の音を取り入れる

〈歴史・民族・文明〉

刀水歴史全書　99

新ゾロアスター教史
—古代中央アジアのアーリア人・中世ペルシアの神聖帝国・
現代インドの神官財閥

2019年3月28日　初版1刷発行
2020年5月24日　初版2刷発行

著　者　青木　健

発行者　中村文江

発行所　株式会社　刀水書房
〒101-0065　東京都千代田区西神田2-4-1　東方学会本館
TEL 03-3261-6190　FAX 03-3261-2234　振替 00110-9-75805
印刷　亜細亜印刷株式会社
製本　株式会社ブロケード

ISBN978-4-88708-450-6　C1322

《著者紹介》

青木　健（あおき　たけし）

1972年新潟県生まれ。東京大学文学部卒。東京大学大学院人文社会系研究科博士課程修了。博士（文学）。現在，静岡文化芸術大学・文化芸術研究センター教授。

著書として，『ゾロアスター教の興亡』（刀水書房 2007年），『ゾロアスター教』（講談社選書メチエ 2008年），『ゾロアスター教史』（刀水書房 2008年），『アーリア人』（講談社選書メチエ 2009年），『マニ教』（講談社選書メチエ 2010年），『古代オリエントの宗教』（講談社現代新書 2012年），『ゾロアスター教ズルヴァーン主義研究』（刀水書房 2012年），*The Wiley Blackwell Companion to Zoroastrianism*（共著，オックスフォード 2015年）など

索　引

人名索引

あ　行

か 行

さ　行

た・な行

は　行

ま　行

や・ら・わ行

地名索引

あ 行

か　行

な　行

は　行

ま・や・ら・わ行

事項索引

あ　行

か　行

た　行

な　行

は　行

ま　行

や・ら・わ行

付録1　ゾロアスター教関連年表

年表1　紀元前3000年代～紀元後14世紀（第1章から第4章まで）

年　代	イラン高原以西 （メソポタミア，シリア，ギリシア，エジプトなど）	イラン高原	イラン高原以東 （中央アジア，インド亜大陸，中国など）
前3300	メソポタミア平原南部で，民族系統不明のシュメール人が都市国家を建設。メソポタミア文明の始まり		
2500			中央アジアではアーリア人がイラン高原・インド亜大陸へ大移動を開始。同じ頃，インド亜大陸では民族系統不明のインダス文明が栄える
2350	メソポタミア平原北部からセム民族のアッカド人が台頭し，アッカド王国を形成		
1700頃	セム民族のバビロニア王国がメソポタミア平原を統一。ハンムラビ王時代に全盛期		中央アジア（タジキスタン東部か？）でザラスシュトラ・スピターマがゾロアスター教を開教
1500頃			インド亜大陸でインダス文明が滅ぶ。同時期に，アーリア人の一派がインド亜大陸に定住
12～9世紀	この頃，メソポタミア平原北部から，セム民族系のアッシリア帝国が台頭	イラン高原西南部のフーゼスターンで，民族系統不明のエラム人が全盛期	
9世紀		アーリア人のメディア人がイラン高原西北部に，ペルシア人がイラン高原西南部に定住	

年　代	イラン高原以西（メソポタミア，シリア，ギリシア，エジプトなど）	イラン高原	イラン高原以東（中央アジア，インド亜大陸，中国など）
前8世紀	アッシリア帝国の全盛時代。アッシリア語碑文に「アフラ・マズダー」のメディア語名称が出現	メディア人がアッシリア帝国の傘下で自治領形成。ペルシア人はさらにその傘下に入る	
609	アッシリア帝国が滅亡。メソポタミア平原にはセム民族のカルデア王国が成立。小アジアにはリュディア王国が成立	イラン高原西北部にメディア王国が成立。マゴス神官団の宗教が栄える	
597	カルデア王国でネブカドネザル2世によるバビロン捕囚が発生		
560			この頃，インド亜大陸でガウタマ・シッダールタが誕生。仏教を説く
559		イラン高原西南部でクールシュ2世がペルシア王国の独立を宣言。首都はパサルガダエ	
550	この頃，リュディアのクサントスが，西方人として最初にザラスシュトラに言及	クールシュ2世がメディア王国を滅ぼしてペルシア王国に併合。イラン高原を統一	
546	クールシュ2世がリュディア王国を滅ぼす		
539	クールシュ2世がカルデア王国を滅ぼす。ユダヤ人のバビロン解放。アーリア人の宗教がユダヤ教に大きな影響を及ぼす		
530			クールシュ2世，中央アジアでサカ族との戦闘で戦死
525	第2代皇帝カンブージ		

年　代	イラン高原以西（メソポタミア，シリア，ギリシア，エジプトなど）	イラン高原	イラン高原以東（中央アジア，インド亜大陸，中国など）
	ヤ2世がエジプトを征服。ペルシア帝国による古代オリエント統一が完成		
前522	カンブージヤ2世がシリアで自殺（？）	皇弟バルディヤが即位。親衛隊員だったダーラヤワウシュ1世がこれに対立	
514		ダーラヤワウシュ1世が反対者を鎮圧して第3代皇帝に即位。首都はスーシャー。儀礼用の都はペルセポリス。ビーソトゥーン碑文でアウラマズダーを崇拝	
		この頃，ペルセポリスでは，マゴス神官団が王室のために多様な宗教儀式を司る	この頃，中央アジアでゾロアスター教聖呪のソグド語版が成立
404～359		第8代皇帝アルタクシャサ2世が，碑文でアウラマズダー，ミスラ，アナーヒターを崇拝	
334	アレクサンドロス大王がマケドニア軍を率いて小アジアから出撃		
331		ガウガメラ会戦で第11代皇帝ダーラヤワウシュ3世がアレクサンドロス大王に惨敗	ダーラヤワウシュ3世が中央アジアのバクトリアで暗殺され，ハカーマニシュ王朝ペルシア帝国が滅亡
323	アレクサンドロス大王がバビロンで死去		
312	シリアからメソポタミア平原ではセレウコス王朝シリアが成立	セレウコス王朝の宗主権下で多数の外様藩王国が割拠	

年　代	イラン高原以西（メソポタミア，シリア，ギリシア，エジプトなど）	イラン高原	イラン高原以東（中央アジア，インド亜大陸，中国など）
前250			バクトリアでギリシア人勢力が独立してグレコ・バクトリア王国を建国
247		イラン高原東北部でパルティア人がアルシャク王朝を建国	
189	アルメニア高原では，アルタクシアス王朝アルメニア王国が成立。セレウコス王朝シリアの支配から脱する		
171～141		アルシャク王朝の第5代大王ミフルダート1世がイラン高原北部を制圧	ミフルダート1世がグレコ・バクトリア王国の西半分を撃破
141	ミフルダート1世がメソポタミア平原を制圧。アルシャク王朝が世界帝国に成長。首都はテースィフォーン	アルシャク王朝の宗主権下で多数の外様藩王国が割拠 この頃，ペルシア州のペルシス地方王朝が，独自の「シャー」の称号をとる	
138～123		イラン高原東南部にサカ族が住みつき，サカ族王国，パフラヴァ王国が成立	アルシャク王朝の第6代大王フラハート2世と第7代大王アルタバーン1世がサカ族を迎撃して戦死
123～88		第8代大王ミフルダート2世の下でアルシャク王朝が全盛期を迎える。この頃，漢武帝の使者張騫の副使が訪れる	この頃，インド亜大陸に縮小したグレコ・バクトリア王国のメナンドロス王と仏教の長老ナーガセーナの間で問答
90	この頃，小アジアでミスラ教が形成され，ローマで流行		中央アジアのニサーでゾロアスター教カレンダー利用
53	共和政ローマのクラッススが，カッラエで		

年　代	イラン高原以西 (メソポタミア, シリア, ギリシア, エジプトなど)	イラン高原	イラン高原以東 (中央アジア, インド亜大陸,中国など)
	スーレーン将軍率いるサカ族騎兵隊と戦って戦死		
前36		アントニウスがエジプトからイラン高原西北部のプラアスパに侵攻。しかし, 補給が続かず撤退	
紀元前後	イエスがナザレで誕生	イラン高原東南部スィースターンでパフラヴァ王国のゴンドファルネス王の治世。救い主の生誕を予言したと伝わる。のち, 使徒トマスが宣教に向かったとされる	サカ族は, イラン高原東南部からそのままインド亜大陸西部に侵入
後40頃			イラン高原東部からインド亜大陸に大月氏系クシャーナ王朝が成立
66	アルシャク王朝パルティアの親藩として, アルシャク王朝アルメニア王国が成立。ミスラ信仰が流行	アルシャク王朝アルメニア王国の状況から類推して, ミスラ信仰が流行したと推定される	この頃, イラン高原東南部からミスラ神を祀る集団がインド亜大陸西部に移住し,「マガ・バラモン」の祖となる
			この頃, 中央アジアのメルヴにギャウル・カラ仏教僧院が成立。仏教遺跡の最西端となる
114	ローマ帝国のトラヤヌス帝がアルメニア王国を併合し, テースィフォーンを占領		
147			パルティア人の安世高が仏典を中国にもたらし, 初めて漢訳する
		この頃, イラン高原東部にも仏教が進出した	この頃, クシャーナ王朝の第4代王カニシカ

年　代	イラン高原以西 (メソポタミア, シリア, ギリシア, エジプトなど)	イラン高原	イラン高原以東 (中央アジア, インド亜大陸, 中国など)
		と考えられているが, 具体的な資料を欠く	の主導で, 第４回仏典結集が行われ, 大乗仏教発展の契機となった。この際, イラン高原のアーリア人の宗教が影響した可能性がある
207～224	アルシャク王朝で大規模な内乱発生。この頃, バビロン近郊でマーニー・ハイイェー誕生	ペルシア州でサーサーン家が独立。首都スタフル。のちにアルダフシール・ファッラフ	
224	アルダフシール１世がテースィフォーンに入城し, サーサーン王朝ペルシア帝国（自称エーラーン・シャフル＝アーリア人の帝国）が成立。首都をテースィフォーンに移転	アルダフシール１世がアルシャク王朝のアルタバーン４世をオフルマズダガーン会戦で撃破。アルシャク王朝が滅亡	
224～241	この頃, メソポタミア平原からイラン高原西部でズルヴァーン主義が流行。マーニーはエルカサイ派を離脱し, インド亜大陸で修行	大神官トーサルがイラン高原全土にペルシア的なゾロアスター教を布教	マーニーが現在のカラーチー周辺に上陸し, ２年間滞在
242	メソポタミアに帰還したマーニーが第２代皇帝シャーブフル１世に謁見。マーニー文字を用いて『シャーブフラガーン』を執筆し, 献呈		
244	シャーブフル１世がアンバール会戦でローマ皇帝ゴルディアヌス３世を撃破	マーニーの東方伝道が始まる	マーニーの直弟子マール・アンモーがイラン高原東北部から中央アジアでマーニー教を布教
256	シャーブフル１世がバルバリッスス会戦でローマ皇帝ヴァレリア		

年　代	イラン高原以西 (メソポタミア, シリア, ギリシア, エジプトなど)	イラン高原	イラン高原以東 (中央アジア, インド亜大陸,中国など)
	ヌスを撃破		
260	シャーブフル1世がエデッサ会戦でローマ皇帝ヴァレリアヌスを撃破。エデッサがサーサーン王朝領となり, 東方キリスト教教会のサーサーン王朝内への進出が本格化		
			この頃, シャーブフル1世がクシャーナ王朝を征服
274 (または277)		マーニーがゾロアスター教神官キルデールとの抗争に敗れて処刑される	
291		マーニーの後継者スィースィンも処刑。キルデールがペルシア的なゾロアスター教をエーラーン・シャフル全土に布教	
293		第7代皇帝ナルセフがパイクリに碑文造営。キルデールへの最後の言及	
301	アルシャク王朝アルメニア王国がキリスト教を国教とする。史上初めてのキリスト教国家		
302～309			クシャーナ王朝がサーサーン王朝に併合され, 王族領クシャーノ・サーサーン王朝が成立
	この頃, セレウキア・クテスィフォンにキリスト教教会府主教座が	この頃, 大神官アードゥルバード・イー・マフラスパンダーン	

<table>
<tr><th>年　代</th><th>イラン高原以西
(メソポタミア, シリア, ギリシア, エジプトなど)</th><th>イラン高原</th><th>イラン高原以東
(中央アジア, インド亜大陸,中国など)</th></tr>
<tr><td></td><td>設けられる。また，キリスト教パフラヴィー文字を用いて聖書のパフラヴィー語訳を作成</td><td>が，ゾロアスター教神官組織の整備に尽力し，口承「アベスターグ」の結集，教義の確立に手腕を振るう</td><td></td></tr>
<tr><td>312頃</td><td></td><td></td><td>この頃，ソグド語の最古の手紙（敦煌出土）が作成される。ソグド人がイラン高原〜中国を結ぶ国際商人として台頭</td></tr>
<tr><td>339〜379</td><td colspan="2">第9代皇帝シャーブフル2世と大神官アードゥルバード・イー・マフラスパンダーンの主導で第1次キリスト教徒迫害</td><td></td></tr>
<tr><td>395</td><td>ローマ帝国が東西に分裂し，ビザンティン帝国が成立</td><td></td><td></td></tr>
<tr><td>409</td><td colspan="2">第13代皇帝ヤザドギルド1世がビザンティン帝国と平和条約を調印し，第1次キリスト教徒迫害を中止</td><td></td></tr>
<tr><td></td><td>この頃，サーサーン王朝領内でのキリスト教6大教会が成立し，急速に東方キリスト教の教会組織が確立</td><td>この頃，口承「アベスターグ」の注釈者としてメードヨーマーフ，アバラグ，ソーシャーンスの3人が出現し，ゾロアスター教三大注釈学派が成立</td><td></td></tr>
<tr><td>420〜484頃</td><td colspan="2">第14代皇帝ヴァフラーム5世と大宰相ミフル・ナルセフの主導によって第2次キリスト教徒迫害</td><td></td></tr>
<tr><td></td><td>この頃，セレウキア・クテスィフォンの府主教が正統派から単性論派（西方シリア教会）へと交代</td><td>この頃，皇帝がペルシア州スタフルで戴冠式を挙げる習慣が失われ，代わりにアゼルバイジャン州ガンザクに参詣するようになる</td><td></td></tr>
<tr><td>484</td><td>バル・サウマの主導で，ネストリウス派</td><td></td><td>第17代皇帝ペーローズがエフタルとの戦いで</td></tr>
</table>

年　代	イラン高原以西(メソポタミア,シリア,ギリシア,エジプトなど)	イラン高原	イラン高原以東(中央アジア,インド亜大陸,中国など)
	(東方シリア教会)がサーサーン王朝領内で公認された唯一のキリスト教の立場を確保。第2次迫害の終息		戦死。サーサーン王朝はエフタルへの朝貢国に転落
		この頃第19代皇帝カヴァード1世は,マズダクを起用して国内改革を図る。マズダク教が流行	この頃,中央アジアはエフタルの支配下に入る。また,ペンジケントでは,ソグド人がゾロアスター教的な壁画を作成
524		第3皇子フスラウの宮廷クーデター。マズダク教徒を大虐殺する	
531		第20代皇帝フスラウ1世が即位し,税制・軍制の改革に成功。アカデメイアから追放されたギリシア人哲学者をフーゼスターン州グンデー・シャーブフルに受けいれる	
			この頃,フスラウ1世が宰相ウズルグ・メフルをインド亜大陸に派遣し,インド科学を受容
540	フスラウ1世がビザンティン帝国とのアンティオキア包囲戦に勝利		
		この頃,アヴェスター文字を開発し,大神官ウェフ・シャーブフルの尽力で欽定『アベスターグ』を編纂。パフラヴィー語文献の執筆もあいつぎ,ゾロアスター教の正統教義が確定	この頃,ソグド人が突厥と同盟してシルクロードを掌握。キャラバン交易が最盛期を迎える。国際基軸通貨としては,サーサーン王朝が発行したペルシア銀貨を使用

年　代	イラン高原以西 (メソポタミア, シリア, ギリシア, エジプトなど)	イラン高原	イラン高原以東 (中央アジア, インド亜大陸, 中国など)
560頃			フスラウ1世が突厥と同盟して，中央アジアの宿敵エフタルを滅ぼす
568			突厥がビザンティン帝国に派遣した使節団の長に，ソグド人マニアクが起用される
570	アラビア半島でムハンマドが誕生		
576	フスラウ1世がイエメンを占領。ペルシア帝国の版図に加える		
579	フスラウ1世がテースィフォーンで死去		
590		ミフラーン家のヴァフラーム・チョービーンが叛乱を起こし，第22代皇帝フスラウ2世をビザンティン帝国に追放	
591	フスラウ2世，ビザンティン皇帝マウリキウスの援助でサーサーン王朝皇帝に復位		ヴァフラーム・チョービーン，中央アジアに逃亡後，暗殺される
602	ビザンティン帝国でマウリキウスが暗殺される。フスラウ2世はビザンティン帝国に対して宣戦を布告。以後26年間に及ぶペルシア・ビザンティン戦争の始まり		
	開戦当初はペルシア帝国が優勢で，シャフルバラーズ将軍がエデッサ，ダマスカスを攻略。この頃，アラビアでは，ムハンマドがアッラーの啓示を受けたと主張		この頃から，中国内地に薩宝（サルトポウ）と呼ばれる指導者に率いられたソグド人コロニーが拡大
614	シャフルバラーズ将軍がエルサレムを攻略し，聖十字架を獲得。そのままエジプトに進	あいつぐ勝利に酔いしれたフスラウ2世は，「勝利帝」の称号を取る。国内に多数のゾロ	

年　代	イラン高原以西（メソポタミア，シリア，ギリシア，エジプトなど）	イラン高原	イラン高原以東（中央アジア，インド亜大陸，中国など）
	出して，アレクサンドリアを制圧	アスター教拝火神殿を建設し，多くの神官を任命する	
	この頃，シャーヒーン将軍の軍団がコンスタンティノープル対岸のカルケドンに到達。ビザンティン帝国を滅亡の瀬戸際まで追いつめる	ペルシア帝国は，ハカーマニシュ王朝以来の最大版図を達成。この頃がサーサーン王朝の全盛期であり，ゾロアスター教の栄光の時代だった	この頃，フスラウ2世の使者がデカンの王の元を訪れる。アジャンター石窟に壁画が現存
622	ビザンティン帝国のヘラクレイオス皇帝が教会財産を処分して軍備増強。聖体拝領を終え，イラン高原西部へ向けて出撃		
623		ヘラクレイオス皇帝の反撃が成功して，アードゥル・グシュナスプ聖火の拝火神殿が破壊される	
	この頃，メソポタミア平原でティグリス川が大氾濫を起こす。しかも疫病が蔓延し，サーサーン王朝の戦争遂行能力に大打撃を与える		
628	ビザンティン帝国軍によるテースィフォーン包囲のさなか，フスラウ2世が暗殺される。第23代皇帝カヴァード2世は，きわめて不利な条件でアラビソスの和議を結び，大戦争は終結した		
629	カヴァード2世が在位6か月で病死し，後継者争いでサーサーン王朝は大混乱に陥る		
632	アラビアでムハンマド	4年間の内戦を経て，	

年　代	イラン高原以西（メソポタミア，シリア，ギリシア，エジプトなど）	イラン高原	イラン高原以東（中央アジア，インド亜大陸，中国など）
	が没	ヤザドギルド3世がスタフルで第26代皇帝に即位。サーサーン王朝再建に奔走	
633	アラブ人イスラーム教徒軍がビザンティン帝国領シリアへ侵攻。ビザンティン帝国はヤルムークの戦いで敗北し，シリアを放棄		
637	アラブ人イスラーム教徒軍がメソポタミア平原へ侵攻。サーサーン王朝はカーディスィーヤ会戦で敗北し，首都テースィフォーンを失う		
	アラブ人イスラーム教徒軍はメソポタミア平原に定住し，ここをイラーク平原と改称	ヤザドギルド3世はイラン高原に蒙塵後，メソポタミア反攻を試みるが成功せず	
642	アラブ人イスラーム教徒軍が，イラーク平原からイラン高原へ侵攻		
		サーサーン王朝は，ネハーヴァンド会戦で敗れ，組織的な軍事力を失う	
651			逃亡中のヤザドギルド3世がメルヴで暗殺される。次男のペーローズは長安へ亡命
652		カーレーン家がホラーサーン州で挙兵するがアラブ・イスラーム教徒軍に敗北	
661	イラーク平原のナジャフで，初代イマームのアリー・イブン・ア		唐王朝第3代皇帝高宗が中央アジアの疾陵（所在不明）を占領

年　代	イラン高原以西(メソポタミア, シリア, ギリシア, エジプトなど)	イラン高原	イラン高原以東(中央アジア, インド亜大陸, 中国など)
	ビー・ターリブが暗殺される。ウマイヤ王朝カリフ政権が成立。首都はダマスカス		し，ペーローズを復位させる
677			長安に波斯大寺が建設される
680	イラーク平原のカルバラーで第3代イマームのフサインが惨殺される。イラーク平原のさまざまな思想潮流を吸収して，シーア派イスラームが成立		
709		アラブ人イスラーム教徒軍がイラン高原から中央アジアに侵攻	
712			ソグディアナの中心都市サマルカンドが陥落し，ソグド人もアラブ人イスラーム教徒の支配下に入る
720			ペンジケントのソグド王デーワーシュティーチがムグ山城砦に立て籠もって叛乱を起こす
750	ホラーサーン州で挙兵したアブー・ムスリム将軍がウマイヤ王朝カリフ政権を滅ぼす。アッバース王朝カリフ政権の成立。首都はバグダード		
8世紀後半		イラン高原東北部～中央アジアでアーリア人の軍事叛乱が頻発。アッバース王朝カリフ政権を悩ませる	
9世紀	バグダードのアーリア系知識人の間で，シュウービーヤ運動が勃発。イスラームの枠内で，アーリア人の優越性を主張	ペルシア州でゾロアスター教神官団が復活する。初代指導者は，アードゥル・ファッローバイ・イー・ファッロフザーダーン。同時に，パフラ	

年　代	イラン高原以西 (メソポタミア, シリア, ギリシア, エジプトなど)	イラン高原	イラン高原以東 (中央アジア, インド亜大陸, 中国など)
		ヴィー語での執筆活動も最盛期を迎える	
936			亡命ゾロアスター教徒の一団が，インド西海岸のサンジャーンに上陸。パールスィーの歴史が始まる
941			パールスィーがホラーサーン州に使者を派遣し，アータシュ・バフラーム級聖火を請来
976または978		大地震により，ペルシア州南部のキャラバン・ルートが荒廃。これが最後の一撃となって，ペルシア州のゾロアスター教神官団が滅亡	
994		ホラーサーン州でフェルドゥスィーが近世ペルシア語叙事詩『王書』を完成	
10～11世紀	この頃，イラーク平原のシーア派の勢力がイラン高原北部に拡大		この頃，中央アジアでは遊牧トルコ民族の定住が進み，人口構成が「アーリア人→トルコ人」と大きく変化。ソグディアナ，ホラズム，マルギアナはトルキスタンとなり，中央アジアのアーリア人が消滅
		ライイ，ゴム，カーシャーン，トゥースなどの諸都市がシーア派教学の中心になる	
12世紀			インド亜大陸のカシミールで，ガンダーラ・バラモンが確認される。マガ・バラモンの後裔か？
1310頃	ノルウェーのネドストリン教会で，ペルシア・		

年　代	イラン高原以西(メソポタミア,シリア,ギリシア,エジプトなど)	イラン高原	イラン高原以東(中央アジア,インド亜大陸,中国など)
14世紀	ビザンティン戦争のレリーフが作成される		この頃，インド亜大陸のパールスィーの間で5大管区制度が確立する

年表2　10世紀以降のインド亜大陸（4章・5章）

年代	事　　項
936	ゾロアスター教徒がイラン高原からインド西海岸グジャラート州へ亡命。サンジャーンに上陸する。ヒンドゥー教徒の王ジャーディ・ラーナーに歓迎され，定住を許される。パールスィーの始まり
941	パールスィーがホラーサーン州に使者を派遣して，バフラーム級聖火を請来し，サンジャーンの拝火神殿に安置する この頃，パールスィーはグジャラート州一帯に拡散し，5大管区制度が確立。アラブ人イスラーム教徒の旅行家によると，パールスィーは商人として成功していたとされる
1490	トルコ人イスラーム教徒がグジャラート州へ侵攻。ヒンドゥー教徒・パールスィー連合軍が抵抗するが，惨敗。サンジャーンは陥落し，拝火神殿も焼き払われる グジャラート州には，トルコ人イスラーム教徒の政権が成立。パールスィー社会はしばらく混乱に陥る。バフラーム級聖火は，サンジャーンから救出され，グジャラート州内を転々とする
1556	ムガル帝国の第3代皇帝アクバルが即位。ゾロアスター教に興味をもつ皇帝の誕生である
1573	アクバル皇帝がグジャラート州を征服。ナヴサーリーのゾロアスター教神官メヘルジー・ラーナーがスーラトに駆けつけて謁見する
1579	メヘルジー・ラーナーが，アクバル皇帝から荘園を公認する勅令を交付され，バガリアー神官団の最高指導者と名のる
1580	メヘルジー・ラーナー家の権力は他の4管区にも及び，5大管区の長老会議を主催する世襲権限を獲得。メヘルジー・ラーナー家の本拠ナヴサーリーが，パールスィー文化の中心となる この頃，メヘルジー・ラーナーの再従弟のバフラームが分家し，バフラーム・ターターと名のる。ターター家の始まりである
1600	ナヴサーリーのゾロアスター教神官バフマン・カイ・コバードが近世ペルシア語で『サンジャーン物語』を著す
1605頃	イラン高原のシーラーズで教えを説いていたゾロアスター教徒アーザ

	ル・カイヴァーンが，パンジャーブ州ラーホールに移住（ただし，グジャラート州のパールスィーとは，あまり接触がなかったようである）。インド亜大陸北部でゾロアスター教神秘主義が栄え，多くの近世ペルシア語文献が執筆された
1618	アーザル・カイヴァーンがガンジス川流域のパトナーで死去。ゾロアスター教神秘主義は自然消滅した
1651	アーザル・カイヴァーン学派の文献をもとに，インド亜大陸南部で近世ペルシア語辞書『ボルハーネ・ガーテゥ』が作成される。以後の近世ペルシア語辞書の基礎となる
1660	スーラトのゾロアスター教神官ロスタム・マーネク・セートが，ムガル帝国のスーラト総督と英国商館が対立した際に，英国商館の仲介者としてデリーの宮廷まで赴き，英国商館側に有利な裁定を引きだす この頃，ロスタムのブローカー業によって，セート家が莫大な富を蓄積する
1728	ロスタム・マーネク・セートの息子の1人が，ボンベイ・パールスィー・パンチャーヤト（BPP）を創設。この組織は，5大管区から外れたボンベイ市内のゾロアスター教徒の自治機関として誕生したが，しだいに5大管区制度に代わるパールスィー全体の自治組織に成長する
1736	セート家の親戚のゾロアスター教徒ロウジー・ワーディアーが，イギリス東インド会社のボンベイ・ドックの専属技術者に抜擢される
1750	ロウジー・ワーディアーが，アジア初の乾ドック式の造船所建設を完成させる この頃，ワーディアー家のボンベイ・ドックが大英帝国海軍の艦艇の数割を請け負い，ワーディアー家は造船財閥化してゆく
1799	ナヴサーリーのゾロアスター教神官ジャムセートジー・ジージーボーイが，カルカッタでアヘン貿易に従事する。慈善家として名高いジージーボーイ財閥の成立 この頃の清朝広東総督の文書では，アヘン商人の過半数がパールスィーと確認される。以後，多くのパールスィーがアヘン貿易に従事して巨万の富を築く
1855	ボンベイ市内の不動産の半数はパールスィーの所有とされ，ボンベイが新たな「ゾロアスター教徒の都」となる
1858	ナヴサーリーのゾロアスター教神官ジャムセートジー・ターターが，ボンベイで父の商売に参加。のちのターター財閥の始まり
1868	ジャムセートジーがターター電力を創設
1893	ジャムセートジーが中国貿易に参入。同時期に来日して，ボンベイ・大阪航路を開設
1903	ジャムセートジーが，タージマハル・ホテルを開業してホテル業に参入。また，インド東部の鉱山街を丸ごと買い取って「ジャムシェード・プール市」と改名し，鉄鋼業にも乗りだす

1904	ジャムセートジーがドイツで死去。長男のドーラーブジーがターター財閥第２代総帥に就任 この頃，ドーラーブジーは，ターター家の鉄鋼工場を３つに，電力会社を３つにそれぞれ拡大。さらに，保険会社を１つ，インド科学研究所を１つ，セメント会社を１つ，石油会社を１つ，印刷会社を１つ創設する ターター一族のラータンが，従弟のドーラーブジーと仲違いしてパリに移住。フランス人女性との間にジェハーンギールを儲ける
1917～18	ジェハーンギール，日本に移住し，横浜のキリスト教学校へ通う
1926	ラータンが死去すると，ジェハーンギールはターター・スチールに就職。後継者不足のターター家のホープとして将来を嘱望される
1932	ドーラーブジーがドイツで死去。初代の妹の息子であるナオロージー・サクラトワーラーが，臨時にターター財閥第３代総帥に就任
1935	ナオロージー・サクラトワーラーが死去。ジェハーンギールが，34歳でターター財閥第４代総帥に就任 ジェハーンギールは，英領インドの分離独立前後の政治的危機の時代を，ネルーと良好な関係を築きつつ，インド国民会議派を財政支援して無事に乗りきる。そのうえで，新たに航空産業から重化学工業，銀行業から絵画取引まで手を広げて，1939年のターター財閥の保有資産を，1990年には約160倍に拡大する
1980	世界のゾロアスター教徒の結束を維持するために，ロンドンで「国際ゾロアスター教徒機構（WZO）」が発足
1987	北米のゾロアスター教徒の結束を維持するために，イリノイ州で「北米ゾロアスター教徒協会連盟（FEZANA）」が発足
1991	ジェハーンギールが引退し，彼の再従弟の息子ラータンが，ターター財閥第５代総帥に就任。パールスィー出身の音楽家フレディ・マーキュリーが死去。この頃から，インド政府は改革開放政策をとり，ターター財閥も国際化してゆく
2004	ラータンが，韓国大宇（テウ）グループのトラック部門を買収。また，ボンベイ株式市場にターター・コンサルタンシー・サーヴィス（TCS）を上場
2007	ラータンが，英国・オランダの鉄鋼会社コーラス・グループを傘下におさめる

付録2　アーリア語（イラン語）名称対応表

人名――――

アヴェスター語	古代ペルシア語	パフラヴィー語(中世ペルシア語)(Pr＝パルティア語)	近世ペルシア語	その他(G＝ギリシア語,Ar＝アラビア語)
ザラスシュトラ・スピターマ		ザルドシュト・イー・スピターマーン	ザルドシュテ・スフィターマ	ゾロアスター(英)，ツァラトゥストラ(独)
カウィ・ウィーシュタースパ	ウィシュタースパ	カイ・ウィシュタースプ	カイ・ゴシュタースプ	ヒュスタスペス(G)
ジャーマースパ		ジャーマースプ	ジャーマースプ	
スプントー・ザータ		スパンディヤール	エスファンディヤール	
サオシュヤント		ソーシャーンス		
	クールシュ			キュロス(G)
	カンブージヤ			カンビュセス(G)
	ハカーマニシュ			アケメネス(G)
	ダーラヤワウシュ	ダーラーイ	ダーラー	ダレイオス(G)
	クシャヤールシャン			クセルクセス(G)
	アルタクシャサ	アルダフシール	アルダシール	アルタクセルクセス(G)
		ミフルダート(Pr)		ミトラダテス(G)
		フラハート(Pr)		フラアテス(G)
		ワラガシュ(Pr)		ヴォロゲセス(G)
		アルタバーン(Pr)		アルタバヌス(G)
		パーバグ	バーバク	バーバク(Ar)
		シャーブフル	シャープール	サーブール(Ar)
		トーサル	タンサル	
		クールビークース(?)		マーニー・ハイイェー(シリア語)

アヴェスター語	古代ペルシア語	パフラヴィー語(中世ペルシア語)(Pr＝パルティア語)	近世ペルシア語	その他(G=ギリシア語,Ar=アラビア語)
		キルデール	カルティール	
ウルスラグナ		ヴァフラーム	バフラーム	
		ヤザドギルド	ヤズデギルド	
		ペーローズ	フィールーズ	
		カヴァード	ゴバード	クバード(Ar)
ハオスラヴァ		フスラウ	ホスロウ	フスラウ(Ar)
		ロータスタフム	ロスタム	
イマ・クシャエータ		ジャムシード	ジャムシード	ジャムセート(グジャラート語)

地名————

アヴェスター語	古代ペルシア語	パフラヴィー語	近世ペルシア語	その他
アルヤナ・ワエージャフ		エーラーン・ウェーズ／エーラーン・シャフル	イーラーン・シャフル／イーラーン・ザミーン	
		サカスターナ／サギスターン	スィースターン	ドランギアナ(G)，スィジスターン(Ar)
	パールサ	パールス	ファールス	ペルシア(英)
	マーダ		マード	メディア(英)
		ガンザク	タフテ・ソレイマーン	シーズ(Ar)
		アードゥル・バーダガーン	アーザル・バーイジャーン	アトロパテネ(G)
		テースィフォーン		クテスィフォン(G)
		スタフル	エスタフル	イスタフル(Ar)
		スパハーン	エスファハーン	イスファハーン(Ar)
		アルダフシール・ファッラフ／ゴール	アルダシール・ファッラ／ジュール	フィールーザーバード(Ar)

アヴェスター語	古代ペルシア語	パフラヴィー語	近世ペルシア語	その他
		バイ・シャーブフル／ウェフ・シャーブフル	ビーシャープール	サーブール(Ar)
		ウェフ・アンティオーク・シャーブフル／グンデー・シャーブフル	ジュンディー・シャープール	ベート・ラパト(シリア語)

その他の固有名詞――――

アヴェスター語	古代ペルシア語	パフラヴィー語	近世ペルシア語	その他
アフラ・マズダー(最高神)	アウラマズダー	オフルマズド	ホルモズ	
ミスラ(太陽神)		ミフル	メフル	
ヤザタ(下位の神格一般)		ヤザド	ヤズド	
		アベスターグ(聖典)	アヴェスター	
ダエーナー(教え)		デーン	ディーン	ディーン(Ar)
アエースラパティ(原始教団の神官階級)		ヘールベド	ヒールバド	
		モグ，モーベド(マゴス神官団の神官階級)	ムーバド	マゴス(G)，マジュース(Ar)
	クシャーヤシヤ・クシャーヤシヤーナーム(ペルシア皇帝)	シャーハーン・シャー	シャーハン・シャー	バシレウス・バシレオン(G)
	クシャスラパーヴァン(ペルシア帝国の総督)	シャフラブ		サトラップ(G)

付録3　本書に登場するイラン高原〜中央アジアで活躍したアーリア人

名　称	歴　史	言　語
ハエーチャスパ族	前17〜12世紀にタジキスタン東部にいた小部族。ザラスシュトラの出身母体だが，やがて消滅	古代東方イラン語の一種，通称アヴェスター語（6世紀にペルシア地域で文字化）
トゥーラーン人	前17〜12世紀にタジキスタン東部にいた小部族。ザラスシュトラに敵対した。ミスラ信仰の民か？	たぶんアヴェスター語に類似の古代東方イラン語。記録に残っていない
ナオタラ族	前17〜12世紀にタジキスタン東部にいた小部族。カウィ・ウィーシュタースパ王がザラスシュトラを保護。原始教団の母体となるが，やがて消滅	たぶんアヴェスター語に類似の古代東方イラン語。記録に残っていない
ヒヨーン人	前17〜12世紀にタジキスタン東部にいた小部族。族長のアルジャトアスパ王がナオタラ族に敵対した	たぶんアヴェスター語に類似の古代東方イラン語。記録に残っていない
メディア人	前9世紀にイラン高原西部に到達。前7世紀にメディア王国を建国。マゴス神官団が知識階級で，特異な風習をもつ。中世には消滅	メディア語（ギリシア語文献やアッシリア碑文への引用などで間接的に伝わる）
ペルシア人	前9世紀にイラン高原西部に到達。前6世紀にハカーマニシュ王朝を建国。後3世紀にサーサーン王朝を建国し，本来はイラン高原東部の宗教だったゾロアスター教を国教に採用した	古代ペルシア語（少数の碑文のみ），パフラヴィー語（ゾロアスター教文献が主で，中世イラン語では最大規模の資料がある），近世ペルシア語（東方イスラーム世界の共通語として生き残る）
サカ族	前6世紀までには中央アジアで遊牧生活を開始し，前2世紀にスィースターン〜インド西部に移動して定住。イラン高原でパフラヴァ王国，インド亜大陸でインド・サカ諸王国を建国。仏陀を生んだ釈迦族と関係あるか？	サカ語

名　称	歴　史	言　語
パルティア人	上記のサカ族の一派で，中央アジアで遊牧生活をしていたが，前3世紀にイラン高原北部沿いに移動。メソポタミア平原まで進出して，アルシャク王朝を建国した。ミスラ信仰が盛ん。マーニー・ハイイェーの出身母体	パルティア語（碑文やマーニー教資料など）
ホータン・サカ人	上記のサカ族の一部がさらに移動を続けて，西域のホータンで定住。仏教信仰に転じた。10世紀以降，トルコ民族と混じって消滅	ホータン・サカ語（中世イラン語としては，パフラヴィー語と並んで最大規模。多くは仏教関係）
バクトリア人	イラン高原東部のバクトリアに定住。前3世紀にギリシア人の支配を受けてグレコ・バクトリア王国に参加。後1世紀からはクシャーナ王朝の支配下に入る。ギリシア文字を用いてアーリア系言語を表記した唯一の人々	バクトリア語（近年，クシャーノ・サーサーン王朝時代の世俗文書が大量に発見された）
ソグド人	中央アジアのソグディアナに定住。のちに商業民族として広範囲に活動し，キャラヴァンを組んで西域から華北まで進出した。ゾロアスター教，マーニー教，仏教，東方シリア教会を信仰。10世紀に中央アジアの支配者がアーリア系民族からトルコ系民族に交代するにつれて消滅	ソグド語（10世紀までは中央アジアの共通語として用いられた。パミール山中に残るヤグノービー語が遠い後継言語とされる）

＊上記の各民族の規模はかなり異なる。ハエーチャスパ族からヒヨーン人までは，『アベスターグ』に現れる部族で，原始教団の近辺で活動していた局地的な小集団である。これに対して，メディア人からソグド人までは，イラン系アーリア人の中の方言差によって区別される大集団である

＊　　　は，ゾロアスター教関係の文献が書き記された言語。ただし，ソグド語は断片にとどまる

参考文献表

欧文及び近世ペルシア語

Abbās, I 1967: *'Ahd Ardashīr*, Dār Sādir.

Alram, Michael and Rika Gyselen 2003: *Sylloge Nummorum Sasanidarum, Band I: Ardashir I - Shapur I*, Wien: Verlag der Österreichischen Akademie der Wissenschaften.

Álvarez-Mon, Javier and Mark B. Garrison (eds) 2011: *Elam and Persia*, Eisenbrauns.

Amighi, Janet Kestenberg 1990: *The Zoroastrians of Iran: Conversion, Assimulation or Persistence*, New York.

Aoki, Takeshi 2009: "A History of Zoroastrians in Modern Japan," *Hamazor*, 2009: 1, pp. 19–21.

Babayan, Kathryn 2002: *Mystics, Monarchs, and Messiahs: Cultural Landscapes of Early Modern Iran*, Harvard University Press.

Bader, Anton 1996: "Parthian Ostraca from Nisa: some Historical Data," *La Persia e l'Asia Centraleda Alessandro al X secolo. Atti del Convegno internazionale*, Rome, pp. 251–276.

Bartholomae, Christian 1904: *Altiranishes Wörterbuch*, Strassburg.

Baum, Wilhelm 2009: *Shirin: Christian - Queen - Myth of Love*, Piscataway.

Benveniste, Émile 1929: *The Persian Religion, according to the Chief Greek Texts*, Paris.

Berger, Dietrich und Johannes Nollé 2000: *Die Inschriften von Tyana: Archäologisch - historische Untersuchuchungen zum südwestlichen Kappadokien*, 2 vols, Bonn.

Bidez, Joseph et Franz Cumont 1938: *Les mages hellénisés: Zoroastre, Ostanès et Hystaspe d'après la tradition grecque*, 2vols, Paris.

Bivar, A. D. H. 1981: "Gondophares and the *Shāhnāma*," *Iranica Antiqua* 16: *In Memoriam Roman Ghirshman* II, pp. 141–50.

de Blois, François 1996: "The Persian Calendar," *Iran*, 34, pp. 39–54.

Boyce, Mary 1957: "The Parthian *gōsān* and Iranian Minstrel Tradition," *JRAS*, pp. 10–45.

——1968: *The Letter of Tansar*, Rome: Istituto Italiano per il Medio ed Estremo Oriente.

——1975: "Iconoclasm among the Zoroastrians," *Christianity, Judaism and Other Greco-Roman Cults*, Leiden, pp. 93–111.

——1982: *A History of Zoroastrianism vol. 2: Under the Achaemenians*, Leiden / Köln.

——1990: "Some Further Reflections on Zurvanism," *Iranica Varia*, Leiden. pp. 20-29.

——1992: *Zoroastrianism: Its Antiquity and Constant Vigour* (Columbia Lectures on Iranian Studies, No 7), Costa Mesa: Mazda.

Brereton, Joel 1981: *The Rgvedic Ādityas*, American Oriental Society.

Briant, Pierre 2002: *From Cyrus to Alexander: A History of the Persian Empire*, tr. by Peter T. Daniels, Eisenbrauns.

Brock, Sebastian P. 1982: "Christians in the Sasanian Emoire: A Case of Divided Loyalties," *Studies in Church History*, 18, pp. 1–19.

Christensen, Arthur 1944: *L'Iran sous les Sassanides*, Kopenhagen.

Clemen, Carl 1920: *Die griechischen und lateinischen Nachrichten über die persische Religion*, Giessen.

Crone, Patricia 2012: *The Nativist Prophets of Early Islamic Iran: Rural Revolt and Local Zoroastrianism*, Cambridge University Press.

Canepa, Matthew 2009: *Two Eyes of the Earth: Art and Ritual of Kingship between Rome and Sasanian Iran*, University of California Press.

Cereti, Carlo G. 1991: *An 18th Century Account of Parsi History: The Qesse-ye Zartostian-e Hendustan, Text, Translation and Commentary*, Naples.

Choksy, Jamsheed K. 1997: *Conflict and Cooperation: Zoroastrian Subalterns and Muslim Elites in Medieval Iranian Society*, Columbia University Press.

——2003: "To cut Off, Purity, and Make Whole: Historiographical and Ecclesiastical Conceptions of Ritual Space," *JAOS*, 123: 1, pp. 21–41.

——2013: "The Gifts of Cyrus, Esther, Magi, and Rabbis: Historical Trends in Interactions between Zoroastrians and Jews," *Gifts to a Magus: Indo-Iranian Studies Honoring Firoze Kotwal*, New York, pp. 207–243.

Colditz, Iris 2005: "Zur Adaption zoroastrischer Terminologie in Mani's Šābhuragān," *Languages of Iran: Past and Present*, Wiesbaden, pp. 17–26.

Cumont, Frant 1937: "St. George and Mithra, The Cattle Thief," *Papers Presented to Sir Henry Stuart Jones*, London, pp. 62–71.

Dadabhoy, Bakhtiar K. 2006: *"Jeh", a life of J.R.D. Tata*, New Delhi.

Daryaee, Touraj 2004: *Soqūt-e Sāsāniyān*, Tehrān.

——2009: *Sasanian Persian: The Rise and Fall of an Empire*, Lodon: I. B. Tauris.

Dittenberger, Wilhelm 1986: *Orientis graeci inscriptions selectee: Supplementum inscrip-*

tionum graecarum, 2vols, Leipzig.
Driver, Godfrey R. 1957: *Aramaic Docume4nts of the Fifth Century B.C.E.*, Oxford.
Desai, Hormazdyar Jamshedji M. 2008: *History of the Parsis of Navsari*, Mumbai.
Eilers, Wilhelm 1985: "Alborz," *Encyclopaedia Iranica*, vol. 3, pp. 810–811.
Firby, Nora Kathleen 1988: *European travellers and their perceptions of Zoroastrians in the 17th and 18th centuries*, Berlin.
Frenschkowski, Marco 2004: "Parthian Apocalyptica: Mythologie und Militärwesen iranischer Völker in ihrer Rezeption durch die Offenbarung des Johannes," *Jahrbuch für Antike und Christentum*, 47, pp. 16–57.
——2010: "Magie," *Reallexikon für Antike und Christientum*, 23, pp. 857–957.
Friedmann, Yohanan 2003: *Tolerance and Coercion in Islam: Interfaith Relations in the Muslim Tradition* (*Cambridge Studies in Islamic Civilization*), Cambridge University Press.
Frye, Richard N. 1972: "The Institutions," *Beiträge zur Achämenidengeschichte*, Historia: Einzelschriften 18, Wiesbaden, pp. 83–93.
——1993: *The Golden Age of Persia: The Arabs in the East*, repr., London.
Fuchs, Walter 1938: "Huei-ch'ao's Pilgereise durch Nordwest-Indien und Zentral-Asien um 726," *SPAW*, 30, pp. 426–469.
Gardner, Ian and Samuel N. C. Lieu 2004: *Manichaean Texts from the Roman Empire*, Cambridge University Press.
Garsoïan, Nina 1995: *Armenia between Byzantium and The Sasanians*, Aldershot.
——2010: *Church and Culture in Early Medieval Armenia*, Aldershot.
Geldner, Karl Friedrich 1889–1896: *Avesta, Die heiligen Bücher der Parsen*, 3 vols., Stuttgart.
——1896–1904: "Awestalitteratur," *Grundriss der iranischen Philologie*, vol. 2 Strassburg: Trübner, pp. 1–53.
——1891–1896: *Avesta, the Sacred Books of the Parsis*, 3 vols, Stuttgart.
Gershevitch, Ilya 1959: *The Avestan Hymn to Mithra with an Introduction, Translation and Commentary*, Cambridge University Press.
——1976: "Appendix," *IIJ*, 18, pp. 75–82.
Ghirshman, Roman 1971: *Bichâpour* I, Paris.
Gippert, Jost 1988: "Die altgeorgischen Monatsnamen," *Studia Caucasologica 1: Proceedings of the Third Caucasian Colloquium*, Norwegian University Press, pp. 87–154.
Gnoli, Gherardo 1980: *Zoroaster's Time and Homeland: a Study on the Origins of Mazdeism and Related Problems*, Series minor 7, Napoli, IUO.

——2000: *Zoroaster in History*, Biennial Yarshater Lecture Series No. 2, University of California, Los Angeles (April 21–25, 1997), New York.

Godard, André 1936: "Les tours de Ladjim et de Resget (Māzandarān)," *Āthār-e Īrān*, 1: 1, pp. 109–121.

Grenet, Franz 2005: "An archaeologist's approach to Avestan geography," *Birth of the Persian Empire*, ed. V. Sarkoosh Curtis and S. Stewart, Tauris Publishers, London, pp. 29–51.

——2008: "Mary Boyce's Legacy for the Archaeologist," *BAI*, 22, pp. 29–46.

——2015: "Histoire et cultures de l'Asie centrale préislamique: Le fait urbain en Asie centrale préislamique: approche diachronique, approche synchronique," *Annuaire. Collège de France*, pp. 507–534.

Grenet, Frantz and Samra Azarnouche 2007: "Where are the Sogdian Magi?," *BAI*, 21, pp. 159–177.

Grenet, Frantz and Pénélope Riboud and Junkai Yang 2004: "Zoroastrian Scenes on a Newly Discovered Sogdian Tomb in Xi'an, Northern China," *StIr*, 33: 2, pp. 273–284.

Hackl, Ursula, Bruno Jacobs and Dieter Weber 2010: *Quellen zur Geschichte des Partherreiches Textsammlung mit Übersetzungen und Kommentaren*, 3vols, Göttingen: Vandenhoeck & Ruprecht.

Hage, Wolfgang 2007: *Die orientalische Christentum*, Stuttgart.

Harrak, Amir 2005: *The Acts of Mār Mārī the Apostle*, Atlanta.

Haug, Martin 1862: *Essays on the Sacred Language, Writings and Religion of the Parsees*, Bombay.

Haug, Martin and Edward William West (eds.) 1872: *"The Tale of Ģôsht-i Fryânô," The Book of Arda Viraf*, London and Bombay, pp. 247–66.

Hauser, Stefan 2005: "Die ewigen Nomaden? Bemerkungen zu Herkunft, Militär, Staatsaufbau und nomadischen Traditionen der Arsakiden," *Krieg-Gesellschaft-Institutionen: Beiträge zu einer vergleichenden Kriegsgeschichte*, Berlin: Akademie-Verl, pp. 163–208.

Helzfeld, Ernst 1931–32: "Sakastan: Geschichtliche Untersuchungen zu den Ausgraungen am Kuh-i Khwadja," *AMI* 4, pp. 1–116.

——1947: *Zoroaster and his World*, 2 vols, Princeton University Press.

Henkelman, Wouter 2008: *The other gods who are: Studies in Elamite-Iranian acculturation based on the Persepolis fortification texts, Achaemenid History Volume 14*, Nederlands Instituut voor het Nabije Oosten.

Henning, Walter Bruno 1956: *Zoroaster: Politician or Witch-Doctor*? London.

——1965: "A Sogdian God," *BSOAS*, 28:2, pp. 242–254.

Hinnells, John R. 2005: *The Zoroastrian Diaspora: Religion and Migration*, Oxford.

Hintze, Almut 2002: "On the Literary Structure of the Older Avesta," *Bulletin of the School of Oriental and African Studies*, 65 (1), pp. 31–51.

Hodgson, Marshall 1977: *The Venture of Islam*, vol. 1, The University of Chicago Press.

Hoffmann, Karl und Johanna Narten 1989: *Der sasanidische Archetypus. Untersuchungen zu Schreibung und Lautgestalt des Avestischen*, Wiesbaden.

Horky, Philip S. 2009: "Persian Cosmos and Greek Philosophy: Plato's Associates and the Zoroastrian Magoi," *Oxford Studies in Ancient Philosophy*, 37, pp. 47–103.

Howard-Johnston, James 2011: *Witnesses to a World Crisis: Historians and Histories of the Middle East in the Seventh Century*, Oxford University Press.

Hultgård, Anders 1979: "Das Judentum in der hellenistisch-römischen Zeit und die iranische Religion: ein religionsgeschichtliches Problem," *ANRW*, vol. 2, pp. 512–590.

——2004: "Theologie im alten Iran," *Theologie in Israel ind in den Nachbarkulturen*, Münster, pp. 75–91.

Humbach, Helmut 1959: *Die Gathas des Zarathustra*, 2 vols., Heidelberg.

——1975: "Vayu, Śiva und der Spiritus Vivens in ostiranischen Synkretismus," *Monumentum H. S. Nyberg 1*, Leiden, pp. 397–408.

——2015: "Interpretations of Zarathustra and the Gāthās," *The Wiley Blackwell Companion to Zoroastrianism*, London, pp. 39–43.

Hutter, Manfred 1993: "Manichaeism in the Early Sasanian Empire," *Numen* 40, pp. 2–15.

——2003: "Mār Abā and the Impact of Zoroastrianism on Christianity in the 6th Century," *Religious Themes and Texts of Pre-Islamic Iran and Central Asia*, Wiesbaden, pp. 167–173.

Jackson, Abraham Valentine Williams 1899: *Zoroaster, the Prophet of ancient Iran*, New York: Macmillan.

de Jong, Albert 1997: *Traditions of Magi: Zoroastrianism in Greek and Latin Literature*, Leiden.

——2002: "Animal Sacrifice in Ancient Zoroastrianism: A Ritual and Its Interpretations," *Sacrifice in Religious Experience*, Leiden, pp. 127–148.

——2006: "One Nation under God? The Early Sasanians as Guardians and Destroyers of Holy Sites," *Götterbilder, Gottesbilder, Weltbilder. Polytheismus und Monotheismus in der Welt der Antike I. Ägypten, Mesopotamien, Persien, Kleinasien, Syrien, Palästina*, Tübingen, pp. 223–238.

——2008: "Regional Variation in Zoroastrianism: The Case of the Parthians," *Bulletin of the Asia Institute*, New Series, vol. 22, Zoroastrianism and Mary Boyce with Other Studies, pp. 17–27.

——2013a: "Hatra and the Parthian Commonwealth," *Hatra: Politics, Culture and Religion between Parthia and Rome*, pp. 143–160.

——2013b: "The Zoroastrians of Iran from the Arab Conquests to the late Nineteenth," *The Everlasting Flame: Zoroastrianism in History and Imagination*, New York, pp. 42–49.

Kamerkar, Mani and Soonu Dhunjisha 2002: *From the Iranian Plateau to the Shores of Gujarat: The Story of Parsi Settlements and Absorption in India*, Mumbai.

Keith, Arther B. 1925: *The Religion and Philosophy of the Veda and Upanishads*, 2 vols, Harvard University Press.

Kellens, Jean 1998: "Considérations sur l'histoire de l'Avesta," *JA* 286: 2, pp. 451–519.

——2001: "L'ellipse de temps," *Anusantatyai: Festschrift für Johanna Narten zum 70. Geburtstag*, Dettelbach, pp. 127–131.

Khanbaghi, Aptin 2009: "De-Zoroastrianization and Islamization: The Two Phases of Iran's Religious Transition, 747–837 CE," *Comparative Studies of South Asia, Africa and the Middle East*, 29: 2, pp. 201–212.

Kingsley, Peter 1995: "Meetings with Magi: Iranian Themes among the Greeks, from Xanthus of Lydia to Plato's Academy," *JRAS*, Third Series, 5: 2, pp. 173–209.

Kister, Meir J. 1968: "Al-Hira, Some Notes on its Relations with Arabia," *Arabica*, vol. 15, pp. 143–169.

Klingenschmitt, Gett 2000: "Mittelpersisch," *Indoarisch, Iranisch und die Indogermanistik: Arbeitstagung der indogermanischen Gesellschaft vom 2.-5. 10. 1997 in Erlangen*, Wiesbaden, pp. 191–220.

Kreyenbroek, Philip 1994: "On the Concept of Spiritual Authority in Zoroastrianism," *Jerusalem Studies in Arabic and Islam*, vol. 17, pp. 1–15.

——2013: *Teachers and Teachings in the Good Religion: Opera Minora in Zoroastrianism*, Wiesbaden.

Kuhrt, Amélie 2007: *The Persian Empire: A Corpus of Sources from the Achaemenid Period*, London.

Lala, R. M. 2004: *For the love of India: the life and times of Jamsetji Tata*, New Delhi.

Litvinskij, Boris und Igor R. Pičikjan 2002: *Takht-i Sangīn: Der Oxus-Tempel*, Mainz.

Macuch, Maria 1993: *Rechtskasuistik und Gerichtspraxis zu Beginn des 7. Jahrhunderts in Iran: Die Rechtssammlung des Farrohmard i Wahrāmān*, Wiesbaden.

——2006: "The Function of Temporary Marriage in the Context of Sasanian Family Law," *Proceedings of the Fifth Conference of the Societas Iranologica Europaea held in Ravenna, October 6–11, 2003*. Vol. I: Ancient and Middle Iranian Studies, Milano, pp. 585–597.

——2009: "Die sasanidische fromme Stiftung und der islamische waqf: eine Gegenüberstellung" *Islamische Stiftungen zwischen juristischer Norm und sozialer Praxis*, Berlin, pp. 19–38.

de Mallmann, M.-T. 1967: *Introduction à l'étude d'Avalokiteçvara*, Paris.

Menzel, Brigitte 1981: *Assyrische Tempel*, 2vols, Rome.

Merkelbach, Reinhard 1984: *Mithras*, Königstein.

Messina, Giuseppe 1951: *Il diatesseron persiano: introduzione, testo, comment*, Rome.

Molé, Marijan 1963: *Culte, mythe et cosmologie dans L'Iran ancient: Le problème zoroastrien et la tradition mazdéenne*, Presses Universitarires de France.

Morony, Michael G. 1984: *Iraq after the Muslim Conquesy*, Pronceton University Press.

——1986: "Madjūs," *Encyclopaedia of Islam*, vol. 5, pp. 1110–1118.

Nanji, Rukshana and Homi Dhalla 2007: "The Landing of the Zoroastrians at Sanjan: The Archaeological Evidence," *Parsis in India and the Diaspora*, London / New York, pp. 35–58.

Naveh, Joseph and Shaul Shaked 2012: *Aramaic Documents from Ancient Bacrtia*, London.

Olmstead, A. T. 1948: *History of the Persian Empire*, Chicago.

Palsetia, Jesse S. 2001: *The Parsis of India: Preservation of Identity in Bombay City*, Leiden.

Panaino, Antonio 2003: "The Baγān of the Fratarakas: Gods or 'Divine' Kings?" in *Religious Themes and Texts of Pre-Islamic Iran and Central Asia: Studies in Honor of Professor Gherardo Gnoli on the Occasion of his 65th Birthday on 6th December 2002*, Wiesbaden, pp. 265–88.

Paymaster, Rostam Burjorji 1954: *Early History of the Parsees in India from their Landing in Sanjan to 1700 A.D.*, Bombay.

Pourshariati, Parvaneh 2008: *Decline and Fall of the Sasanian Empire: The Sasanian-Parthian Confederacy and the Arab Conquest of Iran*, London.

Reizenstein, Richard 1921: *Das iranische Erlösungsmysterium: religionsgeschichtliche Untersuchungen*, ZNW 20.

Reizenstein, Richard und Hans Heinrich Schaeder 1926: *Studien zum antiken Synkretismus aus Iran und Griechenland*, B.G. Teubner.

Rezania, Kianoosh 2010: *Die zoroastrische Zeitvorstellung: Eine Untersuchung über Zeit- und Ewigkeitskonzepte und die Frage des Zurvanismus*, Wiesbaden.

Rezā'ī-Baghbīdī, Hasan 2003: "Katībe-ye Pahlavī-ye Kūfī-ye Borj-e Lājīm," *Nāme-ye Īrān-e Bāstān*, 4: 1, pp. 9–21.

Ringer, Monica M. 2011: *Pious Citizens: Reforming Zoroastrianism in India and Iran*, Syracuse University Press.

Rosenfield, John M. 1967: *The Dynastic Arts of the Kushans*, The University of California Press.

Russell, James R. 1987: *Zoroastrianism in Armenia*, Harvard University Press.

Sadīghī, Gholām-Hoseyn 1996: *Jombesh-hā-ye Dīnī-ye Īrānī dar Qarn-hā-ye Dovvom va Sevvom-e Hejrī*, Tehrān.

Schilling, Alexander M. 2008: *Die Anbetung der Magier und die Taufe der Sāsāniden*, Louvain.

Schippmann, Klaus 1980: *Grundzüge der parthischen Geschichte* (*Grundzüge. Bd. 39*), *Wissenschaftliche Buchgesellschaft*, Darmstadt.

Schmidt, Hanns-Peter 1996: "The Non-Existence of Ahreman and the Mixture (gumēzišn) of Good and Evil," *The K. R. Cama Oriental Institute: Second International Congress Proceedings*, pp, 79–95.

Schmitt, Rüdiger 1985: "Zu den alten armenischen Monatsnamen," *Annual of Armenian Linguistics*, 6, pp. 91–100.

Shahbazi, Shapur A. 2004: "Hormozān," *Encyclopaedia Iranica*, vol. 12, pp. 460–461.

Shaked, Shaul 1972: "Qumran and Iran: Further Considerations," *Israel Oriental Studies*, 2, pp. 433–446.

——1992: "The Myth of Zurvan: Cosmogony and Eschatology," *Messiah and Christos: Studies in the Jewish Origins of Christioanity presented to David Flusser*, Tübingen, pp. 219–240.

——1994: *Dualism in Transformation: Varieties of Religion in Sasanian Iran*, London.

——1998: "Eschatology i. In Zoroastrianism and Zoroastrian Influence," *Encyclopaedia Iranica*, vol. 8, pp. 565–569.

Shaki, Mansour 1981: "The Dēnkard Account of the History of the Zoroastrian Scriptures," *Archív Orientální* 49, pp. 114–25.

Skjærvø, Prods Oktor 1994: "Hymnic Composition in the Avesta," *Die Sprache*: 36/2, pp. 199–243.

——1996: "Zarathustra in the Avesta and in Manicheism. Irano-Manichaica IV," in *La Persia e l'Asia centrale da Alessandro al X secolo* (*Roma, 9–12 novembre 1994*),

Roma: Academia Nazionale dei Lincei, pp. 597–628.
——2011: *The Spirit of Zoroastrianism*, Yale University Press.
Smith, Morton 1963: "II Isaiah and the Persians," *JAOS*, 83: 4, pp. 415–421.
Stausberg, Michael (ed.) 2004: *Zoroastrian Rituals in Context*, Leiden.
Staviskij, B. Ja. 1986: *La Bactriane sous les Kushans. Problèmes d'histoire et de culture*, rev., ed., and tr. by P. Bernard et al., Paris.
Stoyanov, Yuri 2011: *Defenders and Enemies of the True Cross: The Sasanian Conquest of Jerusalem in 614 and Byzantine Ideology of Anti-Persian Warfare*, Wien Verlag der Österreichischen Akademie der Wissenschaften.
Sundermann, Werner 2008: "Zoroastrian Motifs in non-Zoroastrian Traditions," *JRAS*, 18: 2, pp. 155–165.
Thampi, Madhavi and Shalini Saksena 2009: *China and the Making of Bombay*, Mumbai.
Thomson, Robert W. 1976: *Agathangelos History of the Armenians*, State University of New York Press.
——1978: *Moses Khorenats'i: History of the Armenians. Translation and Commentary on the Literary Sources* (*Harvard Armenian Texts and Studies 4*), Harvard University Press.
——1982: *Elishe: History of Vardan and the Armenian War*, Harvard University Press.
Vahman, Fareydun 1985: "A Beautiful Girl," *Papers in Honour of Professor Mary Boyce II*, Leiden, pp. 665–673.
Vasunia, Phiroze 2007: *Zarathustra and the Religion of Ancient Iran: The Greek and Latin Sources in Translation*, Mumbai.
Vevaina, Yuhan Sohrab-Dinshaw 2007: *Studies in Zoroastrian Exegesis and Hermeneutics with a Critical Edition of the "Sūdgar Nask" of "Dēnkard", Book 9*, doctoral dissertation, Harvard University.
Wadia, Ruttonjee Ardashir 1964: *Scions of Lowjee Wadia*, Bombay.
Walker, Joel 2006: *The Legend of Mar Qardagh: Narrative and Christian Heroism in Late Antique Iraq*, University of California Press.
Weber, Ursula und Josef Wiesehöfer 1996: *Das Reich der Achaimeniden: eine Bibliographie*, Berlin: Reimer.
White, David L. 1979: *Parsis as Entrepreneurs in Eighteenth Century Western India: The Rustam Manock Family and the Parsi Community of Surat and Bombay*, Doctoral Dissertation, University of Virginia.
Widengren, Geo 1965: *Die Religionen Irans*, Stuttgart.
Williams, Alan 2009: *The Zoroastrian Myth of Migration from Iran and Settlement in the*

Indian Diaspora: Text, Translation and Analysis of the 16th Century Qesse-ye Sanjan, Leiden.
Winston, David 1966: "The Iranian Component in the Bible, Apocrypha, and Qumran," *HR*, 5: 2, pp. 183–216.
Witakowski, Witold 2009: "The Magi in Syriac Tradition," *Malphono w-Rabo d-Malphone: Studies in Honour of Sebastian P. Brock*, Piscataway, pp. 809–844.
Wolska-Conus, Wanda 1968: *Cosmas Indicopleustès: Topographie Chrétienne*, vol. 1, Paris.
Wolski, Jozef 2003: *Seleucid and Arsacid Studies, A Progress Report on Developments in Source Research*, Krakow.
Zaehner, Robert Charls 1955: *Zurvan: a Zoroastrian Dilemma*, Oxford.
——1961: *The Dawn and Twilight of Zoroastrianism*, London.
——1965: "Zoroastrian Survivals in Iranian Folklore," *Iran* 3, pp. 87–96.
——1967: "Ahriman in Luristan," *Sir J. J. Zarthoshti Madressa Centenary Volume*, pp. 26–36.

日本語

青木健　2007年：『ゾロアスター教の興亡』，刀水書房
——2009年：『アーリア人』，講談社選書メチエ
——2010年 a：『マニ教』，講談社選書メチエ
——2010年 b：「パールスィーの中国・日本来航——近現代の極東ゾロアスター教文化」，『東西交渉とイラン文化』，勉誠出版，199～209頁
——2012年：『ゾロアスター教ズルヴァーン主義研究』，刀水書房
足利惇氏　1949年：『古代印度に於けるイラーン文化の影響に関する文献学的研究』，京都大学大学院へ提出の博士論文
——1988年：『足利惇氏著作集　第2巻　インド学』，東海大学出版会
伊藤義教（訳）　1967年：「アヴェスター」，『ヴェーダ　アヴェスター』，筑摩書房
——1974年：『古代ペルシア　碑文と文学』，岩波書店
——1979年：『ゾロアスター研究』，岩波書店
大貫隆　2010年：『グノーシスの変容』，岩波書店
キュモン，フランツ　1993年：『ミトラの密儀』，小川英雄（訳），平凡社
シェルドン，ローズ・マリー　2013年：『ローマとパルティア』，三津間康幸（訳），白水社
シュタウスベルク，ミヒャエル　2019年：『ザラスシュトラと彼の宗教』，青木健（監訳），原書房（印刷中）
曽布川寛・吉田豊　2011年：『ソグド人の美術と言語』，臨川書店

奈良県立大学ユーラシア研究センター　2017年：『ゾロアストリアニズムと奈良・飛鳥文化を探る。』，奈良県立大学
——2018年：『ゾロアストリアニズムと奈良・飛鳥文化を探る。【Ⅱ】』，奈良県立大学
ニョリ，ゲラルド　1996年：「ゾロアスターからマニへ」，前田龍彦（訳），『ゾロアスター教論考』，平凡社，99～256頁
バンヴェニスト，エミール　1996年：「主要なギリシア語文献に見るペルシア人の宗教」，田中昌司（訳），『ゾロアスター教論考』，平凡社，9～98頁
前田耕作　1992年：『バクトリア王国の興亡』，レグルス文庫
ラッセル，ジェラード　2016年：『失われた宗教を生きる人々』，臼井美子（訳），亜紀書房
家島彦一・上岡弘二　1988年：『イラン・ザグロス山脈越えのキャラバン・ルート』，東京外国語大学
読売新聞夕刊　2017年6月19日：「ゾロアスター教　神戸に名残」

中国語

龔方震・晏可佳（Gong Fangzhen and Yan Kejia）　1998年：『祆教史』，上海
郭徳焱（Guo Deyan）　2005年：『清代廣州的巴斯商人』，北京
姜伯勤（Jiang Boqin）　2004年：『中国祆教藝術史研究』，北京
江都市昌松郷志編集領導小組（Jiangdoushi Changsongxiangzhi Bianji Lingdao xiaozu）1995年：『昌松郷志』，南京
林悟殊（Lin Wushu）　2011年：『中古夷教華化叢考』，蘭州
施安昌（Shi Anchang）　2004年：『火壇与祭司鳥神——中国古代祆教美術考古手記』，北京
王媛媛（Wang Yuanyuan）　2012年：『従波斯到中国：摩尼教在中亜和中国的伝播』，北京
張小貴（Zhang Xiaogui）　2013年：『祆教史考論与述評』，蘭州